A sociedade
INCIVIL

Dados Internacionais de Catalogação na Publicação (CIP)
(Câmara Brasileira do Livro, SP, Brasil)

Sodré, Muniz
  A sociedade incivil : mídia, iliberalismo e finanças / Muniz Sodré. – 1. ed. – Petrópolis, RJ : Editora Vozes, 2021.

  Bibliografia

  2ª reimpressão, 2021

  ISBN 978-65-5713-012-4

  1. Ciências sociais 2. Comunicação 3. Mídia – Aspectos sociais 4. Neoliberalismo 5. Sociedade I. Título.

20-53515 CDD-300

Índices para catálogo sistemático:
1. Ciências sociais 300

Aline Graziele Benitez – Bibliotecária – CRB-1/3129

MUNIZ SODRÉ

A sociedade
INCIVIL

Mídia, iliberalismo e finanças

Petrópolis

© 2021, Editora Vozes Ltda.
Rua Frei Luís, 100
25689-900 Petrópolis, RJ
www.vozes.com.br
Brasil

Todos os direitos reservados. Nenhuma parte desta obra poderá ser reproduzida ou transmitida por qualquer forma e/ou quaisquer meios (eletrônico ou mecânico, incluindo fotocópia e gravação) ou arquivada em qualquer sistema ou banco de dados sem permissão escrita da editora.

CONSELHO EDITORIAL

Diretor
Gilberto Gonçalves Garcia

Editores
Aline dos Santos Carneiro
Edrian Josué Pasini
Marilac Loraine Oleniki
Welder Lancieri Marchini

Conselheiros
Francisco Morás
Ludovico Garmus
Teobaldo Heidemann
Volney J. Berkenbrock

Secretário executivo
João Batista Kreuch

Editoração: Maria da Conceição B. de Sousa
Diagramação: Raquel Nascimento
Revisão gráfica: Nilton Braz da Rocha
Capa: Rafael Nicolaevsky

ISBN 978-65-5713-012-4

Editado conforme o novo acordo ortográfico.

Este livro foi composto e impresso pela Editora Vozes Ltda.

Para Raquel Paiva, sempre.

Sumário

Prólogo, 9

Parte I – Causas, 41
Comunicação: a magia do código, 43

Parte II – Efeitos, 89
Algoritmo, biopoder, incivilismo, 91
Política, mediação e jornalismo, 139

Parte III – Colaterais, 201
Identidade: humanos, autômatos, ciborgues?, 203
O ódio como forma social, 229

Referências, 265

Prólogo

Para além de mera técnica de governo e muito mais como forma ampliada de existência em comum, democracia não é conceito de poucas palavras. Duas, porém, como liberdade de expressão e *civilismo* (negociação pública de diferenças, cooperação, solidariedade, discernimento crítico e amizade cívica ou *phylia*) compõem a ideia que o senso comum faz do funcionamento democrático da vida social.

Seria possível acrescentar a elas a palavra "comunicação"?

A segunda metade do século passado jogou fortemente com esta possibilidade, apostando em informação e seus desdobramentos tecnológicos como o solo supostamente natural de desenvolvimento das aptidões humanas para convivência e comunhão. Várias teorias caminharam nesse sentido, inclusive por parte de agências oficiais que atribuíam à distribuição comunicativa de informações, tidas como relevantes, a centralidade dos processos de desenvolvimento socioeconômico em países emergentes no cenário internacional.

Era tão só uma suposição etnocêntrica, tributária da autodefinição de "Ocidente" como a civilização do progresso humano. As sociedades ditas avançadas autoconfiguravam-se pela ideia "panglossiana" de progresso ilimitado, a cujo reboque se punha a comunicação como suposta nova dinâmica do processo democrático. Apostava-se que o avanço exponencial da ciência e da técnica redundaria em mais felicidade – à esquerda, o propalado "reino da liberdade", de Marx – e que a modelagem societária propagada pelas instituições políticas, datadas de fins do século XVIII na Europa e nos Estados Unidos, daria aos homens mais liberdade e responsabilidade na condução da vida social.

Já se havia tornado claro que nenhuma dessas grandes convicções resistia à evidência das guerras mundiais e dos extermínios generalizados em regiões diversas do planeta, sempre impulsionados por conquistas tecnocientíficas, à sombra de abstrações filosóficas e políticas. Progresso ilimitado, por sua vez, seria apenas outro nome para a marcha suicida da civilização ocidentalizada.

Todavia, no solo utópico de reconfiguração das formas de vida ou, em última análise, do que chamamos de "humano", as esperanças sociais reavivam-se com novas designações. Assim é que, na atmosfera emocional da globalização, a "comunicação" – por mais vácua ou conceitualmente insustentável que esta palavra pareça ao rigor do pensamento acadêmico – passou a ser proclamada e vivida, graças ao desenvolvimento vertiginoso da tecnologia eletrônica, como uma funcionalidade indispensável ao mercado e às governanças políticas, assim como o território de uma nova utopia cultural. Sabe-se bem o quanto palavras ou conceitos teoricamente imprecisos são capazes de produzir efeitos práticos ponderáveis.

O século corrente, entretanto, trouxe à luz reservas teóricas e práticas à presumida transitividade cultural da liberdade de expressão; isto é, à suposição de que o alargamento técnico dos meios expressivos, o aumento da transparência social, a ampliação dos laços intersubjetivos e a reciprocidade comunicativa fossem capazes de dinamizar os focos gerativos de cultura. Ao mesmo tempo, evidenciou-se, em meio à notável expansão tecnológica dos dispositivos, o crescente *deficit* humano de compreensão dos fenômenos de mídia e comunicação, em geral tidos como tecnologicamente "naturais" e politicamente neutros.

O que há mesmo de novo para uma maior elucidação, ao mesmo tempo metodológica e política, desses fenômenos? Haveria algum razoável ponto comum entre os prolíficos estudos germânicos, anglo--americanos, franceses e latino-americanos? Em que solo compreensivo pisar quando as "placas tectônicas" do conhecimento deslocam-se sob a pressão das novas leis de movimento do capital-mundo, da desvalorização crescente da mão de obra humana, das transformações nos costumes e nas relações sociais, das dinâmicas de mudanças tecnológicas e organizacionais? Que graus de liberdade e civilismo comporta realmente o universo da comunicação?

Quatro décadas atrás, subscrevíamos em livro e em seminários a suspeita de que a mídia emergente (a televisão, principalmente) equivaleria a um *monopólio da fala* (expressão cunhada por Jean Baudrillard); isto é, à impossibilidade de uma resposta simbólica, forte por parte do receptor. A exemplo do poder notificatório do processo no pesadelo ficcional urdido por Kafka, não haveria resposta possível à unilateralidade das mensagens.

Isso pode ter sido entendido como a montagem de um sistema economicamente monopolístico por parte das corporações de mídia. Esse sistema sempre se fez presente como uma realidade multifacetada, bastante esmiuçada, aliás, por analistas de diversa filiação teórica, da economia à sociologia, empenhados todos eles em demonstrar os riscos dos monopólios para a ponderação dos preços e para a lei da livre-oferta e procura no mercado.

Essas disciplinas do pensamento social, derivações extensivas do poder de Estado, sempre se debruçaram sobre "macroformas" organizacionais, como o próprio Estado, a Igreja, a indústria etc., logo, sobre os seus efeitos de coordenação ou domínio da vida social. Nesses termos disciplinares, algo como um "monopólio da comunicação" se definiria por estratégias econômicas para o controle dos meios sociais de expressão, assim como, segundo o pensamento político clássico, o Estado se investe do monopólio da violência.

Entretanto, não nos centrávamos no aspecto socioeconômico do monopólio (embora hoje cada vez mais ameaçador em sua feição "monopsônica": comprador único, empregador único, virtual controlador dos gastos dos consumidores), mas basicamente na dimensão *simbólica* (semiótica, cultural), em que o poder decisório sobre o discurso apoiava-se num dos polos da relação entre falante e ouvinte, o polo do emissor. Não o discurso do poder, mas o poder do discurso monopolístico. Não a macroforma organizadora, mas a lógica institucional abalada pela "irresponsabilidade", decorrente da neutralização da dimensão cognitiva e sensível da vida comum por meio dos modernos dispositivos de comunicação.

A invenção da internet pareceu inicialmente mostrar que a "interatividade" (palavra nova, inventada para adequar-se a uma realidade emergente) indicava uma solução para o problema: a conexão generalizada entre usuários da rede eletrônica romperia com o monopólio da fala, a mídia tornava-se intercomunicativa graças a um *feedback* sem mediações; tornava-se, portanto, *imediata*. Assim foi-se ampliando o território utópico da transparência expressiva, deslanchado no século passado com o advento da imagem em todas as suas modalidades técnicas. Acreditava-se que a livre-troca de informações e de ideias em escala global aperfeiçoaria automaticamente o mundo. A hipótese de uma democracia eletrônica surge no bojo da possibilidade técnica de uma comunicação instantânea e global, supostamente capaz de pôr diferenças culturais em jogo dialógico e, na arena política, de facilitar o contato direto entre um emissor e seus receptores.

Nesta segunda década do século XXI, verifica-se que a situação é bem mais complexa. A internet é um dispositivo revolucionário em termos tecnológicos, comparável às grandes transformações técnicas da Modernidade, gerador de um novo espaço (virtual) superposto às clássicas coordenadas espaçotemporais. No âmbito crescente da *midiatização* (articulação estrutural da mídia com organizações e instituições sociais), a comunicação eletrônica converte as tecnologias da informação em dispositivos de *machine learning* (expressão mais corrente para *inteligência artificial*) e, por meio da rede eletrônica, introduz um novo paradigma, com uma estrutura de interconexão invisível, em que tudo é, ao mesmo tempo, conexão e passagem na superfície reticular – e na interioridade das pessoas, tornadas meros relés de transmissão –, assim como segredo criptográfico (com horizonte de tecnologia quântica) nos subterrâneos operativos.

O que está realmente em curso é uma reconfiguração antropológica da vida humana; logo, do sujeito real. Este não é uma essência, mas a resultante de processos variados de subjetivação – o elemento histórico – constantes de uma relação, raramente dialética, entre o ser vivo e a coisa. A separação entre um e outra sempre assegurou o domínio da consciência sobre o inerte, tornado instrumento ou objeto passivo de conhecimento. Agora, entretanto, as coisas, por meio da inteligência dita artificial e da sua presença conectiva na rede dos mecanismos de poder, aderem ao corpo humano, virtualmente convertido em tela. A internet é uma forma radical de conexão entre sujeito, coisa e sistema.

Tal é o contexto em que se pensa a questão da resposta. Pode-se responder instantaneamente a um interlocutor, sem dúvida alguma, assim como alguém que faz uso do telefone. As redes sociais digitais ampliam esse circuito das trocas discursivas, e a circulação da fala pareceria quebrar o monopólio comunicativo. Há, porém, uma diferença entre *responsividade* e *responsabilidade* (resposta simbólica), assim como é enorme a diferença entre o aspecto técnico da ferramenta e o *dispositivo* cultural de comunicação, em que a estética se desenvolve como forma social abrangente, relativizando as tradicionais pressões institucionais.

Em princípio, toda estética altera percepções. Ampliada como forma do *socius*, é capaz de alterar (ou *dispor* de outra maneira) realidades. Enquanto dispositivo, a rede é uma matriz tecnológica capaz de *aumentar* esteticamente o espaço-tempo físico, comprimindo o tempo e ampliando o espaço. O dispositivo não deixa evidente que o "social" da rede é efeito de programas de computador, ou seja, a criação de uma realidade paralela por engenheiros ou *designers*, capaz de condicionar os lugares de fala dos usuários. O que se tem conhecido como "sociabilidade de plataforma" é uma construção técnica, manipulável por algoritmos, geradora de simulacros participativos. No dispositivo, o monopólio é propriamente simbólico, o que não implica efeitos diretos de controle econômico, mas de comportamentos e atitudes; portanto, de restrição à autonomia do sujeito. O monopólio inerente à mídia generalizada é um obstáculo à responsabilidade.

Na prática, trata-se de uma nova *urbs*, imaterial, com normas próprias de habitação e de circulação dos discursos. O que efetivamente se compartilha não é o substrato do diálogo ou *fala*, mas a *atenção* dispensada por atores humanos ou maquinais aos desdobramentos programados do dispositivo. Assim, não há resposta simbólica do usuário – um comportamento autônomo com relação aos dados buscados – à rede eletrônica centralizada, para onde se deslocou culturalmente o monopólio. Por muito avançada em termos tecnológicos que pareça, a rede é uma "cidade" sem cidadania, todos os habitantes eletronicamente juntos, mas humanamente separados, a exemplo de um agrupamento de autômatos. Separação é palavra-chave de uma nova equação civilizatória, lastreada por uma dinâmica "incivil".

É verdade que, ao lado de seu aspecto técnico-financeiro, a rede propicia, em sua impalpável virtualidade, a hipótese de uma dimensão identificável para alguns como uma "tecnologia do espírito". Mas espírito aqui só pode ser entendido como mera imaterialidade. As mensagens circulantes entre os pares individualizados nas redes sociais não deixam entrever nenhuma quebra da unilateralidade da emissão; ou seja, não retroagem dialogicamente (exceção feita ao curto-circuito das mensagens no interior de "nichos" de usuários), o que dá o primado à mera circulação quantitativa no interior do sistema eletrônico. Evidentemente, isso pode revelar-se conveniente à sociedade civil em situações de mobilização coletiva (é grande o poder do "megafone" eletrônico), na excepcionalidade das catástrofes (em que a comunicação instantânea se faz necessária), mas também conveniente às manipulações eleitorais por meio da mobilização de bases.

Entretanto, quantidade como princípio regente significa prevalência métrica de dígitos ou números; portanto, uma *equalização* tendencial dos lugares de fala, em que os agentes se orientam pelo *igual*, em rejeição sistemática à *qualidade* expressiva das diferenças. Essa equalização é anárquica, se confrontada com a dinâmica hierárquica do diálogo tradicional: sob a égide da indiferença hiperconectiva, afetos, palavras e opiniões equivalem-se, nenhuma expressão se sobrepõe semântica ou argumentativamente a qualquer outra (a não ser pela quantificação dos gestos de aprovação ou de repúdio), gerando falatório, algaravia ou caos dialógico.

Falar não significa descarregar foneticamente representações linguísticas do mundo, e sim articular-se simbolicamente com o entorno humano por meio das representações do sentido, sempre histórico, mutável. Por isso, é importante contornar a fetichização da ideia de diálogo, em que o intercâmbio linguístico em si mesmo abrigaria o esclarecimento como uma virtude intrínseca.

Diálogo, vale acentuar, não se define como mera troca de palavras, mas como abertura e ampliação do laço coesivo, *por discurso e ações*, com vistas ao fortalecimento do vínculo humano; portanto, com fins políticos (no sentido amplo do termo) de cooperação, solidariedade e discernimento crítico. A própria etimologia desse termo agrega as acepções de "conversa" (*dialogos*) e "discernimento crítico" (*dialogué*). O prefixo *dia* conota uma *atividade* de "divisão" e de "travessia" por parte de um sujeito que visa superar uma distância, apoiando-se na linguagem. O diálogo divide antes de unificar. Implica, antes de tudo, atravessar, superar ou transpor barreiras, com vistas a uma verdade consensual e vinculativa.

Sem fins vinculativos, o discurso é errância semântica ou dispersão babélica, como bem vê Platão (na *República*) ao sustentar que a perversão da *Polis* começa pela fraude das palavras. É a fraude por ele situada na *erística*, em que o interlocutor e a verdade são suprimidos pelo monólogo de um falante solitário, como agora acontece ao sujeito embalado pela imensa *liberação* expressiva da rede eletrônica. O senso comum de hoje abandona-se ao êxtase da "fala" instantânea; isto é, à ação biológica e mecânica do aparelho fonador. Para isso, o ser humano já está geneticamente programado, quer dizer, a fala lhe é inerente por natureza. Entretanto, a prática social da fala chama-se *discurso*, com socialização e cultura como pressuposições de *voz* autônoma.

Ora, a programação digital é capaz de reduzir a fonação (assim como a sua reprodução escrita) ao nível mecânico, o que pode implicar retrocesso discursivo. No plano racional do discurso, não se escreve automaticamente o que se pensa, escreve-se para pensar. Isso supõe alguma ponderação do ato ou alguma sutileza intelectual, geralmente antitética ao fato bruto da linguagem. Fala e escrita automática, porém, são agora irradiadas a distância em tempo real, sem a espessura temporal necessária à reflexão: a máquina empodera, ao mesmo tempo em que anestesia, a consciência narcísica do indivíduo supostamente "autogovernado".

O automatismo linguístico é próximo ao *psitacismo*, a fala do papagaio. Com todo o seu racionalismo cristão e pós-cartesiano, Malebranche (1638-1715) chegou a acreditar que papagaio realmente falasse. A internet parece corroborar essa crença. Na crise do discurso evidenciada na rede eletrônica, não há propriamente *falantes*, no sentido linguisticamente autônomo do termo (o de sujeito do discurso) e socialmente característico da reciprocidade comunicativa, e sim "usuários" (papagaios "malebrancheanos") mantidos como peões no interior de um sistema controlado pela publicidade comercial e eufemizados por uma estética relacional que paira sobre a desigualdade social, acenando para as consciências com a "cenoura de burro" do convivialismo apregoado pelo *marketing* festivo da rede.

Na verdade, está-se um passo adiante do psitacismo, pois agora o sujeito emula o robô que, como se sabe, é capaz de incorporar um sistema semântico. Linguagem, porém, não é semântica, nem sintaxe, nem gramática – portanto, nem sequer apenas discurso –, mas a ordem simbólica de acolhimento das diferenças e aproximações capaz de se apropriar e de expressar aquilo que somos. É o ordenamento vinculativo em que se constitui a responsabilidade comum. Só que o aumento da liberdade técnica de resposta por parte do usuário, portanto, a responsividade individual, em nada afeta sua irresponsabilidade civil (frequente no automatismo do corpo distanciado) nem a irresponsabilidade do sistema econômico e tecnológico. Esta última lança o indivíduo tecnicamente *aumentado* na precariedade de relações sociais desprovidas do vínculo comunitário que, em última análise, tornaria cada um responsável pelo outro. Apenas no comum se constituem as identidades e os laços coesivos imprescindíveis à responsabilidade social.

A palavra responsabilidade deve ser, assim, tomada como um *princípio ético* atinente à dignidade da linguagem e ao cuidado de si mesmo como fontes do sentido relativo à existência humana. É o fundamento dos valores e da normatividade naturalmente intrínseca à condição humana de autoafirmação da vida. Enquanto princípio, é algo coletivo (todos são socialmente corresponsáveis pela *Polis*); portanto irredutível às responsabilizações individuais (jurídicas, econômicas, administrativas) implícitas na organização societária baseada no extremo individualismo, que se aprofunda ainda mais nos dispositivos tecnológicos em curso.

No discurso social transparecem a normatividade e os valores da língua, guiados pelo sentido. O significado linguístico é um valor social, mas não fixo, pois é dialeticamente modulável pelo processo sociodiscursivo da significação. A ação dos fatos é sustentada pela palavra dotada de significação; portanto, a palavra acionada pela energia semântica que lhe dá curso social.

A língua computacional, por outro lado, é um monopólio numérico (capaz de trocar a subjetivação pelos dígitos) previsível e autocorrigível, com valores fechados, em que a fala está sempre prestes a descambar na idiotia tecnonarcísica, na vertigem do *ego* incensado pela própria imagem no espelho técnico, ao modo de um dopamento coletivo, análogo à drogadicção. Essa analogia ganha cores fortes quando se percebe que, na rede, o grau de confiança mútua (necessária ao pacto fiduciário que lastreia a sociedade) é tão baixo quanto a confiança interpessoal demonstrada por drogadictos. Em círculo vicioso, por mais tecnicamente sofisticada que se mostre, a informação é apenas intoxicação, doença precipitada pelo excesso de droga.

Salta aos olhos: quanto mais se fala em termos quantitativos e eletronicamente instantâneos (portanto, em *frenesi*, que é a velocidade agregada de nexos causais, sem pausa reflexiva), mais decai o *dialogismo*; isto é, menos atuam os circuitos linguísticos abertos e intercomunicantes, outrora sociologicamente chamados de *conjuntos interativos significativos*, geradores de factualidade.

No grau zero do sentido, a fala pode ser tecnicamente "liberada", mas não existencialmente livre, porque não tem vinculação intrínseca com a liberdade do outro – é uma espécie de "bolha" discursiva, amarrada ao seu condicionamento técnico. É, portanto, *intransitiva*; ou seja, não dispõe da abertura dialógica necessária para que o discurso possa concretizar-se em *fato*; logo, numa objetividade de fala e ação capaz de ir além da pura e simples opinião. Intransitividade significa saber sem sabedoria, fala sem diálogo, ação sem pausa e reflexão. Intransitivo é, por exemplo, o delírio, que se constrói num campo de sentido irreconhecível pelo Outro; portanto, um idioleto. Consequência disso é a idiotia, em toda a sua amplitude de graus.

Ao mesmo tempo, do ponto de vista econômico e organizacional do que se vem chamando de *gig economy*, a tecnologia de processamento e armazenamento de *dados* – nome do produto que sustenta a nova e grande indústria deste século – caminha na direção dos monopólios privados, expressos em marcas empresariais como Google, Amazon, Facebook, Microsoft e IBM (os chamados *Big Tech*), administradores de *big data*; isto é, das grandes massas de dados ou *macrodados* que manipulam complexos algoritmos de inteligência artificial ao abrigo da rede eletrônica. Os economistas denominam precisamente como *efeito de rede* a tendência ao monopólio por parte dos gigantes digitais: quanto maior o número de usuários (de redes sociais, serviços de busca etc.), menor o espaço deixado à concorrência. Com extrema valorização acionária e consequentes vantagens de financiamento, o poder monopolístico inibe não apenas concorrências, mas também inovações autônomas.

A empresa que surgiu de um criativo salto tecnológico tentará controlar os saltos futuros de outros.

Entretanto, os riscos não mais incidem sobre preços apenas econômicos, como era o caso na "era analógica": a monopolização de agora opera com a baixa tendencial dos custos para o consumidor. Os "preços" deslocam-se simbolicamente para dimensões antes relativas à soberania decisória, senão humana, de usuários e criadores. No plano da autonomia cultural, vale observar que se na mídia tradicional a manipulação consistia na repetição unilateral de mensagens – velho recurso básico da propaganda ideológica, política ou religiosa –, agora é a combinatória de padrões digitais que alimenta a inteligência artificial. A modelagem adequada do fenômeno não é mais aquela orientada pelo alvo individual de um processo de persuasão, mas por instituições e organizações, em que se assentam as bases do funcionamento social.

Nada de simples monopólio da fala, e sim de verdadeiro oligopólio, ao mesmo tempo econômico e cultural – mas *predominantemente maquinal* – das variáveis que compõem a existência do sujeito em sua cotidianidade. Ou seja, o efeito oligopolístico de rede (a dissimetria entre extratores e fornecedores de dados), produzido por economia, cultura e eletrônica, implica um verdadeiro *sequestro da fala* comum por algoritmos – portanto, uma substituição do campo semântico consensual por idioletos técnicos irrespondíveis –, assim como uma redução a zero do pensamento ponderado. Esse sequestro não incide sobre os aspectos físicos da voz humana, mas sobre a *autonomia* inerente ao ato de fala.

Para melhor compreensão, vale evocar o ritual nas sociedades tradicionais (objeto caro aos estudos etnológicos), em que a repetição de palavras, gestos e cânticos esgota o sentido, abrindo caminho para o êxtase: na aceleração técnica de signos e significados, a velocidade é o vetor de um novo tipo de exaustão do sentido, em que a palavra não significa nada ou pode mesmo significar o seu contrário, a depender do modo de circulação ou, mais pontualmente, a depender do sistema a que pertence. Isto já se verifica nas ditas "conversas" das redes sociais, mas também nas pregações ditas "religiosas" dos cultos integristas em que fábulas e parábolas milenares, sem liturgia nem rito, adquirem livre-curso semântico e induzem à falsidade dos fatos.

Pode-se também evocar aqui o velho conceito de faculdade mimética – que já foi visto como inerente à história ontogenética e filogenética do homem – para se estabelecer uma analogia entre palavras e crenças. Na linha wittgeinsteiniana de pensamento, o que faz fixar-se uma crença – ou desenvolver-se um conhecimento – não é uma qualidade intrínseca de clareza da proposição, mas a solidez do sistema, capaz de estimular, desde a primeira infância, as interações e a faculdade mimética.

Nesse plano, a força da convicção é maior do que a da verdade. Não se trata de *saber* o que se diz saber, e sim de aceitar como solidamente fixado aquilo que já se sabe. E por que esse saber se fixa? Por confiança na autoridade das fontes, por aquilo que se transmite de uma *forma* determinada no interior de um *comum*, um *meio*, tido como vital, por ser fonte de convencimento. Mas o meio vital nada tem de "natural": é conformado por um *bios*, onde vigoram modelos existenciais, decorrentes dos sistemas de pensamento, assim como de outros regimes discursivos, que presidem aos saberes e às crenças do senso comum. É admissível o enunciado psicanalítico (W.R. Bion) de que o primeiro meio ambiente do indivíduo é a sua própria mente, porém é imperativo ponderar que essa "morada" primordial é sobredeterminada por um comum inerente ao *bios*.

A autonomia potencial dos algoritmos no "comum" criado pela rede abre hoje caminho para discursos subterrâneos e humanamente incontroláveis, na medida em que os dígitos ampliam a sua capacidade de gerar uma realidade separada, dotada de lógica e "linguagem" próprias, ao modo de um novo *bios*, agora especificamente virtual. Isso equivale a dizer que o dito sequestro da fala é igualmente um *sequestro do real*; ou melhor, das representações do real que operamos por nossos tradicionais regimes discursivos. Isto era o que faziam os sistemas coloniais clássicos com as formas de vida dos povos subjugados, assim como fazem hoje com a vida humana os sistemas neocoloniais baseados na apropriação de dados. As consequências psicoculturais antropologicamente observadas no passado modulam-se hoje como esvaziamento psicocorporal dos sujeitos (cada vez mais impermeáveis ou infensos ao "outro" pela exacerbação do individualismo) em síndromes depressivas ou como o negacionismo frente a evidências palpáveis.

No horizonte assim divisado, perdem-se de vista socialmente as referências objetivas tanto à dimensão comunitária quanto ao mundo imediato e minimiza-se a dinâmica consensual da verdade: nada impede que, em determinados contextos, o falseamento converta-se em objeto de desejo, não como um momento dialético da verdade (a exemplo da mentira) e sim como "livre-psitacismo"; isto é, falar por falar sem ancoragem no sentido. Pode tornar-se indiferente falar com um robô ou com um ser humano, fenômeno já recorrente nas situações eleitorais em que se hegemonizam influências ideológicas por efeito de máquinas discursivas operantes nas redes eletrônicas. Nos chamados *social bots*, automatiza-se a personificação de construções fictícias. Num nível ainda mais insondável, é possível desconhecer se sentenças judiciais, por exemplo, são prolatadas por gente viva ou por algoritmos.

Todo esse processo é o avatar da autonomização multissecular da ciência centrada apenas nas causas, em que a realização tecnológica se separa de deveres e valores. Ciência e tecnologia encontram-se como dispositivo absoluto, acima de imperativos morais. Não é, assim, de se estranhar que um organismo de centralização mundial da fé religiosa, como o Vaticano, possa se interessar pelas possibilidades de compatibilização da ética com a inteligência artificial.

A discussão que aqui nos dispomos a suscitar arrola algumas das consequências das mutações econômicas, tecnológicas e sociais em curso, buscando discernir pontos cardeais para a compreensão desse *bios virtual*, inerente à sociedade que hoje se desenha, a mesma que estamos designando como *sociedade incivil* (conceito proposto juntamente com a professora Raquel Paiva); isto é, um ordenamento humano regido globalmente por tecnologias de comunicação, solidárias à transformação no modo de acumulação do capital, à desestabilização das formas clássicas de representação do mundo, mas também ambiguamente atravessadas pela incitação generalizada à reinvenção institucional.

O panorama do *incivilismo* – fenômeno refratário aos dispositivos nacionais da sociedade civil correspondente à fase clássica do modo de produção capitalista e categorizada no século passado por teóricos e militantes revolucionários, a exemplo de Lenin e Gramsci – ajusta-se aos macrodispositivos normativos dos novos modos de gestão da riqueza; ou seja, à política conservadora e neoliberal que rejeita as ideologias de bem-estar da social-democracia. O ativismo direto do capital conhecido como *neoliberalismo* é incivil. Igualmente, a publicização de informações e de discursos como mera "publicação", sem a mediação política e sem a "síntese social" que convertem dialeticamente o privado em público.

Na sociedade incivil desaparece o burguês produtivista (e acumulador) sonhado pelo liberalismo clássico (tão bem romanceado em *Os Buddenbrooks*, de Thomas Mann), para dar lugar à consciência volátil do rentista, visto que efemeridade e volatilidade são bases do turbocapitalismo financeiro. Esvai-se igualmente a sua contraparte operária, a *classe histórica*, erigida por Marx como ponto de fuga do capitalismo, para ceder o passo ao sujeito produzido cada vez mais pela financeirização como mero *homo oeconomicus*, ou seja, "capital humano", progressivamente destituído da condição liberal de *homo politicus*.

Isso não quer dizer que esteja extinta a contradição entre capital e trabalho, e sim que essa clivagem pode se deslocar para formas não estritamente econômicas, em que a exclusão e a dominação assumem configurações de controle total. Nesta visada, a luta histórica pela reapropriação da mais-valia converte-se hoje em luta pela historicidade do trabalho humano, uma vez que a forma-emprego perde durabilidade como modo primordial de socialização ou como fonte histórica de dignidade, ao mesmo tempo em que se desenham claras perspectivas, para o presente imediato e para décadas futuras próximas, de substituição maciça da mão de obra viva por robôs.

Os ideais liberais da livre-troca dão lugar, assim, à violência do capitalismo concorrencial apoiado no livre-mercado, em que o Estado se equipara ao posto de guardião das novas regras sem abrir mão de velhas vantagens estruturais, como o poder tributário e a força militar, geralmente postas a serviço dos mecanismos de concentração de renda em mãos de elites financeiras e imobiliárias.

No pano de fundo dos regimes de governança, repetem-se fórmulas ocas que hibridizam política estatal, demagogia e publicidade – modelo consagrado por dirigentes tipificados no americano Donald Trump, mas extensivo ao fenômeno do ultranacionalismo europeu – ou então se investem de regressivas características imperiais, a exemplo da Rússia e da China. Nesse panorama ainda insondado, torna-se possível qualquer forma de Estado, especialmente as formas teocráticas em nações avassaladas por um fundamentalismo religioso emergente. Sob o ângulo da geopolítica em construção, a sociedade incivil é também uma reverberação antiglobalizante da ordem internacional; ou seja, da aliança transatlântica entre os Estados Unidos e a Europa Ocidental estabelecida após a Segunda Grande Guerra. Mas também antidemocrática, porque é infensa aos avanços da cidadania social compatível com o liberalismo clássico.

Nessa conjuntura histórica, a *comunicação funcional* vem se impondo há décadas como o *código* do novo ordenamento social. Aos discursos e às práticas por trás do ataque generalizado ao Estado social e por trás da entronização da nova ordem socioeconômica inerente à financeirização, é imprescindível a codificação da fala e das consciências imersas no conjunto de dispositivos e práticas atinentes a um novo modo de governo dos homens. A hegemonia perfaz-se no que se tem chamado de *midiatização*; isto é, na articulação de organizações e instituições com os dispositivos de informação. Esse fenômeno comporta formas diferenciadas, a depender da historicidade que particulariza cada território nacional. Assim, o *ethos* liberal persistente nas tecnodemocracias ocidentais pode se contrapor-se aos aspectos sombrios da midiatização (o *Big Data* como *Big Brother*, sem mais nem menos) posta a serviço do controle físico e direto da população (identificação facial, atribuição de "créditos" sociais ou bônus de comportamento padronizado etc.) por sistemas de vigilância eletrônica, como acontece na China.

Outra terminologia para a discussão desse tópico consiste em se referir à normatividade prática que acompanha a renovação neoliberal do capitalismo clássico. Mas seja codificação ou nova racionalidade social, dúvida não há mais de que aí se encontra o foco de uma modernização centrada no mercado como "boca do mundo"; isto é, como princípio organizador da totalidade social. Centrada igualmente na degradação das instituições inspiradas em peremptas virtudes humanistas, que parecem perpetuar-se como cadáveres em órbita: "[...] essas instituições políticas e culturais que prosseguem em sua trajetória no vazio, como fatos sem sentido ou como o equilibrista que continua a avançar sobre uma corda que não existe mais [...]" (Jean Baudrillard).

Faz-se politicamente imperativo, porém, liberar de qualquer viés apocalíptico esse diagnóstico teórico sobre a hegemonia do código comunicacional. O primeiro passo seria possivelmente dar-se conta de que o espectro teórico e prático do conceito é mais amplo em termos *genealógicos* (históricos, antropológicos, filosóficos) do que as operações tecnológicas de sua codificação, o que permite abordar a comunicação, unindo origens e atualidade, como um campo geral dos processos de organização e reverberação de influências no âmbito da coesão social.

Ressalta ao olhar crítico o fato de que, no empenho de hegemonia por parte da dimensão do código – "o mercado como mundo" –, dá-se uma abertura para aquilo que os exegetas de Gramsci vêm chamando de luta "contra-hegemônica" ou para o que poderíamos também designar como *contramovimentações* sociais. Nessa abertura, a comunicação se aproxima do conceito grego de *pharmakon*, que se compreende ambiguamente como "veneno" e "cura". Em outras palavras, aquilo que envenena civilizatoriamente a corporeidade clássica das instituições dispõe ao mesmo tempo de "produtivas" possibilidades quanto a outras formas de ação social. Nesse escopo, a sociedade incivil pode ser também interpretada como o advento de outra dinâmica social, em que um novo tipo de cotidiano reforça junto às massas a *dimensão do costume*, progressivamente concorrente ao velho protagonismo normativo do Estado.

De fato, as experiências de *proxemia* propiciadas pelas mutações do consumo e pela velocidade das redes, assim como as inovações nos estilos de vida, nos modos de percepção e o vácuo das grandes certezas teóricas colocam a realidade empírica num patamar em geral inadaptável aos caminhos normativos da sociabilidade tradicional. Partem daí os esquemas e os registros que pesquisadores da atual sociologia compreensiva inserem no fenômeno chamado de "estetização do mundo".

Por outro lado, vale ponderar as advertências de especialistas no sentido de que a relação entre objetos da cultura tradicional e os produtos do mundo digital seja abordada do ponto de vista das práticas e não do objeto, uma vez que objetos ainda maldefinidos desenvolvem-se às vezes menos rapidamente do que as práticas. As práticas e as ferramentas, como se infere, são inovações tecnológicas, enquanto o "objeto" diz respeito à tradicional razão humanista, à lógica do sentido, da "Cultura", portanto. Uma outra maneira de se colocar a questão é a seguinte: a Cultura, com a maiúscula que lhe deu o Iluminismo europeu, é lenta na formulação de seus objetos, de suas finalidades, diante da velocidade das realizações da tecnociência. Por exemplo, a digitalização do impresso é, no limite, uma prática técnica que ultrapassa, por seu *valor de velocidade*, qualquer objeto. E uma prática sem outro porquê além do próprio circuito técnico-empresarial e, por isto mesmo, simplesmente se impõe, no momento em que se multiplicam outros caminhos técnicos de aquisição de informação, geradores de modos de uso bastante diferentes daqueles requeridos pela prática tradicional da leitura do livro, mais afinada com a razão humanista.

Separação e ponte

Mudando-se os espaços de incidência das tecnologias da comunicação (o *pharmakon*), seria possível talvez articulá-las a contramovimentações inéditas em termos de sociedade e cultura. O educador Paulo Freire já o tinha vislumbrado, no quadro de uma pedagogia libertária: "A comunicação é separação e ponte". Isso é admissível quando se considera que o campo acadêmico da comunicação é afetado pelo contexto sociocultural em que se desenvolve, conforme se verifica nas noções disseminadas pela sociologia norte-americana da comunicação, fortemente marcadas pela realidade industrial daquele país. A exportação dessas categorias para o resto do mundo não se limitou à academia, tendo sido bastante ativa em discursos e propostas de agências de cooperação, com vistas ao desenvolvimento social de regiões economicamente carentes. O verticalismo dos modelos, a benevolência do capital, a comunicação difusionista de informações supostamente esclarecedoras não resultaram em grande coisa.

O deslocamento teórico para uma "situação latino-americana" tem dado margem a estudos e esboços metodológicos que procuram confrontar a diversidade cultural com a hegemonia dos modelos circulantes. São empenhos meritórios, embora não raro inspirados em sugestões alheias às especificidades dos territórios latino-americanos, a exemplo de derivas metodológicas de formulações abstratas ou especulativas, como as notórias "estratégias rizomáticas" deleuzeanas. Nada contra a abstração, como bem evidencia Marx com as principais categorias de *O capital*, desde que lastreada pela experiência histórica. Mas tomado ao pé da letra, o instigante (embora pouco claro) *insight* filosófico do filósofo francês sobre a exterioridade das linhas de fuga diante das formações de poder do Estado converte-se em método "realista" de pesquisa social, por *alodoxia* cultural; isto é, por puro efeito de prestígio do discurso de Outro, presumidamente hegemônico em termos de discurso acadêmico.

Não se veja qualquer xenofobia nem "fervor" marxista nesta crítica. Na realidade, o posicionamento teórico em que se busca discernir os modos como as massas constroem na prática o seu sentido existencial tem raízes nas reflexões sobre as ciências do Espírito desenvolvidas desde fins do século XIX por pensadores europeus como W. Dilthey e G. Simmel. Nestes, divisamos raízes do conceito de *historicidade*, em que se vinculam compreensão e situação, teoria e prática. Os indivíduos produzem ao longo de sua vida comum questionamentos e interpretações relativos a variados aspectos da vida social, nos quais a atitude prática não se distingue inicialmente do trabalho teórico; ou seja, subjetividade e conhecimento misturam-se, afetando o agir compreensivo. Por outro lado, a reflexão teórica pode se abrigar na estética, como acontece na obra romanesca de Balzac, o criador de uma sociologia compreensiva (figurativista), ancorada na análise de personagens.

Nessa perspectiva das ciências do Espírito, que conduz à sociologia compreensiva de Max Weber, trata-se de compreender a diferenciação funcional da vida social moderna, assim como a multiplicidade de suas formas expressivas, a partir da interpretação de *conjuntos interativos*, no interior dos quais o indivíduo age segundo as regras de uma ordem institucional. Isso vale para a variedade dos aspectos da vida social, inclusive para a economia, que não evolui "biologicamente" ao modo de um corpo ou de uma realidade pronta, e sim a partir de interações de agentes humanos. A ordem institucional, por sua vez, constitui a condição de inteligibilidade de sua ação tanto para outros atores do conjunto quanto para um observador externo. A compreensão teórica articula-se à razão prática inscrita na vida e em suas formas expressivas, desdobrando-se analiticamente em modos distintos na complexidade cada vez maior da sociedade midiatizada em que hoje estamos imersos.

Sempre foi e continua sendo conceitualmente ambígua a majoritária ideia acadêmica de "comunicação". Apesar disso, a ideia de transmissão e persuasão, concretizada nos dispositivos técnicos que fazem circular os discursos sociais, com a consequente recepção por parte de públicos amplos e heterogêneos – portanto, na *comunicação funcional ou comunicação/informação* – é desde os começos a principal responsável pelo *paradigma de emissão e efeitos* na abordagem acadêmica do problema. A expressão "comunicação funcional" revela-se aqui muito adequada, uma vez que essa categoria pertence por inteiro ao persistente positivismo funcionalista da escola sociológica norte-americana.

Ora, emissão e efeitos são variações possíveis num espaço produzido por um sistema cuja lei constitutiva, a unidade sistemática das diferenças, encontra-se fora da funcionalidade técnica; isto é, fora do percurso operacional do sistema, onde se entreveem as modalidades variadas da produção e recepção de sinais, signos, mensagens e discursos. O positivismo funcionalista confunde a combinação contínua das variações com a razão causal do sistema, submetendo-as a modelos que se prestam academicamente a "teorias". Sem demonstrações nem provas, os modelos pretendem reproduzir a realidade material do objeto de estudo e terminam confundindo a descrição da concretização técnica dos processos com a necessária produção de conhecimento crítico.

Esse trabalho dá à luz metodologias prolíficas, com a chancela sisuda das "ciências humanas", mas deixa na obscuridade o conhecimento das pressuposições ou das causas, que poderíamos designar (ao modo de Michel Foucault) como "conhecimento arqueológico", no sentido de destrinçar a materialidade (histórica ou técnica) a partir da qual algo se constitui. O funcionalismo positivo tem sido a via teórica trilhada pela maioria das pesquisas e obras reflexivas sobre campos diferenciados do pensamento social. Configura-se essa via como um pequeno paradigma, ou seja, como um sistema conceitual dominante, onde se encaixam as *teorias*; isto é, os conjuntos de pressupostos que dão origem às *hipóteses*, entendidas como suposições sobre as relações entre variáveis, sempre à espera de provas.

Nesse ponto, os modelos têm a sua validade como coerência demonstrativa: Marx, por exemplo, elabora modelos muito esclarecedores do que chama de "lei geral da acumulação capitalista" (*O capital*, vol. I), mas cientificamente apoiado na pressuposição de organização e tecnologia constantes, inerentes ao modo de produção; portanto, apoiado num conhecimento imediato e qualitativo ensejado pela *intuição*, que se poderia também chamar de "senso da vida". É esse senso intuitivo – advindo de uma relação simpática e política com o objeto – que orienta a dialética.

O problema aparece quando o modelo – vale reiterar, tão só uma coerência demonstrativa – pretende servir de conceito científico. A pesquisa empírica apenas completa o círculo vicioso de teorias inventadas por modelos, que refletem momentos técnicos da realidade estudada e não raro atribuem efeito de conhecimento às manipulações estatísticas. Assim é que o campo acadêmico da comunicação foi mundialmente impregnado por modelos desenhados a partir de etapas de regulação técnica da mídia norte-americana, concorrendo para apagar o conhecimento conceitual dos processos comunicacionais em sua diversidade concreta.

Por isso, movimentam-se nesse campo desde hipóteses antigas até as mais recentes como a da recepção ativa, a do contexto social, a do contexto institucional da comunicação, a do impacto das mensagens midiáticas na organização das opiniões e das crenças etc. Até mesmo as concepções politicamente ativistas ou *praxiológicas* da comunicação (que concebem comunicação como instrumento para a consecução de fins sociais), sejam politicamente orientadas para a esquerda ou para a direita, entram nesse paradigma.

Claro, falar de paradigma implica aludir ao problema do estatuto do conhecimento implicado na comunicação – primeiro, perguntar sobre a sua realidade como prática social e, depois, como se pode conhecê-la – se doutrina, se campo científico. Em trabalhos anteriores, destacamos a insuficiência epistemológica das respostas, apontada em vários dos diagnósticos sobre a inexistência da comunicação como um campo identificável de saber ou como uma pletora de domínios separados.

Alarga-se o campo das diferenças teóricas, retrai-se o comum dos objetivos, inexiste uma "pré-compreensão"; isto é, uma apreensão sensível do campo estudado – não se discute realmente sobre o objeto que se pretende científico. O que há de fato, com honrosas exceções, é uma prolífica reiteração acadêmica (por dissertações, teses e artigos modelados por agências de fomento) de *surveys*, estudos de caso e descrições quase--etnográficas do "estado-da-arte" informacional, quando não panfletos celebrativos da tecnologia. O progresso contínuo da rede eletrônica é pretexto para uma devoção pararreligiosa aos seus aplicativos técnicos.

Para bem se entender a relevância de uma "pré-compreensão" do campo e melhor situar a argumentação em pauta, vale reiterar que o prestígio de uma ciência social jamais se deveu exclusivamente à objetividade do conhecimento por ela gerado, mas, sobretudo, à sua *produção* de valor social, cultural e, mesmo, político. Nesse prestígio a instituição universitária encontrava o centro de gravidade que a capacitava a exercer a função republicana de contrabalançar a dispersão das especializações profissionais.

No caso de uma ciência como a sociologia, a "pré-compreensão" de seu objeto, pertencente à esfera humana, advinha da percepção por bom-senso da ruptura dos laços tradicionais (o *Ancien Régime*) em face do surgimento de um novo tipo de relação social, característico do sistema industrial emergente. A pré-compreensão consistia, portanto, numa autoconsciência da presença de formas novas de realidade social. A crise de valores do tipo de conformidade às regras sociais, de honra, de lealdade, de amizade etc. está expressa no pano de fundo ético que subjaz ao pensamento social de filósofos e sociólogos emergentes, servindo de lastro à teoria crítica moderna.

Hoje, porém, sob a égide da racionalidade neoliberal, as ciências do homem parecem tornar-se socialmente supérfluas, senão inúteis à indústria. No caso da comunicação, não houve uma pré-compreensão do objeto na magnitude típica do período oitocentista; isto é, pode ter havido a percepção generalizada de velocidade na mudança de hábitos de consumo, mas não a admissão consensual de um novo campo científico ligado a essas transformações. Deu-se, sim, o reconhecimento acadêmico de uma nova realidade instaurada por dispositivos de informação a que se colou, por cima da generalidade de estudos sobre jornalismo, o rótulo de "comunicação", palavra antes frequente no vocabulário de pensadores pragmatistas norte-americanos.

Essa foi a linha sociológica norte-americana das "comunicações de massa" que, apoiada numa plataforma epistêmica basicamente informacional, cunhou e difundiu ao longo do século passado modelos de pesquisa adequados às demandas privadas e governamentais oriundas de uma realidade social específica. A modelagem jornalística serviu em grande parte a processos que depois se chamariam "comunicacionais". As tecnologias inerentes aos mecanismos analógicos de transmissão de notícias – impressas, radiofônicas, televisivas – conformaram, com viés euroamericano, o pequeno paradigma do que se consolidou como "comunicação". Não partiram daí grandes ideias sociais, tão só uma irradiação tecnicista de processos industrial-culturais, em que a pretensa reflexão teórica mal se distingue da prática dos consumidores ou usuários.

Mas como já indicamos, com o gradual deslocamento epistêmico da comunicação para outras regiões do mundo – em especial as latino-americanas, marcadas pela predominância de inserção massiva na esfera do consumo – começaram a surgir perspectivas de pesquisas supostamente capazes de contestar a colonialidade do poder acadêmico euroamericano, assim como de contornar o suposto controle semiótico dos discursos sociais por parte da mídia hegemônica. O deslocamento implicou também um distanciamento do viés sociológico *stricto sensu*, que prioriza os aspectos "exteriores" da sociedade (as empresas, as tecnologias e seus efeitos) em detrimento da sociabilidade inerente à trama das relações cotidianas e da comunicação concreta entre os indivíduos – em outras palavras, a comunicação ou a "cola do mundo" tal como é percebida a partir de dentro pelos agentes comunitários.

Esse diagnóstico tem circulado. O problema é que o agigantamento do poder tecnológico na esfera do que se convencionou chamar de "comunicação" demanda muito mais do que metodologias acadêmicas ainda excessivamente ligadas à velha mídia analógica ou à discursividade inerente à interface entre emissores centralizados e seus públicos amplos e dispersos. *As exigências partem da atual pré-compreensão do pensamento computacional* – relativo a novos campos de estudos e a inovações práticas, com possibilidades de grande impacto sobre o futuro imediato – implícito no perfeito acabamento tecnológico do *bios virtual*.

Em torno da *high-tech* ou robótica, expande-se a Stem (sigla em inglês para ciência, tecnologia, engenharia e matemática), que enfatiza a importância de uma qualificação educacional específica, tanto para elevar a produtividade da força de trabalho quanto para a compreensão teórica dos mecanismos essenciais do novo *bios*. O pesquisador da comunicação atinente a essa nova etapa da vida social aproxima-se muito provavelmente do teórico oitocentista nos primórdios da sociologia compreensiva (Dilthey, Simmel, Weber), na medida em que, sensível à conaturalidade entre sujeito e objeto, não cava um fosso entre a realidade vivida (agora conformada por tecnologia eletrônica) e a compreensão teórica dos processos em curso. A comunicação implica uma "ciência da subjetividade" (Dilthey) inscrita na rede; isto é, reconfigurada pelo *bios* virtual.

Ou seja, competência tecnológica e reflexão, senso da vida e teoria caminham juntos. Esse caminho pressupõe uma apreensão coletiva da realidade, como transparece na observação de um economista norte-americano (Charles Goodhart) sobre seu trabalho acadêmico: "Minha própria análise da política e da atualidade tem mais influência do *Financial Times* do que de qualquer pesquisa individual que realizei" (Revista *Época*, 26/11/2018). Claro, nos termos da verdade estabelecida, as fontes de informação acadêmica tendem a ser mais confiáveis em virtude dos circuitos de revisões dos pares, mas o pesquisador está assinalando aqui a relevância cognitiva da apreensão sensível por parte de um grupo afinado com a realidade imediata. Ou seja, assinala a importância de se reconhecer a evidência da lógica *interna* de um objeto, eventualmente desconsiderado como "infrateórico" por macroesquemas cognitivos.

Em termos estritamente técnicos, a realidade sensível da *high-tech* projeta a informação para muito além do que se configurou teoricamente na dimensão analógica. Ela é de fato a etapa mais atualizada do desenvolvimento da automação requerida ao longo de todo o século XX pelas pressões acumulativas do capitalismo monopolista com vistas à economia de tempo na produção. Por um lado, é uma economia orientada pelo ideal produtivista de não interrupção no processo de trabalho ou pela compensação das limitações do corpo humano na obtenção veloz de resultados: velocidade é o fator-ponte entre a automação incipiente no século passado e o robô atual, presente na tecnologia de ponta, na mídia e nos serviços financeiros.

Por outro lado, o solo social para essa economia é a rede como fenômeno tecnológico e organizacional, em *que a comunicação deixa de ser abordada como mediação* – portanto, como categoria inscrita no paradigma verticalista de transmissão e efeitos – em favor de um pensamento reticular capaz de incidir sobre estruturas e processos inéditos no escopo da experiência humana. Nesse contexto, informação não é mero conteúdo a ser distribuído, mas um verdadeiro processo estruturante, capaz de construir um solo virtual em que se pisa socialmente; portanto, uma esfera vital análoga a um *bios*.

A reflexão comunicacional deste século não desconsidera a importância do jornalismo na discussão sobre a erosão da credibilidade pública dos fatos e sobre o esvaziamento do debate democrático; porém, comunicação tem hoje muito mais a ver com ecologia informacional, genética e lógica dos comportamentos humanos. Em níveis culturais e psicossociais, já existe um consenso no sentido de que a redefinição das tecnologias da informação e da comunicação como inteligência artificial, em articulação com as formas novas do capital, é capaz de gerar uma mutação social inquietante em termos objetivos e subjetivos. É o que está implicado na erosão dos limites entre o real e o virtual, o humano e a máquina.

Quais as consequências disso tudo para o campo acadêmico? Em princípio, os estudos confirmativos ou reiterativos da realidade industrial dos dispositivos (lógicas de produção, competências de recepção, etnografias de inovações técnicas etc.) são capazes de acrescentar algum conhecimento àquele de que já dispõe o senso comum. Mas, como bem se sabe, o conhecimento propriamente científico só avança mesmo no terreno que se ignora, na formulação de novos problemas e questões.

Pesquisa implica especulação, prospecção e descoberta, não a fixação acadêmica de métodos de reprodução do já dado. Ausentes da compreensão política, congelados em modelos – que constituem apenas um momento técnico do saber científico –, *esses métodos perigam constituir um verdadeiro obstáculo à compreensão do fenômeno comunicacional*. A reprodução acadêmica é o vício teórico que gera efeitos burocráticos, ainda que na obscuridade cognitiva. Daí, o imperativo de reformulação dos paradigmas funcionais em que tradicionalmente se apoiaram os estudos nesse campo.

Por que *compreender* é vital? Primeiramente, porque não se trata apenas de um registro operativo, como "entender de" alguma coisa, ou seja, fixar um horizonte definido por um conteúdo último, e sim alcançar um dispositivo capaz de canalizar tanto a racionalidade cognitiva quanto a energia dos afetos individuais e coletivos. Em outros termos, capacitação ou abertura ontológica para cuidar de si como existência, para poder *ser* plenamente. Compreender implica, portanto, uma afinação (afetiva, política) com o mundo em sua diversidade.

Isso é crucial porque a dinâmica da comunicação em sua atual configuração torna mais presente do que nunca a questão essencial da formação do homem, de sua confirmação como cidadão, aquilo mesmo que, na antiguidade clássica, sob o nome de *Paideia*, associou o pensamento e a cultura à escola. A educação global do homem provocada pelo aparecimento de uma nova forma de mundo esteve em questão no período clássico da Grécia sob a égide da filosofia, do mesmo modo como está igualmente em questão na mudança social, hoje induzida pela inteligência artificial e pelo capitalismo financeiro – conjugação de fatores a ser posta sob a égide de uma comunicação reflexiva.

Assim como a ideia da emancipação do homem pelo exercício da razão é propriamente moderna, a ideia da circulação e conexão generalizadas por meio das tecnologias eletrônicas leva à exigência de elaboração de um novo campo conceitual para a comunicação, fora de alcance dos esquemas representacionais derivados do paradigma informacional do século passado. Esses esquemas partem normalmente do pressuposto de que é preciso conhecer mais sobre um objeto teoricamente recortado e que, para isso, se devem buscar empiricamente os elementos faltantes. Assim funcionava o positivismo clássico no pensamento social.

No caso da comunicação, porém, a crise de cognição não está na falta de conhecer ou de "entender de", e sim no excesso desregulado de conhecimento; ou seja, na dissonância, que se pode considerar tanto cognitiva como propriamente "ecológica", entre a metástase informacional no *bios* vivenciado e a realidade biossensorial do corpo humano. Impõe-se, assim, o imperativo ontológico da *compreensão*, que consiste em *redescrever*, à luz do *pharmakon* comunicacional, as bases de sustentação da sociabilidade tradicional.

A realidade inquietante é que o afeto e o mundo imbricados na "inteligência" da sobrecarga informativa excedem o sujeito individual, as instituições e seu entorno, atraídos pelo vórtice do mercado constituído em máquina tecnossocial. Evidencia-se a enorme fragilidade do ser humano diante de suas próprias realizações materiais. É que a educação, a cultura e a política são lentas ante a velocidade do avanço técnico. Daí a impressão de que, quanto mais se avança tecnologicamente, mais se regride em termos emocionais. .

Por isso, parece-nos fundamental compreender, por sentimento e razão, o poder atrativo desse vórtice alimentado pela maré do capital fictício, que leva de roldão a civilização industrial e urbana na ventania das finanças. Em seguida, estar plenamente consciente das transformações institucionais capitaneadas por organizações empresariais de ponta tecnológica, que se empenham em moldar ideologicamente Estado e cidadãos, inclusive nas formas mínimas e neoliberais do "governo de si".

Finalmente, trata-se de tomar ciência da crise profunda da liberal democracia parlamentar, à qual esteve associada desde o início no passado a informação pública ocidentalizada, na forma principal do jornalismo. O que aqui designamos como *sociedade incivil* não é um jogo de palavras, mas um conceito atinente à deterioração econômica, política e publicística das agendas estipuladas pelo liberalismo clássico, entre as quais se inclui a própria democracia, suscetível de declínio moral. A *sociedade de vigilância total*, cada vez mais tornada possível pela inteligência artificial conjugada ao mercado, é apenas um dos efeitos antidemocráticos da sociedade incivil.

A atribuição de exclusiva responsabilidade social, por meio da absoluta descentralização das decisões, ao "indivíduo-cidadão" – suposto "instrumento de si mesmo" –, é um dos versículos prioritários do evangelho do mercado, matéria-prima do neoliberalismo político. A teodiceia da eficácia monetária e do mercado; isto é, o discurso descritivo do capitalismo como religião, é o caldo civilizatório da sociedade incivil. Resta determinar em que medida política, democracia e informação pública ainda podem ser resgatadas do abismo das instituições.

PARTE I
Causas

Desenham-se aqui pressuposições relativas à montagem dos dispositivos de comunicação/informação nas tecnodemocracias ocidentais. Isso implica explicitar as relações do capitalismo financeiro com a "magia" da tecnologia eletrônica e da mídia, indutora de formas de vida homólogas ao deslocamento da dominância no controle social (antigos mecanismos visíveis dos aparatos de Estado) para a codificação generalizada da existência. Embora instalada no mundo material e sensível, a esfera da comunicação/informação separa-se como uma reencenação platônica do mundo das formas e dos números, uma espécie de "céu" artificial gerador de realidades. Informação é agora moeda, comunicação é o nome do código. Aprofundam-se as ficções do capital, a divindade transmuda-se em dinheiro.

Comunicação: a magia do código

[...] Que es la vida? Una ilusión
Una sombra, una ficción...
Pedro Calderón de la Barca

Então, o mundo é apenas uma lanterna mágica?
A. Schopenhauer

Quer denote transporte, intersubjetividade, transmissão de mensagens, contágio, comunhão ou o real da comunidade, a palavra *comunicação* sempre foi e permanece filosoficamente problemática. Mas do modo como se apresenta em sua materialidade social – mídia corporativa, publicidade, *marketing*, redes digitais e produção imaterial – a *comunicação funcional* é outra face da racionalidade neoliberal, que se define como "o conjunto de discursos, práticas e dispositivos que determinam um novo modo de governo dos homens segundo o princípio universal da concorrência"[1], no âmbito da financeirização do mundo; isto é, do novo modo de gerir riqueza e acumular capital. Isso tem largas implicações de ordem epistemológica para esse prolífico campo de estudos – cujo nome coincide com o de seu objeto – em contínua ampliação ao redor do fenômeno e de suas irradiações sociais. São objetos, porém, que não se prestam à adequada interpretação sem que se levem em consideração as suas pressuposições históricas, das quais são indissociáveis.

---

1. DARDOT, P. & LAVAL, C. *A nova razão do mundo* – Ensaio sobre a sociedade neoliberal. São Paulo: Boitempo, 2016, p. 17.

De fato, embora esses estudos e pesquisas tenham a sua recente origem acadêmica na sociologia e na teoria dos sistemas, a economia afigura-se como uma pressuposição necessária ao fenômeno contemporâneo da comunicação. *Economia* é, aliás, o nome dado por Foucault a uma das três "regiões epistemológicas", a partir das quais se constituíram, desde o século XIX, os diferentes saberes positivos sobre o homem: biologia, economia e filologia[2]. Nessa tripartição ele inclui o *campo sociológico* (relações de poder) na economia e dá margem a que agora se possa figurar a filologia – enquanto estudo do sentido e dos sistemas discursivos – como coincidente com as atuais *ciências da comunicação*, que estão voltadas para a análise dos processos escritos, orais e gestuais, mas ao mesmo tempo implicadas em relações de poder tanto econômicas quanto biológicas.

A visão foucaultiana é epistemologicamente mais penetrante do que a maior parte das análises de cunho estritamente sociológico ou funcionalista que incidiram sobre o fenômeno da comunicação ao longo do século XX, porque, mesmo sem mencioná-lo, permite a inserção desse fenômeno no entrecruzamento de campos diferentes de conhecimento do homem. De fato, finda a era do que se chamou de "comunicação de massa" (conceito sociológico, descritivo da irradiação unilateral de informações por parte de corporações de mídia para públicos amplos e dispersos), torna-se mais claro que os signos, os discursos e os dispositivos tecnológicos estão na base do processo de formação de uma forma nova de socializar, de um novo ecossistema existencial, em que a comunicação se afirma como um conceito-ponte para a intersecção da "biologia", da "economia" e da "filologia" (de acordo com a acepção foucaultiana desses termos) na sociedade em curso.

---

2. Cf. FOUCAULT, M. *As palavras e as coisas* – Uma arqueologia das ciências humanas. Lisboa: Portugalia, 1966.

Ainda mais precisamente, *a comunicação equivale a um modo geral de organização*. Não se trata de organização sistêmica, restrita às formas lineares e burocráticas do gerenciamento técnico, e sim de uma forma normativamente orgânica e invisível de controle, apenas detectável na superfície das redes, mas decididamente presente como uma força motriz ligada ao processo de realização do capital; isto é, ao processo em que o valor (e o mais-valor) gerado na produção transforma-se em dinheiro por meio do comércio de mercadorias. Não se trata, porém, apenas de comércio: a tecnologia implicada nesse processo é também, ela própria, habilitadora de processos produtivos e circulatórios; logo, organizadora das condições capazes de assegurar a sua lógica interna de desenvolvimento nos limites de um horizonte determinado ou de uma configuração espaçotemporal específica.

Nesses termos, o que se organiza ou se administra? Em princípio, as formas de produzir e consumir adequadas à nova configuração monopolística do capital. Aí se incluem as instâncias da produção e do consumo, mas também toda a vasta dimensão do *transporte* dos seus elementos constituintes (portanto, objetos convertidos em mercadorias, assim como os sujeitos desse processo), que estende o escopo organizativo até a conformação física ou territorial da ambiência envolvida. Daí, as implicações de natureza ecológica e, mesmo, geográfica, atinentes à contemporaneidade do *fator comunicacional*, entendido, em última análise, como uma macroconversão do espaço ao tempo produtivo.

Assim, a comunicação gera espaço, meio vital ou comum: nas novas modalidades de existência "em comum", esse espaço é redefinido tecnologicamente de maneira a que signos, imagens e dígitos criem um mundo próprio e que o deslocamento se perfaça numa esfera virtual (eletrônica), onde o movimento não é mais apenas "físico". A progressiva aceleração dos meios tradicionais de transporte (trens, navios, carros, aviões) é complementada e superada em termos de velocidade pelos telefluxos dos dispositivos eletrônicos. Em consequência, no quadro dessa nova biosfera tecnológica, reorganizam-se ou administram-se, com uma nova racionalidade social (outro *bios* existencial), as formas de vida ou instituições inscritas no horizonte da economia política.

Como bem se sabe, nessa dinâmica o meio de trabalho é a *informação*, consentânea à teoria neoliberal do conhecimento, elaborada pelo economista Friedrich Hayek, explicada por Dardot e Laval: "Hayek compartilha com Von Mises a ideia de que o indivíduo não é um ator onisciente. Talvez seja racional, como sustenta Von Mises, mas é, sobretudo, ignorante. É por isso, aliás, que existem regras que ele segue sem pensar. Ele sabe o que sabe por meio de regras, das normas de conduta, dos esquemas de percepção que a civilização desenvolveu progressivamente"[3]. Esta é, na verdade, uma afirmação coincidente com o que foi assinalado por Foucault sobre o caráter inconsciente dos sistemas e das regras em relação às funções e às significações. Para Hayek e Von Mises, o problema do conhecimento, ainda que negligenciado durante muito tempo, é central na teoria econômica. As pequenas e grandes mudanças passam pela informação, logo, "é preciso facilitar a comunicação das informações para completar os fragmentos cognitivos que cada indivíduo possui".

Entretanto, a informação a que se refere o teórico neoliberal, na primeira metade do século passado, está ainda contida no plano semântico do discurso. De lá para cá, o conceito ampliou-se para uma gama extensa de processos que implicam palavras e números, cada vez mais apropriados por máquinas inteligentes em bases materiais e imateriais. Informação passou a designar o *grande fluxo*, ao mesmo tempo mate-

---

3. DARDOT, P. & LAVAL, C. *A nova razão do mundo* – Ensaio sobre a sociedade neoliberal. Op. cit., p. 143.

mático e semântico-discursivo, situado na base da revolução permanente dos métodos e das estruturas de produção que combina gestão empresarial com telecomunicações e informática. Trata-se realmente agora de uma nova ordem sociotécnica, movida a informação em todos os níveis, que se pode definir como uma formalização generalizada da existência por meio de finanças e tecnologia.

Instalada como um mundo de sistemas interligados de produção, circulação e consumo, a nova ordem fixa-se no ponto histórico do aqui e agora, não como mero índice de outro modo de produção econômico, nem mesmo como a evolução da mercantilização inaugural da Modernidade ou do capitalismo concorrencial, mas como a *razão* de uma verdadeira *mutação* civilizatória, em que ficções exponenciais ou abstrações em grau elevado substituem a materialidade das forças produtivas e, no limite, como referência absoluta das coisas. É de fato profunda a mutação por que passam a pesquisa, a indústria, a economia e a sociedade em virtude do agigantamento da potência de cálculo no ciclo da produção e do crescimento dos dados.

Embora adequado, o nome *comunicação* é só um dos possíveis para o *código* generalizado dessa substituição. Na terminologia analítica dos sistemas, código é o mesmo que "meio de comunicação" generalizado, responsável pelo controle das operações. Hoje, esse controle aprofunda-se tecnologicamente por meio do *algoritmo*; isto é, um processo iterativo e finito (um conjunto de regras lógicas) destinado à resolução de problemas ou à execução de tarefas. Mas entendido também como algo muito diferente em escala de uma "aritmética", pois implica organização ou gerência.

Nesse plano, algoritmo é igualmente um código que define uma sequência de procedimentos matemáticos e ações humanas. Embora seja o resultado de uma programação, a sua expansão lógica já aponta para uma virtual autonomia técnica a exemplo do robô. Midiática e algorítmica, a palavra *código* eleva-se, no plano reflexivo, a uma hipersignificação: a *lógica de controle e de adaptação* implicada na reestruturação do modo de produção capitalista (a passagem do produtivismo competitivo à abstração financista ou da economia industrial à digital) e na instituição do consumo como sistema estratégico.

No consequente rearranjo de pessoas e coisas, a comunicação revela-se como principal forma organizativa, em que o conhecimento humano aliado à inteligência artificial – *Big Data*, análise de dados e cálculo de alto desempenho – transforma a natureza do trabalho no sentido da imaterialização das forças produtivas, ou seja, no sentido da conversão das clássicas fábricas de objetos físicos em "usinas" digitais. Nessa expressão, *big* significa não apenas um grande disco rígido para armazenar dados (*data*), mas também o fato de que é grande a dimensionalidade de cada ponto do dado, o que amplia o número de parâmetros a se determinar na execução de uma tarefa. A inteligência é aquilatada pelo número de variáveis que um sistema comporta. Por isso se pode falar de "tecnologias do *Big Data*", que já comparecem em numerosos dispositivos autônomos da vida cotidiana, como smartphones e outras inovações caracterizadas pelo predomínio da imaterialidade em sua produção, produzidos pelos atuais gigantes da tecnologia (Amazon, Apple, Facebook, Google e Microsoft) ou *Big Tech*.

Um dado sintomático dessa imaterialidade: "Num iPad, a produção material representa 10% do valor final, divididos por 11 países. Os chineses, que fazem a tela sensível, pegam 4%. Temos mais 10% de transporte, 20% de distribuição. O resto, o que é? *Design*, engenharia, eletrônica e marca: os Estados Unidos pegam 71%! As externalidades têm maior valor"[4]. Isso procede de um socioeconomista, ao explicar a

---

4. MOULLIER-BOUTANG, Y. *Cognitive capitalism*. Cambridge: Polity Press, 2011, p. 25.

ligação do capitalismo cognitivo com a digitalização, equivalente, para ele, àquilo que as máquinas a vapor foram para a Revolução Industrial. O que ele chama de "externalidade" podemos chamar também de "componentes da comunicação" ou ainda, simplesmente, *conhecimento relevante*, que implica engenharia, *design* e computação. Com esse conhecimento desenvolvem-se as empresas mais valiosas desta primeira metade do século.

Externalidade é apenas um nome (entre outros possíveis) para cognição e valor – software, na prática – ambos produzidos por um ecossistema rico; isto é, por uma configuração sociotécnica movida a inovação tecnológica. Mas atribuir a uma derivação semântica do adjetivo "externo" a condição mesmo da produção atual de mercadorias inovadoras parece-nos conter a suposição fisicalista e empiricista de que o "interno" desse produto, a sua materialidade, seja a referência adequada a uma suposta "naturalidade" do processo de trabalho. Ou seja, o princípio de realidade da produção de um iPad estaria na fabricação material – e decididamente "objetiva" – do aparelho (a "internalidade" ou transformação de "natureza" em mercadoria pela força de trabalho operária), ao passo que o elemento cognitivo (*design*, engenharia e marca) seria da ordem das ficcionalizações externas, supostamente "não objetivas".

Na verdade, como bem acentua Harvey, noções descritas em termos imateriais como poder, influência, crença, *status* etc. são perfeitamente objetivas: "O valor, para Marx, é precisamente um conceito desse tipo. 'Elementos materiais não convertem o capital em capital', escreve ele. Pelo contrário, eles relembram que 'o capital, de um lado, é *valor*, portanto, algo *imaterial*, indiferente ante a sua existência material'"[5]. Valor,

---

5. HARVEY, D. *A loucura da razão econômica* – Max e o capital no século XXI. São Paulo: Boitempo, 2018, p. 19. O notório explicador de Karl Marx está se referindo a uma reflexão constante no *Grundrisse: manuscritos econômicos de 1857-1858* – Esboços da crítica da economia política. São Paulo/Rio de Janeiro: Boitempo/UFRJ, 2011, p. 242.

categoria-chave para a compreensão do conceito marxiano de capital, é aqui explicado como "o trabalho social que realizamos para outros tal como ele é organizado por meio de trocas de mercadorias em mercados competitivos, com seus mecanismos de determinação de preços"[6]. É, portanto, uma relação social imaterial, mas objetiva, que responde pela natureza do capital: "Capital é valor em movimento".

Ora, no caso citado da produção de uma mercadoria digital como o iPad, a engenharia cognitiva não é propriamente "externalidade", e sim um meio de produção imaterial, interno à tecnologia da nova ordem produtiva articulada por *Big Data* – por exemplo, para o melhor resultado da fotografia realizada em telefone celular, importa mais o software que interpreta os sinais captados para produzir a imagem do que a lente. Portanto, mais o algoritmo do que a matéria considerada em sua dimensão física[7]. O mesmo acontece com o sistema de acesso remoto ao armazenamento de dados conhecido como "nuvem" (*cloud computing*), que dispensa a instalação de programas e a estocagem de dados em unidades físicas, reduzindo a materialidade do computador à condição de um mero chip ligado à rede. Por sua vez, o acabamento estético propiciado pelo *design* está no centro atrativo da cultura desenvolvida ao redor de cada um dos produtos digitais oferecidos no mercado, criando a percepção de qualidade na identificação da marca empresarial.

Apesar dos problemas teóricos implícitos nos postulados naturalistas sobre o processo de trabalho, a noção de prevalência da parte imaterial nessa mercadoria amplia o escopo costumeiro dos estudos comunicacionais e afigura-se relevante do ponto de vista metodológico, assim como

---

6. Ibid., p. 18.

7. O não entendimento disso levou ao fracasso a política de informática durante o regime militar brasileiro, que impôs uma reserva de mercado para as máquinas (*hardware*) na expectativa de criação de uma indústria nacional. Crasso engano: o essencial não era o aparato material, mas os softwares e a economia de serviços.

epistemológico, quando se trata da objetivação científica do problema. É que normalmente esses estudos aferram-se de modo identificador (pura e simples descrição empírica) ou celebratório ao aspecto inovador das técnicas de comunicação, legitimando-as como principais vetores de modernização civilizatória e atribuindo-lhes um peso excessivo. Daí deriva a suposição de que a materialidade dos artefatos, em si mesma – e não a histórica totalidade do ecossistema econômico e tecnológico –, seja determinante no conteúdo e na forma da organização social.

Essa suposição, recorrente na perspectiva "midiacêntrica" dos estudos de comunicação – geralmente centrada em análises fragmentárias dos processos industriais e comerciais –, tem um valor explicativo das aparências imediatas no plano das relações de consumo, porém oblitera os *pressupostos* teóricos que determinam as condições materiais e psíquicas da comunicação tal como ela hoje se concretiza; isto é, trata de buscar empiricamente uma "verdade" no interior de um sistema técnico específico, deixando de relacionar a busca ao movimento institucional e organizacional da sociedade e, assim, perdendo de vista os nexos necessários com a História.

Nesse movimento de busca dos nexos, a economia aparece como a linha diretora imediata, mas é preciso ampliar o seu escopo conceitual para além do atual sistema econômico controlado, regulado e dirigido exclusivamente por mercados, ou seja, por aquilo que, segundo Polanyi, é propriamente *economia de mercado*: o mecanismo autorregulável que ordena a produção e a distribuição de bens. Em seus termos, "uma economia desse tipo se origina da expectativa de que os seres humanos se comportem de maneira tal a atingir o máximo de ganhos monetários. Ela pressupõe mercados nos quais o fornecimento dos bens disponíveis (incluindo serviços) a um preço definido igualará a demanda a esse mesmo preço. Pressupõe também a presença do dinheiro, que funciona como poder de compra nas mãos de seus possuidores [...]. A ordem na produção e na distribuição de bens é assegurada apenas pelos preços"[8].

Um mecanismo supostamente autorregulável dessa natureza significa, no limite, o domínio da sociedade pelo mercado, já que nele está implícita a exigência de que existam mercados "para todos os componentes da indústria, não apenas para os bens (sempre incluindo serviços), mas também para o trabalho, a terra e o dinheiro, sendo seus preços chamados, respectivamente, preços de mercadorias, salários, aluguel e juros"[9].

Entretanto, a descrição do trabalho, da terra e do dinheiro como mercadorias "é inteiramente fictícia", como argumenta Polanyi: "Trabalho é apenas outro nome para a atividade humana que acompanha a própria vida que, por sua vez, não é produzida para venda, mas por razões inteiramente diversas, e essa atividade não pode ser destacada do resto da vida, não pode ser armazenada ou mobilizada. Terra é apenas outro nome para a natureza, que não é produzida pelo homem. Finalmente, o dinheiro é apenas um símbolo do poder de compra, e, como regra, ele não é produzido, mas adquire vida através do mecanismo dos bancos e das finanças estatais. Nenhum deles é produzido para a venda"[10].

Todo esse movimento de ficcionalização – graças ao qual se organizam os mercados reais do trabalho, da terra e do dinheiro – choca-se com "a descoberta mais importante nas recentes pesquisas históricas e antropológicas, a de que a economia do homem, como regra, está submersa em suas relações sociais"[11]. Esta é outra maneira de dizer que não existe nenhum "naturalismo" no comportamento econômico da espécie

---

8. POLANYI, K. *A grande transformação* – As origens de nossa época. Rio de Janeiro: Campus, 2012, p. 73.

9. Ibid., p. 74.

10. Ibid., p. 78.

11. Ibid.

humana, e sim a produção cultural e histórica de modos de organização em face de carências ou de escassez. De fato, com *economia* não se trata de compensar o desamparo original de um modelar "Robinson Crusoé" (primeira grande ficção burguesa da economia), nem da estrita posse de bens materiais, mas das necessidades e desejos de salvaguardar ou *administrar* uma situação social definida por uma pluralidade de interesses, que variam de acordo com a diversidade das organizações sociais.

O que está mesmo em jogo na raiz grega da palavra *oikonomia* (*oikos*, casa e *nomos*, regra ou lei) é primeiro a administração doméstica – portanto, a salvaguarda e a gestão de um determinado patrimônio – e só em seguida a territorial. E isso não ocorre em virtude de um valor absolutamente intrínseco ao que se administra, e sim porque um determinado bem de raiz pode simbolizar, no fluxo das gerações humanas, o caráter inalienável do vínculo de uma linhagem com o seu território.

Evidentemente, a moderna economia política não se reduz a regras características da antiguidade grega, mas envolve, no limite, a preservação patrimonial das classes dirigentes, o que implica um complexo multifacetado de trocas, interesses e crenças. Se isso pode ter ficado parcialmente encoberto pela doutrina liberal dos séculos XVIII e XIX tornou-se, entretanto, visível na segunda metade do século XX, quando o sistema normativo conhecido como "neoliberalismo" deixou patente que a lógica do mercado excede em muito as fronteiras mercantis e financeiras, caminhando rumo à produção de uma nova subjetividade; isto é, de um novo modo de nuclearizar emoções, sentimentos, paixões e desejos.

Na história ocidental, religião e economia entrelaçam-se – a busca de riqueza é um imperativo ético-religioso – especialmente no interior da metafísica engendrada pela economia de mercado e confirmada pela Igreja na defesa da moralidade do trabalho, do mérito e da evolução da ordem produtiva. *Oikonomia* é palavra enraizada na genealogia teológica do governo dos homens, principalmente entre o segundo e o terceiro séculos da história da Igreja. Aganbem cita o argumento de teólogos como Tertuliano, Hipólito e Irineu: "Deus, quanto a seu ser e a sua substância é certamente um; mas quanto à sua *oikonomia*, isto é, a maneira como organiza a sua casa, sua vida e o mundo que criou, é trino. Assim como um bom pai pode confiar a seu filho a responsabilidade por certas funções e certas tarefas sem, contudo, nada perder de seu poder e de sua unidade, Deus confia ao Cristo 'a economia', a administração e o governo dos homens"[12].

Na ficcionalização, em que também implica a *oikonomia,* se incluem teologicamente os significados de encarnação do Filho, assim como a *economia da redenção e da salvação*, donde a designação gnóstica de Cristo como "o homem da economia" (*ho anthropos tès oikonomias*). A salvação individual é algo que se pode ganhar ou não. Por meio dessa economia, o cristianismo introduziu os fiéis na paixão administrada da imagem: Cristo é a imagem mortal (encarnada) de um imortal (Deus) e, ao sacrificar-se, inaugura a imortalidade de suas imagens, que se desdobram na gerência da fé e na imagística dos santos, progressivamente construídas pela Igreja. Na verdade, não se trata apenas de encarnação, e sim de personificação e incorporação, já que a Igreja personifica Cristo e desenvolve estratégias teológicas, pelas quais o fiel é levado a assimilar e incorporar a imagem como se fosse uma substância com a qual ele próprio se identifica.

Assim como a imagem, a moeda – que desde a Antiguidade foi cunhada em templos – decorre desse mesmo *nomos* (regra, lei, administração) e, por isso, é chamada na Grécia antiga de *nomisma*, algo que se interpõe por convenção nas relações de troca entre mercadorias; portanto, na movimentação do valor. A síntese das mercadorias presente

---

12. AGANBEM, G. *Qu'est-ce qu'un dispositif?* Paris: Payot & Rivages, 2007, p. 23-24.

na moeda ou no dinheiro pauta-se por uma estruturação *teológica* na medida em que aparece como uma substituição dos bens particulares de troca por uma monovalência, uma "quintessência ideal" (Marx), que representa materialmente o valor.

Monovalente não é apenas a divindade única, mas também, por exemplo, a relação da moeda com o ouro ou qualquer outro material que se constitua como lastro ou padrão, embora o ouro tenha conquistado historicamente um lugar privilegiado. No ouro está representado o valor da mercadoria, mas para que isso aconteça, isto é, para que se converta em dinheiro, é preciso que ele não seja uma mercadoria como as outras, que exista "ao lado e fora delas".

Daí, o que Marx designou (*O capital*, vol. I) como "uma falsa aparência" ou "a magia do dinheiro": a *imagem* da substância ou da matéria é o que justifica a *confiança* outorgada à *moeda fiduciária*. É preciso dar crédito ou ter fé em quem a emite, no responsável por essa operação mágica ou alquímica, em que uma relação imaginária; isto é, a identificação ideal com o ouro, determina concretamente a forma do valor de troca[13]. Na "alma" da mercadoria, assim como na "alma" dos homens, abriga-se, portanto, a imagem de uma idealidade essencial – seja o ouro, seja Deus –, designada como uma "soberania perfeita" (Descartes).

Filósofo do imaterialismo (ou idealismo), o bispo (*oikonomos*, em grego) irlandês George Berkeley desenvolve, no século XVIII, uma teoria da circulação monetária, em que a moeda, da mesma maneira que o *mundo*, propõe-se à percepção dos homens como parte de uma linguagem de signos arbitrários instituídos por Deus. Essa circulação é concebida, ainda no mesmo século do idealista irlandês, como uma *rede* pelo pensador francês Claude-Henri de Saint-Simon, fundador do socialis-

---

13. No grego clássico, "crédito" e "fé" são designados pela mesma palavra: *pistis*, que era uma divindade. Modernamente, *pisteos* significa "banco de crédito".

mo cristão. À sua obra é contemporâneo, segundo Musso, "o nascimento do conceito moderno de rede, enquanto permite conceber e realizar uma estrutura artificial de gestão do espaço e do tempo"[14].

Preocupado com a transição pacífica do sistema social presente ao futuro, Saint-Simon concebe a rede como um ponto decisivo na circulação do dinheiro, confiada aos industriais. Organizando-se o corpo social como o corpo humano, seria possível estabelecer a imediata circulação do "sangue-dinheiro" com vistas à boa administração e à mudança social. Nesses termos, o estabelecimento do sistema industrial torna-se obra divina, um "novo cristianismo", em que a salvação é obtida pelo trabalho[15].

Há, entretanto, quem hoje se desloque de Deus para o diabo e interprete o ouro e a magia de sua imagem como "bruxaria", resultante da heresia alquímica. É o caso do economista alemão Binswanger, que vai encontrar no segundo livro do *Fausto*, de Goethe, elementos para afirmar que a *opus magnum* (a obra máxima alquímica) no campo da economia é a criação de um valor monetário artificial; portanto, "criação de valor por meio de fatores que não são atribuíveis ao esforço humano e não podem, portanto, ser explicados de maneira causal, em termos econômicos. É por isso uma criação de valor, que se baseia na bruxaria ou na magia"[16].

A magia de que fala o economista é propriamente a alquimia, que teve largo curso na Europa até o século XVIII. Até esse século, é sabido, os reis costumavam cercar-se em suas cortes de astrólogos e alquimistas, com forte ingerência nas questões de governança. Privilegiados eram os alquimistas, que trabalhavam com vistas à obra máxima – ou seja, a pe-

---

14. MUSSO, P. "A filosofia da rede". In: PARENTE, A. (org.). *Tramas da rede*. Porto Alegre: Sulina, 2004, p. 22.

15. Ibid., p. 26-27.

16. BINSWANGER, C.H. *Dinheiro e magia* – Uma crítica da economia moderna à luz do *Fausto* de Goethe. Rio de Janeiro: Zahar, 2011, p. 79.

dra filosofal –, esperança de transmutação de chumbo em ouro e de resolução, de uma vez por todas, dos problemas financeiros dos monarcas.

Aos olhos do racionalismo iluminista, a alquimia era um esforço inútil, senão um embuste. Goethe diz o contrário, ao diagnosticar um núcleo alquímico na economia moderna, aquilo que lhe dá até hoje, segundo Binswanger, "uma força de atração tão imensa que pouco a pouco suga todas as áreas da vida para seu vórtice"[17]. A força do dinheiro, bem entendido, como ressoa na reflexão de Mefistófeles numa obra notável da literatura russa: "[...] É preciso tomar as pessoas como elas são [...]. Elas amam o dinheiro, mas foi sempre assim [...]. A humanidade ama o dinheiro, seja feito de qualquer coisa: de pergaminho, de papel, de bronze ou de ouro"[18].

Mas Binswanger não se refere à substância material do dinheiro; portanto, não a algo que se possa manipular diretamente, e sim à sua "magia" onipresente, isto é, o valor que impregna uma determinada relação social. Ele está naturalmente falando de dentro de um modelo social em que as finanças se revelam como o acabamento histórico do mais desenvolvido modo de produção industrial, afinado com a sociedade burguesa; logo, com as categorias que refletem as suas relações internas e asseguram a sua compreensão. À margem desse modelo situa-se tudo aquilo que pareça irredutível ao produtivismo, tal como a religião ou a magia.

Ao mesmo tempo, porém, o economista menciona uma certa "força de atração, que parece remeter à ordem simbólica das sociedades tradicionais, externa ao eixo do capital, implícita no diagnóstico goethea-

---

17. Ibid., p. 62.
18. BULGAKOV, M. *Le Maître et Marguerite*. Paris: Robert Laffont, 1968, p. 181. Reconhecido como um dos romancistas e dramaturgos marcantes na literatura russa do século XX, Bulgakov encena neste romance a estada de satã em Moscou nos anos de 1920.

no. Assim, enquanto a economia política clássica sustenta que a riqueza é obtida apenas por meio do trabalho, que se transforma em capital, Goethe exibe o argumento de que, mesmo não se podendo negar a importância do trabalho, há uma magia que cria valores excedentes inexplicáveis pelo esforço humano. Essa magia cria o "ouro" desejado pelos monarcas; isto é, cria o papel-moeda.

No *Fausto*, Mefistófeles submete esse plano ao imperador, em nome de Fausto: "É um projeto para emitir notas de dinheiro que serão lastreadas pelos recursos em ouro enterrados e legalizadas pela assinatura do imperador. O plano dá certo: todos se dispõem a aceitar notas como dinheiro e o imperador se livra de suas dívidas. A criação do dinheiro é explicitamente chamada de "química", outra expressão para a alquimia"[19].

Quais as forças motrizes (ditas "mágicas") acionadas por essa operação? "A *imaginação*, que torna possível a transformação de valores minerais enterrados em [papel] moeda [isso cria a ideia de lastrear o papel-moeda com o ouro enterrado]; a *impressão* produzida pelo poder do Estado, que legitima a moeda [de papel]; as *paixões humanas* associadas à conquista da propriedade [violência, cobiça e avareza]; a *expansão da esfera de movimento* do homem por meio do transporte [a multiplicação da velocidade]; a *expansão das forças de produção* mediante energia não humana [a multiplicação do trabalho]; o *poder da invenção* e do progresso tecnológico"[20].

Neste último caso, a palavra "magia" reveste-se de vigor especial, muito além das ficções do dinheiro, quando se evocam cogitações, como

---

19. BINSWANGER, C.H. *Dinheiro e magia* – Uma crítica da economia moderna à luz do *Fausto* de Goethe. Op. cit., p. 63.

20. Ibid., p. 79. No que se refere ao dinheiro, essa invenção não se limita ao passado encenado por Goethe. Ela se repete ao longo dos tempos, toda vez que se imprime papel-moeda, e se deixa ver claramente quando o Estado, às voltas com o *deficit* primário fiscal (despesa muito superior à receita), "inventa" dinheiro, imprimindo-o.

a do notório escritor inglês Arthur C. Clarke (1917-2008) no sentido de que "uma tecnologia suficientemente avançada é indistinguível da magia". Indistinguível, bem entendido, aos olhos do senso comum ou do grande público, cuja cultura repousa cada vez sobre proposições ou modelos elementares, distantes da dialética que caracterizou a cultura clássica. Um ordenamento social baseado em sínteses de sistemas de coleta e tratamento de dados orienta-se na direção dos universos mínimos, seja a energia atômica, os *chips* ou seus sucedâneos quânticos, o zeramento dos valores, a redução das metas sociais às limitações adequadas a estratégias de pequenos resultados, a disseminação dos autômatos ou robôs. As próprias matemáticas recuam dos grandes projetos de formalização científica em benefício da lógica algorítmica, que administra em velocidade rotinas de trabalho e modos de vida. Para nada disso existem sínteses culturais compreensivas; daí a indistinção frente à fantasmagoria das imagens ou magia, estimulada pela comunicação funcional.

Os fatores de multiplicação da velocidade, do trabalho e da invenção tecnológica estão no centro do código comunicacional. Presentes tanto na obra de Goethe (a alquimia da liquidez) como na de Saint-Simon (a circulação do dinheiro por redes de comunicação), eles se reatualizam *pari passu* com o desenvolvimento do capitalismo financeiro e das forças tecnocientíficas, responsáveis pela criação de uma realidade quase mágica ou virtual, em que está hoje imersa a cidadania. A reatualização pode ser entrevista na esfera do *Big Data* que, ao lado da produção maciça de dados, desenvolve novas dimensões relevantes: (1) o *volume* de dados, que ultrapassa a capacidade de tratamento rápido pelo cérebro humano; (2) a *variedade* dos dados (textuais, visuais, sonoros), que demanda o recurso analítico dos algoritmos; (3) a *velocidade*, definida pela frequência de geração, tratamento e enredamento dos dados, o que torna indispensável o cálculo de alto desempenho (*extreme computing*).

Basicamente comunicacionais, essas características mantêm como constantes a relação da tecnologia com biologia e finanças. Tome-se como exemplo o caso do computador quântico (ainda em seu início), que trabalha com *qubits*, uma superposição da alternativa binária típica da computação clássica. O que faz um sistema dessa ordem? Em princípio, até agora, aumentar exponencialmente a velocidade da computação para resolver tanto problemas de natureza química e biológica como a modelagem perfeita de dados financeiros. O fato é que capitalismo financeiro e comunicação constituem, no mundo globalizado, um par indissolúvel. A comunicação é fundamental à totalidade do capital desde o momento de produção do valor até as diferentes etapas de circulação, que desembocam hoje na criação fictícia de valor por meio de finanças. Financeirização e midiatização (o *bios virtual ou midiático*) são as duas faces de uma moeda chamada sociedade neoliberal avançada, essa mesma a que se vem apondo o prefixo "pós" (Pós-industrialismo, Pós-modernidade etc.).

Há quem prefira contornar as expressões "financeirização" e "capitalismo financeiro" indicando a categoria de *capital fictício* (trabalhada por Marx/Engels no terceiro volume de *O capital*) como chave para a compreensão correta do fenômeno e tomando como argumento de base o fato de que a categoria "capital fictício" é um aprofundamento da lógica capitalista de apropriar-se de mais-valor, ainda que não seja extraída diretamente da força de trabalho[21].

A título de maior clarificação, vale lembrar que o capital comporta frações distintas que oscilam em termos de correlação de forças. *Capital produtivo*, por exemplo, é aquela fração que gera riquezas palpáveis ou tangíveis, movimentando a cadeia da produção e, assim, o Produto In-

---

21. Cf. CARCANHOLO, M. "Conteúdo e forma atual da crise do capitalismo: lógica, contradições e possibilidades". In: *Crítica e Sociedade*, vol. 1, n. 3, dez./2011.

terno Bruto (PIB) nacional – em resumo, a "economia real", aquela que produz, vende e entrega. Outra é a do *capital financeiro*, que consiste na troca (não produtiva) à base de títulos de crédito (fenômeno conhecido como "securitização").

Esse capital de empréstimo, que se amplia com uma parte do lucro obtido pela fração produtiva, foi chamado por Marx de "fictício", porque é de fato uma ficção, a *imagem* de um capital não efetivamente realizado. Mas hoje a complexidade do fenômeno – o seu maior grau de abstração em face do produtivismo clássico – dentro do processo de generalização exponencial da economia política inclui, paradoxalmente, dimensões não estritamente econômicas (portanto, algo além do mero "fictício" no capital), que concorrem para a definição de um novo modo de existência humana ou de uma nova racionalidade, correspondente a *um novo modo de ser da riqueza*.

A isso se refere Polanyi ao sublinhar que a economia está submersa nas relações sociais. Para os pensadores clássicos da economia, como Adam Smith e Ricardo, a produção capitalista resultava de operações de troca entre indivíduos isolados (a exemplo dos caçadores e pescadores primitivos), desvinculados de suas condições supostamente "naturais". Daí a contraposição de Marx no sentido de que esse sujeito "isolado" era na verdade um produto da sociedade capitalista em formação, voltada para a extinção de laços feudais e para a afirmação de novas formas produtivas.

O novo *socius* não era, portanto, o resultado mecânico de um sistema produtivo, mas principalmente o ponto de partida ativo de outra história. Em outras palavras, contra o mecânico postulado materialista de que as relações sociais estão subordinadas ao modo de produção material, é pensável a hipótese de que as relações sociais condicionem o desenvolvimento das forças produtivas; isto é, que os próprios paradigmas econômicos resultem de influências sociais e políticas.

O que hoje pode ser chamado de "financeirização" não é um reflexo mecânico do capital fictício, mas um fenômeno que "se refere à crescente importância dos mercados financeiros, motivos financeiros, instituições financeiras e elites financeiras na operação da economia e suas instituições de governo, tanto no nível nacional como no internacional"[22]. Essa importância adquire tamanho vulto que se pode conceber um desligamento entre a macroeconomia e as finanças. No interior do fenômeno, as finanças ultrapassam a condição estrita de elemento da operacionalidade capitalista para converter-se num *macrodispositivo* de gestão da vida, ao modo de uma "máquina tecnossocial".

Vista pelo ângulo predominantemente ideológico, essa "máquina" pode ser identificada como *neoliberalismo*. Mas não se trata realmente de uma pura investida ideológica contra o produtivismo clássico e suas instituições, e sim de uma conversão profunda das formas clássicas de ser ao macrodispositivo econômico. Na prática, tudo se transforma em mercado; isto é, no grande operador da expansão e penetração do capital em áreas da existência humana antes intocadas.

Para avançar, o capital cria mercados, caucionado por uma racionalidade cujo horizonte axiológico é a obtenção de riqueza monetária. Diz Brown: "A razão neoliberal, hoje ubíqua na governança, no trabalho, na jurisprudência, na educação, na cultura e num conjunto vasto de atividades cotidianas, está convertendo o caráter, o significado e a operação dos elementos constitutivos da democracia em elementos econômicos"[23]. Isso equivale a dizer que existe uma doutrina política

---

22. EPSTEIN, G., apud DAVIS, A. & WILLIAMS, K. "Elites and power after financialization". In: *Theory, Culture, Society*, vol. 34, 10/07/2017, p. 3-26.

23. BROWN, W. *Undoing the demos*: neoliberalism's stealth revolution. Nova York: Zone Books, 2015, p. 17.

implícita no neoliberalismo, capaz de projetar de forma hegemônica os seus modelos antropológicos sobre a vida social.

Na verdade, essa conversão reducionista já comparecia teoricamente na análise marxista da sociedade ao subordinar a diversidade das questões sociais ao plano econômico, em que se confrontavam burguesia e proletariado. O que o capitalismo financeiro vem evidenciar na prática, entretanto, é que economia, política e cultura são logicamente equivalentes na nova razão do mundo. Em outros termos, a "máquina tecnossocial" equivale a uma "economização" radical da sociedade (a financeirização) capaz de atrair para o seu vórtice e transformar tanto antigas instituições liberais como práticas e costumes. Nesse movimento, a economia torna-se "comportamental", no sentido de dar às pessoas um "pequeno empurrão" para que tomem decisões supostamente melhores. Estas não são pensáveis como apenas de natureza econômica, mas como decisões particulares num espectro amplo de assuntos culturais e políticos, para os quais o grau de razoabilidade é aferido pela lógica de mercado.

A financeirização requer, assim, o concurso historicamente inédito da comunicação e da informação. Se antes, sob a égide da sociedade produtivista, elas podiam ser analisadas como "despesa extra" do capital, hoje têm lugar de destaque no processo de unidade do conjunto, ao mesmo tempo como base material (a tecnologia eletrônica das telecomunicações e da mídia, que contribui para a aceleração do tempo de rotação do capital) e como biombo ideológico ou simplesmente como *código* do novo modo de ser da riqueza. Na análise estritamente sistêmica, o dinheiro pode ser tomado com o código da economia. Mas o código do financismo neoliberal é a comunicação.

O conceito de *código* pode ser inferido a partir da distinção entre o conceito de trabalho e o de força de trabalho, feita pelo pensamento marxista, mas ignorada pela economia política clássica. Trabalho, compreendido como a atividade desenvolvida num processo de produção de bens, é algo que pode ser realizado por uma máquina ou por um ser humano. Força de trabalho, porém, é inicialmente energia humana empregada no processo de trabalho. O conceito de força de trabalho pode ser ampliado e pode ganhar outros contornos quando a produção – convertida pela lei mercantil do valor em razão histórica e modelo genérico de realização da vida social – é pensável como algo mais do que um *modo* econômico, portanto como um campo operacional ou um *código* de gestão da totalidade social global.

Daí a *codificação exponencial*, efeito da flexibilidade e da mobilidade do capital financeiro, que se torna afim à mercantilização da ordem simbólica. Na nova configuração capitalista, por meio da comunicação e da informação, a força de trabalho passa do nível da natural energia humana para o da representação ou dos signos (da "siderurgia" para a "semiurgia"), convertendo-se em estrutura de obediência ao código. Isso implica uma individuação conformada por padrões (coletivos) de subjetividade, operacionalmente afins à nova estrutura. Nessa estrutura profunda de sentido – em que se interpenetram elementos econômicos, políticos, culturais e a própria vida humana em sua nua substância biológica, numa verdadeira "biopolítica" total – a existência humana incorpora a lógica de determinação do valor de troca capitalista, não como mero resultado de um assujeitamento à espontaneidade de uma força externa, mas como processo de uma autotransformação subjetiva, de um modo de *governo de si mesmo*.

Ficcionalizando ou virtualizando o real em função da atualidade histórica do capital, o par comunicação/informação contribui, portanto, para tentar "naturalizar" o mercado financeiro como base da aceleração do desenvolvimento econômico e como fonte da ideologia capitalista do bem-estar humano na atual etapa da penetração da lei estrutural do valor (o capital) em todos os espaços existenciais dos indivíduos.

À luz do conceito de financeirização, torna-se muito clara a homogeneização cultural já denunciada pela Escola de Frankfurt: "Os produtos financeiros (moedas, títulos, créditos) são *perfeitamente homogêneos*; por isso, os agentes não se interessam por nenhuma outra característica do produto além do seu preço. Com efeito, no mercado monetário, por exemplo, um franco emprestado durante um dia é equivalente a qualquer outro franco emprestado durante um dia. Nenhum banco pode praticar uma taxa de juros superior às taxas de mercado, sob o pretexto de que os francos que empresta são de melhor qualidade do que aqueles oferecidos pelos outros bancos [...]. Isso parece uma evidência, mas quando se olha do lado dos mercados não financeiros, a homogeneidade do produto desaparece quase sempre"[24].

Esta explicação vale aqui como índice da hegemonia da informação veloz, por efeito da tecnologia eletrônica, sobre os velhos pruridos de heterogeneidade simbólica no âmbito da cultura. Assim como é vital para a dinâmica global da acumulação de capital que não haja bloqueios na continuidade do fluxo monetário, o que importa mesmo aos mercados de capitais é que "*a informação circule bem e velozmente*, porque *todas* as ofertas e as demandas para um mesmo produto homogêneo podem ser confrontadas praticamente em permanência num mesmo lugar (Bolsa) ou numa mesma rede de telecomunicações (mercado monetário ou mercado das trocas)"[25].

Estamos nos cingindo ao aspecto da difusão cultural, que é uma instância importante, mas parcial na totalidade das relações sociais. Em

---

24. GENEREUX, J. *Introduction à l'économie*. Paris: Seuil, 2001, p. 121-122.
25. Ibid., p. 122.

termos globais, a hegemonia financeira representa um aspecto da luta de classes em que a modernização neoliberal acarreta o desmantelamento do Estado de Bem-estar Social e da tradicional organização das forças produtivas em favor da precarização do trabalho, com vistas ao aumento de rendimentos do capital fictício. O neoliberalismo pode ser visto como uma expressão hegemônica das finanças.

Mas é preciso atentar para o relativismo desse verbo "poder", com o objetivo de tornar claro que não é apenas isso; ou seja, não é um puro reflexo negativo da economia (destruidor de direitos e instituições), pois, como bem observam Dardot e Laval, "ele também *produz* certos tipos de relações sociais, certas maneiras de viver, certas subjetividades. Em outras palavras, com o neoliberalismo, o que está em jogo é nada mais nada menos do que a *forma de nossa existência*; isto é, a forma como somos levados a nos comportar, a nos relacionar com os outros e com nós mesmos"[26].

Nessa linha de raciocínio, "o neoliberalismo é a razão do capitalismo contemporâneo, de um capitalismo desimpedido de suas referências arcaizantes e plenamente assumido como construção histórica e norma geral de vida"[27]. Essa linha aprofunda ainda mais o conceito clássico de *oikonomia*, por retirar a economia da estreiteza do cálculo de maximização e inseri-la na dimensão da *escolha*: "Como diz Kirzner, uma máquina pode calcular, mas não pode escolher. A economia é uma teoria da escolha"[28]. A lógica do autogoverno, da construção do sujeito empresarial conduz, assim, a um subjetivismo racionalmente orientado pelo mercado. Mais: "A contribuição do subjetivismo para a qual apelam Von

---

26. DARDOT, P. & LAVAL, C. *A nova razão do mundo* – Ensaio sobre a sociedade neoliberal. Op. cit., p. 16.

27. Ibid., p.17.

28. Ibid., p. 141.

Mises e Kirzner é ter "transformado a teoria dos preços do mercado em uma teoria geral da escolha humana"[29].

Evidentemente, não estamos falando de teoria do dinheiro ou de operações financeiras como novidade na lógica do capital. Estamos abordando – juntamente com o deslocamento, pelas economias nucleares do capitalismo, do peso hegemônico do setor industrial para o das chamadas "altas finanças" – as implicações *macronormativas* (as normas de vida que regem economia, política e subjetividade) afins a um novo regime de acumulação caracterizado pela *flexibilidade*, que se estende da esfera da produção até os mercados de trabalho e de consumo. Incrementa-se pela flexibilidade não apenas a valorização do capital, mas igualmente a totalização da existência pela velocidade circulatória dos processos em todas as instâncias do *socius*, agora imerso em fluxos, conexões e redes.

Dizer "flexível" é o mesmo que, em termos financeiros, dizer "totalmente líquido". Faz-se, assim, perceptível a semelhança do que ocorre agora com a descrição por Goethe do processo alquímico (a junção química do mercúrio-água e do enxofre-fogo) na criação do papel-moeda. Explica Binswanger: "Quando o papel-moeda é criado, o ouro que está debaixo da terra deve ser 'elevado' à superfície sem trabalho e posto em circulação, o que o torna – como a teoria econômica diz expressamente – 'líquido'. A liquidez dos recursos minerais subterrâneos aumenta de maneira repentina e espetacular com a emissão de papel-moeda, como a total não liquidez (ouro enterrado) se transforma em liquidez total (dinheiro em circulação) [...]. A força que torna possível essa liquefação de recursos minerais é a *imaginação* do reino do sentimento na psique humana. Ela cria a ideia de que as notas estão 'lastreadas', em outras palavras, de que o portador poderia,

---

29. Ibid.

se necessário, pedir ao imperador ou ao Estado para retirar o recurso mineral enterrado debaixo do solo e honrar as notas com ouro"[30].

Ou seja, por meio de uma ficção, é preciso *imaginar* que a moeda tenha um valor intrínseco, como já explicava o *oikonomos* Berkeley: "A verdadeira ideia da moeda, enquanto tal, corresponde inteiramente, ela própria, à de uma nota ou de um símbolo [...]. Os termos coroa, libra esterlina etc. devem ser considerados como representações e como nomes de uma proporção particular. O ouro, o dinheiro e o papel são notas e símbolos que permitem calcular, recordar e transferir [...]. Assim, chegar a dar valor aos próprios símbolos e a cobiçá-los por si mesmos não seria francamente uma loucura?"[31]

O pensador empirista está expondo o caráter arbitrário da moeda fiduciária que, em seus termos, pode mesmo desaparecer, dando lugar a algo ainda mais abstrato (e mais econômico), a *conta corrente* ou conta bancária. Ou então a moeda virtual, que se vem expandindo desde a segunda década deste século sob a denominação geral de "criptomoeda", com nomes diversificados, a exemplo de bitcoin, litcoin etc. Essa moeda, totalmente abstrata (na prática, é apenas um arquivo cibernético encriptado), sem lastro nem regulação (embora nada impeça um lastro constituído por reservas em ativos reais nem que se regule por uma associação independente, como já sugeriu o Facebook), tem o seu valor de câmbio determinado pela lei da oferta e da procura vigente num mercado especulativo. Como vantagem para os investidores, observa-se a dificuldade de rastreamento das operações por parte dos mecanismos fiscais do Estado[32].

---

30. BINSWANGER, C.H. *Dinheiro e magia* – Uma crítica da economia moderna à luz do *Fausto* de Goethe. Op. cit., p. 65.

31. BERKELEY, G. "The Querist". In: GOUX, J.-J. *Économie et symbolique*. Paris: Seuil, 1973, p. 195.

32. Já quase no final da segunda década deste século, em meio ao caos socioeconômico fomentado por uma inflação de 1 milhão % ao ano, a Venezuela tentou uma reforma econômica lastreada numa miragem, o "Petro", criptomoeda inexistente. Eliminaram-se

Claro, este é apenas o início das tentativas e das especulações em torno da moeda virtual, que poderá desenvolver-se a partir de empresas cibernéticas suficientemente fortes em matéria de usuários constantes, não obstante todos os riscos advindos de prováveis monopólios sobre os gastos de consumo. Em termos estritamente jurídicos, essas inovações não podem ser tipificadas como moeda nacional, uma vez que esta se define pelo "curso legal"; isto é, pela obrigação de ser aceita como meio de pagamento. Mas constituem certamente "tecnologias de pagamento" capitaneadas por empresas, capazes de tornar anacrônico o uso de papel-moeda, cheque ou mesmo cartão de crédito. Na verdade, capazes de obliterar a materialidade física do dinheiro em favor de um abstrato sistema "comunicacional" lastreado por *valor* conversível em dígitos.

Esse tipo de abstração já era, para Berkeley, uma dimensão próxima da linguagem dos signos arbitrários instituídos pelo "autor da natureza"; isto é, por Deus. A economia monetária aumenta exponencialmente a abstração e perfaz-se no modo de produção capitalista, no qual o dinheiro – historicamente afirmado como "denominador comum de todas as mercadorias" – torna-se a base da forma equivalente universal; portanto, do *capital* ou *lei* de organização das trocas no mundo. Indubitavelmente, é uma forma *sagrada*, análoga à formulação aristotélica de Deus como objeto supremo do desejo; logo, *separado*.

A "separação" é o mecanismo básico que perpassa as várias *ficções* constitutivas da organização da vida moderna, sejam no plano religioso, econômico e social. A ficção do valor separado para se instituir como equivalente universal das trocas através do dinheiro é análoga à ficção

---

nominalmente cinco zeros do dinheiro nacional, com uma maxidesvalorização efetiva de 95%. Como na Alemanha em 1923 ou no Zimbábue em 2000, a vida real mostrava que as empresas não dispunham de fluxo de caixa para fazer pagamentos, nem os consumidores para comprar. A realidade mostrava-se capaz de impor limites às abstrações.

da mercadoria como algo *maior* do que os bens produzidos e distribuídos no interior de um sistema econômico. É que, na explicação de Polanyi sobre o que antes acontecia, "como regra, o sistema econômico era absorvido pelo sistema social e, qualquer que fosse o princípio de comportamento predominante na economia, a presença do padrão de mercado sempre era compatível com ele. O princípio da permuta ou troca subjacente a esse padrão não revelava qualquer tendência de expandir-se a expensas do resto da economia"[33].

Isso implica dizer que mecanismo de mercado não é o mesmo que economia de mercado. Mas a complexificação da produção industrial (o desenvolvimento do sistema fabril, decorrente da utilização de maquinarias e fábricas especializadas) levou à ampliação do mecanismo de mercado por meio da ficção de que trabalho, terra e dinheiro – que não são mercadorias, de acordo com a sua definição empírica – deveriam ser produzidos como mercadorias; logo, regulados exclusivamente por preços (respectivamente, salário, aluguel e juro).

Ora, quando a ordem mercantil é historicamente assegurada apenas por preços, eclipsa-se a dimensão social em benefício exclusivo do mercado. A economia de mercado é, assim, a grande ficção de uma esfera separada do Estado, correspondente à lógica do capital organizador da lei social. Ela equivale à generalização da economia política, tornando visível o deslocamento do sentido maior da *oikonomia* cristã: os interesses capitalistas convertem-se nos "porta-vozes seculares da providência divina, que governava o mundo econômico como uma entidade isolada" (Polanyi).

Nesse governo, os representantes materiais da riqueza (a moeda, o dinheiro) funcionam como instrumentos constitutivos do sistema

---

33. POLANYI, K. *A grande transformação* – As origens de nossa época. Op. cit., p. 73.

monetário, mas não são, em sua realidade empírica, capital, isto é, não constituem *capital*, que não é apenas dinheiro, mas *forma de lei* social, a lei estrutural do valor. Na segunda metade do século XIX e bem antes da publicação de *O capital*, Marx traça uma clara distinção entre as formas de presença do dinheiro no capital: "O *dinheiro como capital* é diferente do *dinheiro como dinheiro* [...]. O dinheiro reaparece novamente em todas as relações posteriores; mas aí já não funciona mais como simples dinheiro [...]. Trata-se aqui da determinação universal do capital"[34].

Já na primeira década do século XX, Georg Simmel assinala em estudo famoso (*A filosofia do dinheiro*) a centralidade exercida pelo dinheiro na vida social moderna, com consequências inclusive sobre a aceleração do tempo[35], o que viria a evidenciar-se no caso da conjugação contemporânea das finanças com a comunicação eletrônica. Mas só depois dos anos 60 do século passado, em meio à crise das velhas bases liberais da hegemonia norte-americana, começaram de fato a ruir os sistemas de regulação nacional dos capitais e a emergir os sistemas cambiais flexíveis, responsáveis pela globalização financeira, o novo modo de ser da riqueza.

O que aconteceu? Na década de 1960, os Estados Unidos ainda viviam a "Idade de Ouro" – correspondente à sua posição hegemônica no mundo – apoiada em "gastos em infraestrutura e programas sociais, a internacionalização das corporações e dos bancos, até a guerra colonial no Vietnã e programas militares"[36]. Ainda se confiava no dólar como reserva de valor conversível em ouro, e o sistema econômico, embora orientado para o mercado, não incorria em descontroles inflacionários

---

34. MARX, K. *Grundrisse: manuscritos econômicos de 1857-1858* – Esboços da crítica da economia política. São Paulo/Rio de Janeiro: Boitempo/UFRJ, 2011, p. 193.

35. Cf. SIMMEL, G. *Philosophie de l'argent*. Paris: PUF, 1987.

36. BRAGA, J.C. "Financeirização global". In: Tavares, M.C. & FIORI, J.L. *Poder e dinheiro* – Uma economia política da globalização. Petrópolis: Vozes, 1997, p. 200.

nem nas oscilações bruscas dos movimentos financeiros especulativos. Mas o padrão norte-americano de financiamento dos investimentos produtivos começa a desestabilizar-se em consequência de seu próprio sistema macroeconômico, que outorgava uma dinâmica própria aos mercados financeiros. Ou seja, no financiamento baseado em títulos dos mercados de capitais, a desregulamentação crescente dava rédeas soltas às manobras de ganhos especulativos, aumentando os riscos tanto para financiadores quanto para endividados. Ganhava impulso a economia como roleta de cassino.

Isso se acentua de fato na década de 1970, quando se produz no sistema capitalista o que os economistas chamam de "crise estrutural"; isto é, uma crise cíclica mais profunda (superacumulação do capital; logo, diminuição de liquidez e lucratividade), que leva ao esgotamento a expansão iniciada no pós-guerra e demanda mudanças para se sair da depressão rumo a uma nova etapa expansiva. Mudar com vistas à retomada da lucratividade significa aumentar o tempo de rotação do capital para aumentar a taxa anual de lucro e acelerar a apropriação do valor por meio da exploração do trabalho.

No centro desse processo se coloca o capital fictício; isto é, a lógica da apropriação de valor por meio de finanças (títulos de crédito, ações) em detrimento da produção. Marx já havia exposto o mecanismo desse capital. Mas agora se trata realmente de uma nova forma econômica, que opõe um regime de acumulação flexível (caracterizado pela velocidade dos processos de circulação das mercadorias e das finanças, pela valorização do capital tanto na esfera da produção quanto do consumo) às formas centralizadas, responsáveis pela superacumulação capitalista que levou à crise dos anos de 1970.

O que se tem chamado de globalização nada tem a ver com diversidade humana, e sim com a autonomia internacional do capital financeiro; logo, com a reorganização capitalista do mundo em função desses interesses, embora as trocas globais ainda possam se pautar horizontalmente pelas regras tradicionais do comércio, enquanto as finanças podem verticalizar a transferência de rendas. Globalização e finanças não são exatamente a mesma coisa, mas ambas lastreiam a remodelagem das forças produtivas como um novo modo de equivalência geral das coisas, em que os novos modos de fazer sentido são homólogos ao declínio das formas clássicas de trabalho, à precarização ou queda acelerada do salariado e à dissolução ou neutralização do vínculo comunitário.

No âmbito geral do neoliberalismo econômico (teorizado por economistas como Friedrich Hayek, Ludwig von Mises, Wilhelm Röpke), esse modo de ser é moldado por uma normatividade ou uma racionalidade privatista e desregulamentadora frente ao Estado[37]. Apesar de eventuais abalos no plano da macroeconomia, essa lógica se mantém firme, sempre elegendo como maiores valores sociais a eficácia produtiva e o sucesso pessoal, já característicos da moralidade do capital produtivista, mas hoje intensificados por novas formas de produção das subjetividades.

No plano da consciência individual, é também uma lógica de flexibilização, de abolição de qualquer suposta "rigidez" psíquica; logo, não é uma ideologia simplesmente "conservadora", uma vez que comporta fortes elementos de modernização frente ao dogmatismo liberal oitocentista. Há, portanto, eixos diferentes a serem considerados: o neoliberalismo pode ser apenas uma *praxis* econômica, mas também uma

---

37. Pode-se igualmente evocar o conceito foucaultiano de "racionalidade política", algo mais amplo do que o subsumido no conceito estreito de ideologia, tal como fazem Dardot e Laval: "O neoliberalismo, antes de ser uma ideologia ou uma política econômica, é em primeiro lugar e fundamentalmente uma *racionalidade* e, como tal, tende a estruturar e organizar não apenas a ação dos governantes, mas até a própria conduta dos governados" (DARDOT, P. & LAVAL, C. *A nova razão do mundo* – Ensaio sobre a sociedade neoliberal. Op. cit., p. 17).

ideologia análoga à fé religiosa. Alça-se, assim, em primeiro plano, ao imaginário tecnológico e público da riqueza social, ao lado de sua realidade como mudança de natureza do sistema monetário-financeiro e *modus operandi* da corporação industrial. Conforme já indicamos, não é fenômeno tão novo como se pode pensar, pois desde fins do século XIX acompanha a passagem da imagem capitalista de riqueza como posse de terras e de equipamentos à *simbolização* da moeda fiduciária e dos ativos financeiros.

Mas são grandes as diferenças entre o agora e o passado, como assinala Braga: "Embora os fenômenos em curso assemelhem-se às expansões financeiras que já ocorreram na história do capitalismo, apegar-se à abordagem de que se trata de uma mera repetição do 'velho' capital financeiro é algo teoricamente incorreto, já que o passado não determina, em *termos absolutos*, nem o presente, nem o futuro"[38]. Esta advertência chama a atenção para o fato de que, embora a lógica financeira (do capital bancário às operações de gastos públicos) tenha sido sempre intrínseca à configuração do sistema capitalista, há diferenças marcantes na forma como se apresenta contemporaneamente o capital financeiro. O capital fictício era por certo contemporâneo de Marx, quem primeiro o explicou. Mas não havia o que hoje se chama de *financeirização*, nem crise financeira, que decorre da hipertrofia do poder dos bancos sobre a vida social desde a década de 70 do século passado.

Nessa nova realidade, a riqueza acumulada assume a forma exclusiva de dinheiro, perdendo de vista a produção e a expansão do corpo social. Isso que alguns economistas chamam de *financial snowball effect* ("efeito bola de neve") é simplesmente a aceleração do processo de enriquecimento pela aplicação financeira em papéis, que "extrai" o

---

38. BRAGA, J.C. "Financeirização global". Op. cit., p. 196.

dinheiro do setor produtivo, tornando os aplicadores (rentistas predatórios, que acumulam lucros ou dividendos acionários) mais ricos do que nunca e gerando colossais efeitos de desigualdade social. Resumidamente, financeirização é a maximização acelerada do lucro capitalista – portanto, a lógica do curto prazo – que compele as empresas ao controle estrito por parte dos acionistas e, geralmente, a grandes endividamentos, necessários à produção de resultados financeiros satisfatórios a um número concentrado e socialmente desigual de investidores.

De um modo geral, a narrativa prometeica do capitalismo (expressa na épica dos *tycoons* ou construtores de impérios industriais) abandona a mitologia do ilimitado progresso universal – na verdade, o progresso definido em termos quantitativos, que fetichiza o crescimento do Produto Interno Bruto – e transforma-se no monólogo improdutivo da circulação monetária, articulado à globalização financeira e secundado pela informação[39]. É como se o dinheiro passasse a falar sozinho; fora da produção, estranho ao PIB. A comunicação hegemônica é o seu código.

A percepção desse fenômeno não é exclusiva de economistas. Em meados dos anos de 1970, Vieira Pinto – sociofilósofo e ativo participante dos debates do ciclo desenvolvimentista brasileiro – frisava a distinção entre economia e finanças, criticando justamente o economicismo da época: "Podemos dizer que a manobra insidiosa dos economistas consiste em fazer as relações econômicas, sempre materiais, objetivas e históricas, aparecerem, graças a uma plástica malévola, sob a forma de relações financeiras, obrigatoriamente numéricas, abstratas, subjetivas. O terreno

---

39. Insere-se nesse quadro o fenômeno da ausência de benefícios das inovações tecnológicas nas estatísticas do PIB. Uma frase de Robert Slow, Prêmio Nobel de Economia em 1987, resume a questão: "Você pode ver a era do computador em todo lugar, menos nas estatísticas de produtividade". Isso não quer dizer que as inovações não aumentem a lucratividade das empresas.

da prestidigitação resume-se em transformar os índices financeiros em índices econômicos; ou seja, substituir os últimos pelos primeiros"[40].

Isso, que já se podia detectar há cerca de cinco décadas, intensifica-se em tal magnitude neste século, que essa transformação do "econômico" no "financeiro" – e a consequente indiferença do capital fictício à realidade da subsistência humana – pode ser abertamente proclamada como cenário positivo para a humanidade. Assim é que, em abril de 2020, ao mesmo tempo em que o número de norte-americanos mortos pela pandemia do Coronavírus aumentava em quase 200%, o índice das ações de grandes empresas negociadas nas bolsas subiu em 12%, a maior alta no mercado de ações desde 1974, o que configurava o seu melhor desempenho em 46 anos. Em outros termos, ao acúmulo veloz da taxa de desemprego, de destruição deliberada da produção agrícola e do crescimento da taxa de demissões em massa correspondia o aumento da euforia financeira.

Não é preciso pensar muito para se concluir que a abstração do mercado de ações com relação à realidade da produção significa indiferença frente ao vivido social, frente ao sofrimento humano. Na prática, as finanças impõem-se como máscara do terreno objetivo das relações sociais em benefício da esfera subjetiva das inumeráveis correlações financeiras, que confluem para a potencial entronização do dinheiro como valor único[41]. Graças aos dispositivos de comunicação e informação, a lógica das finanças potencializa a abstração nas relações sociais e intersubjetivas. Daí as

---

40. PINTO, Á.V. *A sociologia dos países subdesenvolvidos*. Rio de Janeiro: Contraponto, 2008, p. 286.

41. A título de corroboração, um eloquente exemplo brasileiro: no meio do primeiro trimestre de 2020, enquanto os próprios indicadores oficiais (IBGE) evidenciavam o progressivo desabamento da produção industrial (em especial, a indústria de transformação, assim como a da construção civil), os discursos de dissimulação por parte de economistas, governo e mídia hegemônica eram vazados no otimismo enganoso da baixa da taxa de juros (Selic) e em esporádicos surtos positivos da Bolsa. De um lado, finanças; do outro, a realidade material do país.

metáforas da "multidão solitária", da "máscara do anonimato", da "modernidade líquida", do "mundo transformado em imagens" etc.

Não que exista uma relação causal ou direta entre os dois diferentes polos de realidade, mas essas metáforas certamente atestam a força visionária de correntes do pensamento social ainda não submersas no vezo acadêmico das demonstrações limitadas a números e tabelas. Esse tipo de demonstração costuma ocultar a evidência de que o puro e simples crescimento da economia de mercado beneficia apenas o polo das classes dirigentes, contrastado a desemprego e proliferação de favelas.

Ao mesmo tempo, o racionalismo lógico das ciências, das técnicas e do comércio materializa-se nas máquinas inteligentes que conformam a base do espírito do tempo, ou seja, a *tecnoestrutura* – termo com que o filósofo e economista John Kenneth Galbraith designava o estádio monopolístico do capital. Agora se extrai *valor* até mesmo da monetização dos dados digitais estocados pelas grandes corporações, que elaboram modelos econômicos capazes de gerar rendas adicionais por meio da *mutualização* ou oferta de volumes de dados a parceiros externos. Faz sentido aqui o pensamento de Marx ao comentar a relação entre o idealismo hegeliano e o capitalismo: A lógica é "o dinheiro do espírito".

O racionalismo lógico e a nova forma do dinheiro, propagados por comunicação e informação, encontram-se por trás da conhecida especulação filosófica de Gilles Deleuze sobre a "sociedade de controle" como pretensa substituta contemporânea da "sociedade de vigilância", largamente descrita por Michel Foucault como o confinamento dos indivíduos em formas arquitetônicas "panópticas" (baseadas no modelo disciplinar concebido pelo filósofo utilitarista Jeremy Bentham), tais como as prisões, as fábricas, as escolas etc. Esse tipo de vigilância, que intensifica a violência no controle dos corpos individuais, era pertinente à lógica do capitalismo produtivista destinada a pressionar a força de trabalho para diminuir os custos de produção e aumentar os ganhos de capital, assim como para integrar os indivíduos nos aparatos de produção.

Hoje se faz uma diferença exegética entre o controle de tipo panóptico e o controle em ascensão na sociedade midiatizada, levando-se em conta que não se trata mais apenas de mera coerção física sobre a força de trabalho ou sobre corpos institucionalizados, e sim da normalização das condutas por meio de técnicas *brandas* de organização do campo de ação social. Na verdade, deslocou-se do Estado para a organização empresarial o empenho de controle do corpo humano e seu sentido. O fato de que o estádio monopolístico do capital incida prioritariamente sobre a demanda transmuda as forças estratégicas da produção: "Os novos elementos estruturais são as necessidades, o saber, a cultura, a informação, a sexualidade que, no ciclo dirigido da demanda de consumo, destituem-se de qualquer força de ruptura [Assim, o consumo, que caracteriza a era monopolística, é coisa diferente da economia de abundância: ela significa a passagem a um modo de controle estratégico, de antecipação por previsão, de absorção da dialética e da homeopatia geral dos sistemas por suas próprias contradições]"[42].

Desaparece até mesmo da arte – progressivamente modelada pelo poder do capital – aquela força de ruptura, que era o seu apanágio tradicional. Daí, uma dupla hipótese: "[...] E se a potência do capitalismo avançado fosse de tal ordem que conseguisse hoje modelar até as práticas artísticas? E se o capitalismo tivesse se tornado decididamente tão atrativo a ponto de se tornar confessável, desejável por aqueles mesmos que o maldisseram e vilipendiaram com violência – os artistas?"[43] Neste quadro problemático de perda da tradicional faculdade de resistência,

---

42. BAUDRILLARD, J. *Le miroir de la production*. Paris: Galilée, 1985, p. 141-142.

43. BAQUÉ, D. *Pour un nouvel art politique:* de l'art contemporain au documentaire. Paris: Champs/Flammarion, 2006, p. 83.

é sintomático o aparecimento a partir da década de 1980 de "empresas artísticas", que operam no campo comercial com estratégias variadas de comunicação e de promoção (publicidade e relações humanas), oferecendo produtos que jogam com estética relacional ou propondo modos alternativos de relacionamento de consumidores com as empresas. Os códigos retóricos da prática publicitária e as múltiplas derivações semióticas da já velha comunicação massiva (*slogans*, estereótipos) percorrem até mesmo as experiências de vanguarda artísticas.

Apesar das distinções terminológicas, não é grande a distância entre a "vigilância disciplinar" foucaultiana e o "controle" deleuzeano. As diferentes máquinas de visão e as câmeras que hoje vigiam a superfície física das cidades e o interior dos prédios coexistem com técnicas mais sutis. "Sociedade de controle" é tão só a forma acabada de uma domesticação social não violenta em termos físicos, mais próxima dos conceitos foucaultianos de *governamentalidade* ou *dispositivo*; isto é, "o encontro entre as técnicas de dominação exercidas sobre os outros e as técnicas de si".

Na esfera da organização da empresa e do trabalho, esses conceitos vão ao encontro (por metas, por avaliação de desempenhos e por autocontrole) de uma nova "filosofia da gestão", cujos termos não mais se orientam, segundo Drucker, no sentido "de gerir estruturas, mas, sim, de "guiar" pessoas que têm saberes, para que produzam o máximo possível". A coerção laboral não é mais externa, uma vez que se "substitui o controle feito de fora pelo controle feito de dentro, muito mais estrito, exigente e eficaz"[44].

Apoiado na informação, o controle de agora, uma espécie de autogoverno, tanto na esfera da produção como do consumo, passa por

---

44. DARDOT, P. & LAVAL, C. *A nova razão do mundo* – Ensaio sobre a sociedade neoliberal. Op. cit., p. 228 e 229. Os autores citam aqui Drucker (*O melhor de Peter Drucker* – O homem, a administração, a sociedade. São Paulo: Nobel, 2002), notório especialista norte-americano em questões de trabalho e emprego.

uma economia do desejo – ou seja, o desejo de código enquanto elaboração alucinatória da consciência, análoga à sedução pela droga –, uma domesticação generalizada das relações sociais que, escorada na hiperracionalização técnica da produção, prescinde de centralizações físicas e se dissemina nas próteses ou nos dispositivos avançados com que se equipam os usuários de agora. É natural, portanto, que o tópico da comunicação/informação se mantenha no centro de preocupações práticas e teóricas do atual espaço urbano, regido por mercado e por dispositivos tecnológicos.

Essas preocupações são, na verdade, antigas. A comunicação seria em princípio uma experiência antropológica fundamental (um imperativo *sine qua non* da vida social), em seguida um saber sobre essa experiência e, finalmente, uma realidade industrial já concretizada por um formidável aparato tecnológico sustentado pelo mercado. Nos Estados Unidos, desde a época posterior à Segunda Guerra Mundial, esse aparato era descrito como "comunicações de massa". Esta nomenclatura fazia crer – provavelmente devido às influências tanto da propaganda nazista quanto da propaganda de mobilização norte-americana durante o conflito – que as "massas" seriam conduzidas pela retórica competente dos emissores.

Mas frisamos o plano da hegemonia, onde esses aparatos se desenvolvem, porque *comunicação* significa, de fato, em sua radicalidade (assentada na noção latina de *communicatio*), o fazer organizativo das partilhas ou *mediações* imprescindíveis ao comum humano; portanto, a resolução aproximativa das diferenças pertinentes em formas simbólicas. As coisas, as diferenças aproximam-se como entidades comunicantes porque se encadeiam no vínculo originário (uma marca de limites, equiparável ao *sentido*) estabelecido pelo *símbolo*[45].

---

45. Cf. SODRÉ, M. *A ciência do comum* – Notas para o método comunicacional. Petrópolis: Vozes, 2014.

No centro de sua fecunda leitura semiológica dos objetos de sociedade e cultura, Roland Barthes entendia o símbolo não como referência ao significado das coisas ou ao imaginário social, mas sim como o nível de *organização* sintagmática ou paradigmática da linguagem; portanto, como o trabalho originário de encadeamentos e correlações. Adota-se aqui esse mesmo entendimento que suspende a concepção de símbolo como figura secundária de linguagem ou como epifenômeno linguístico. A simbolização responde como fenômeno à pergunta sobre como uma parte pode juntar-se a outra parte ou como originariamente um sujeito pode reconhecer *outro* na dimensão primeira da agregação humana, partindo-se do ponto de vista que apenas do "um" não se chega ao "outro". Argumenta Nancy: "Heidegger sabia disso ao recusar todo modo de introdução do outro que não fosse o da doação originária do *Mitdasein*, de um ser-aí-com e ser-com-o-outro-aí"[46].

Assim, enquanto doação originária de um "dois", logo de um "com", o símbolo configura o trabalho de relacionar, concatenar ou pôr em comum (*syn-ballein*) formas separadas, ao modo de um equivalente geral, energeticamente investido como valor e circulante como moeda, pai, monarca, signo; ou seja, como originárias mediações simbólicas, que se desdobram em economia, psiquismo, parentesco, política e linguagem. Dentro dessa perspectiva, comunicação é o mesmo que partilha simbólica, operada por mediações (o *com*) de um ser-em-comum ou de uma comunidade concebida como identidade original.

As mediações são simbolicamente constituídas a partir de uma condição de possibilidade, um *a priori*, que não é nenhuma convenção recíproca, mas um vazio gerativo (assim como o número zero), um princípio abstrato de organização, inerente à condição humana – a tração

---

46. NANCY, J.-L. *Corpo, fora*. Rio de Janeiro: 7 Letras, 2015, p. 76 [Trad. e org. de Márcia Sá Cavalcante Schuback].

do *com*, ou seja, o *comum*. Este não é aqui um adjetivo para qualquer fenômeno de generalização, mas sim adjetivo/substantivo equivalente à "coesão" (o *ksynon* heracliteano) inerente à grupalização humana. Epistemologicamente, trata-se de uma instância lógica e transcendente, de onde provém o princípio de organização do humano, da sociabilidade ou mesmo da *sociedade*, se atribuirmos a esta palavra não o significado moderno de conjunto de relações de interesse, e sim o sentido de regime original da condição agregadora de existências. Nesse regime, o ser singular é uma *parte* simbolicamente aberta a outra parte; portanto, a uma exterioridade, a um *fora*.

A partilha originária mediada pelo símbolo é o ato primeiro da comunicação, de onde provém a cena social. Com efeito, isolado no discurso filosófico (na fenomenologia), o "estar em comum" é mera abstração. Historicamente, porém, é algo que se constrói no movimento dialético da agregação humana. As forças vivas do comum podem ser apreendidas como palavras, gestos, sinais ou acolhidas como informação e suscetíveis de integrarem sistemas, como o sistema de diferenças e substituições de signos designado por "língua". Mas a comunicação não se define, em última análise, por esses sistemas, e sim pelo *a priori* do comum coesivo, da *organização simbólica*, condição de possibilidade das partilhas ou trocas vitais.

Comunicar significa, portanto, no limite, partilhar, trocar e organizar. Isso se revelava ao pensamento filosófico como a apresentação da finitude na comunidade: "[...] a apresentação do triplo luto que devo fazer: o da morte do outrem, o do meu nascimento, o da minha morte. A comunidade é a condução desse triplo luto"[47]. Hoje, porém, no âmbito do capitalismo financeiro que se empenha na dissolução dos laços comunitários e no apagamento das singularidades, é o próprio *acon-*

---

47. NANCY, J.-L. *A comunidade inoperada*. Rio de Janeiro: 7 Letras, 2016, p. 62.

tecimento da realização tecnológica, o seu acabamento histórico como ápice da racionalidade ocidental, pressionado pela energia da informação enquanto eficiente operadora da economia financeira que revela a natureza organizativa da comunicação na mutação dos sistemas. Por exemplo, o aparecimento de novos paradigmas de descoberta científica pela análise intensiva de dados torna dispensável um modelo *a priori* de descrição do real. Ou seja, o *acontecimento tecnológico* dispensa qualquer orientação teórica externa à sua própria dinâmica.

Graças à força historicamente inédita desse acontecimento, a *comunicação* constitui hoje um novo tipo de "vetor de agregação"; isto é, uma forma institucional de representação da realidade que pode não coincidir exatamente com o modo concreto de sua organização, mas que de toda maneira a orienta conceitualmente. Diz Jeudy: "O objeto da gestão – tomado como uma realidade a se tratar coletivamente – submete-se a um processo de conceituação que prefigura a sua dimensão institucional [...]. A realidade em que nós vivemos, essa realidade que acreditamos construir parece ser apreensível apenas nos efeitos de uma representação produzida e sustentada por palavras que fazem referência; palavras que, repetidas de maneira encantatória, confirmam a nossa compreensão e legitimam as nossas ações"[48]. É de fato a pressão *injuntiva* do conceito que mobiliza a adesão pública – logo, os estados mentais, as crenças, as opiniões – ao modo de se representar um objeto social qualquer, desde a cidade até os seus dispositivos conectivos.

Em outros termos, uma abstração conceitual arroga-se à faculdade de dizer o que é a realidade; seja esta econômica, social ou urbana. Por isso, "o aparente domínio do futuro das sociedades funda-se nesse poder reflexivo garantido pelo uso federativo do sentido dos conceitos"[49]. En-

---

48. JEUDY, H.-P. *Fictions théoriques*. Paris: Léo Scheer, 2003, p. 111 [Col. Manifestes].
49. Ibid.

tretanto, articulada ao movimento concreto da História, a dimensão organizativa da comunicação implica uma nova orientação existencial (um novo *bios*, no sentido aristotélico do termo), que Dardot e Laval chamam de "nova razão do mundo", homóloga à nova forma de ser da riqueza. Goethe chama a atenção no *Fausto* para o fato de que a vida "natural" não é a realidade última, e sim "as formas de ser", que se pode resumir como "instituições" a cargo das subjetividades e das relações sociais.

São novas e inquietantes as formas humanas de ser compatíveis com o novo modo de ser da riqueza, que implicam uma nova lógica normativa de reconfiguração e reorientação da vida social nos termos das finanças e do mercado. "A vida humana está sendo anexada ao capital", resumem Couldry e Mejias[50]. Por isso é tão inquietante essa reconstrução antropológica do comum ou do ambiente natural, pois representa um abalo no solo sob os pés, que atinge o sentido geral de pertencimento ao mundo e ao sistema de valores do que se considerava "próprio". Sob a constante pressão por reformas ou mudanças, em sua maior parte incitadas por ofertas técnicas no mercado, indivíduos e instituições obrigam-se a otimizar as suas escolhas, pesando riscos e benefícios. O risco, como a sorte na roleta de cassino, converte-se numa espécie de linguagem para o relacionamento com os outros e com o mundo.

"Nenhuma cultura sobrevive à sua digitalização", diz Gutierrez, um pesquisador das possibilidades de esquiva à classificação hiper-racionalista do mundo[51]. Mas é preciso acrescentar que se trata tanto de incompatibilidade técnica quanto do que há de inconciliável ou de visceralmente distante entre a cultura da antiga democracia liberal, re-

---

50. Cf. COULDRY, N. & MEJIAS, A.U. *The costs of connection* – How data is colonizing human life and appropriating it for capitalism. Stanford: Stanford University Press, 2019. Neste livro, os autores desenvolvem a perspectiva da conexão tecnológica como uma nova forma de colonialismo, o "colonialismo de dados".

51. GUTIERREZ, A.G. *En pedazos*. Madri: Acci, 2018.

sultante de uma sociedade civil vigorosa, e a tecnodemocracia orquestrada pelo capitalismo financeiro, em que a cultura deixa de sinalizar a autonomia pluralista de setores institucionais da vida social frente ao monopólio do poder. A comunicação tecnocapitalista traz para a velha cultura tremor e temor.

É pertinente a metáfora das "placas" na apresentação do conceito: a comunicação seria o conjunto das placas tectônicas sob a superfície do comum. Elas, como suas congêneres geológicas, são essenciais, mas não eternas em constituição ou em alinhamento. Podem deslocar-se. Era assim que o notório crítico cultural americano George W.S. Trow descrevia (ainda na década de 1980, muito antes, portanto, do auge da internet) a nova paisagem social americana: "Todo mundo sabe, ou deveria saber, que houve um "deslocamento de placas tectônicas" sob nós [...] partidos políticos ainda têm os mesmos nomes, ainda temos uma CBS, uma NBC, um *New York Times*; mas não somos mais a mesma nação que no passado teve isso tudo".

O crítico referia-se ao aspecto particular da política e da mídia, mas principalmente indicava a movimentação profunda na "crosta" da organização simbólica. Trata-se mesmo de um grande deslocamento, do qual decorrem transformações de grande monta nos sistemas educacionais, na produção social de subjetividades e na constituição da esfera pública. É uma transformação, sobretudo, *geográfica* no sentido de que essas "placas", por efeito da compressão temporal do espaço, formam um novo "continente", o oitavo, feito de *bytes*, virtual, acima ou abaixo de todos os outros, capaz de pôr em rede (de comunicação) o planeta inteiro.

A compreensão dessa nova "geografia" evidencia-se no conceito de um *bios* virtual já presente no funcionamento atual das tecnologias eletrônicas da comunicação, que geram um espaço próprio superposto e em conexão com as clássicas coordenadas espaçotemporais. É como se a vida comum tivesse literalmente migrado para o virtual, com efeitos eventualmente caóticos sobre os costumes e as instituições tradicionais da sociedade civil.

Esta argumentação transcende o espaço imediato e cotidiano, assim como aquele normalmente referido pelo campo acadêmico, quando se observa que determinadas justificativas políticas para o controle do ciberespaço contemplam o virtual como um espaço análogo aos outros (terrestre, marítimo e aéreo) sobre os quais o Estado exerce o seu poder de segurança e controle. É, aliás, o caso da China que, na prática, lida com uma espécie de "ciberespaço nacional", o que autorizaria a intervenção estatal na internet.

Mas, em termos ocidentais, a rede eletrônica é prioritariamente global, assim como o capital financeiro. Acionadas pela velocidade das ondas eletromagnéticas, essa movimentação e essa reorganização apontam para o cerne da questão: a onda de choque comunicacional, contraparte da ficção econômica antecipada por Goethe, em que Mefistófeles, para ajudar Fausto, inventa o papel-moeda. O processo é por inteiro uma convergência de fenômenos financeiros, tecnológicos e político-sociais, mas o ciberespaço (ou a internet) está no centro da mutação civilizatória ao modo de uma verdadeira transmutação do "chumbo real em ouro virtual", como se tratasse de uma "cura alquímica" da realidade imperfeita ou inadaptada ao novo mundo. Não à toa, segundo um velho provérbio tibetano, "o chumbo é o ouro que adoeceu".

Trata-se realmente de uma nova alquimia, mas o mágico consiste basicamente na "aceleração" tecnológica da experiência. A compressão do espaço pela aceleração do tempo é a magia e a natureza da comunicação contemporânea, razão última do deslocamento global. Essa magia é hoje aparentemente mais mefistofélica do que divina, daí a associação, em certos autores (Martin Buber e Vilhelm Flusser, p. ex.), da economia contemporânea ao diabo como um suposto "espírito do dinheiro". Aliás, é uma associação presente na Bíblia – Sermão da Montanha (Mt 6,24) –, feita por Cristo ao advertir que não se pode adorar a Deus e a mamom ao mesmo tempo; ou seja, à personificação do dinheiro, também interpretado como um dos sete príncipes do inferno.

Fora da Bíblia, juízo avesso à idolatria do dinheiro tem antecipações clássicas na literatura europeia, como se pode observar, ainda na primeira metade do século XIX, em obras como *O cavalheiro avaro* (1830), pequena tragédia de Puchkin, em que o desejo de ouro é pintado como uma potência diabólica. Já em Goethe, o demônio é uma antecipação alegórica do niilismo, que fazia *tabula rasa* do divino, dos valores supostamente constituintes do sujeito da consciência europeu. Mefistofélico é, por exemplo, o célebre personagem "Stravroguin", a consciência niilistamente colocada "frente a frente do nada" em *Os demônios*, de Dostoievsky.

A lógica do capital prescinde de categorizações literário-filosóficas, mas não impede que se especule sobre a economização neoliberal como razão dos deslocamentos sísmicos na velha sociedade civil ou como forma de um espírito que, indiferente ao bem e ao mal, tudo nega, menos o desejo de si mesmo, regido pelo mercado. A ideia de liberdade individual que, em meados do século passado, a filosofia sartreana equiparava para escândalo de muitos ao ato puro e simples de decidir ou escolher, é hoje um fato banal de aceitação por parte dos ideólogos da economia neoliberal, para os quais economia é a teoria da escolha.

Na prática, a teologia sem Deus dos existencialistas franceses é análoga à atual teodiceia do mercado baseado em capital fictício e expansão monetária desenfreada. A crença religiosa no país paradigmático do capitalismo mundial (os Estados Unidos, cuja moeda tem como divisa *In God we Trust* – Em Deus nós confiamos) inscreve no senso comum a sacralização do dinheiro e fundamenta a teologia da prosperidade, que também pode ser lida como *In Money we Trust*. O que dá muito sentido à frase de Giorgio Aganbem: "Deus não morreu, tornou-se dinheiro".

PARTE II
Efeitos

No mundo-zero dos valores e dos fins, a dimensão institucional da sociedade é assediada por um novo modo de ordenação, orientado por finanças, mercado e tecnologias da informação/comunicação. Isso implica uma ordem sociopolítica baseada num tipo de relação que predica a concorrência sem travas entre indivíduos supostamente soberanos e dá as costas à desigualdade social. A sociedade civil, outrora cenário principal do jogo político entre instituições, organizações e Estado, é progressivamente redefinida por organizações privadas que encarnam o mercado como teodiceia e como processo de produção de subjetividades. Essa é a sociedade incivil: na esteira de suas estratégias constituem-se uma nova ecologia e um novo bios*, impulsionados por dispositivos de mercado e de inteligência artificial, em que a realidade da vida "nua" é aumentada por algoritmos e temporalmente acelerada por máquinas. A democracia liberal e a informação pública são afetadas por notáveis mutações.*

Algoritmo, biopoder, incivilismo

[...] A chave do mistério: governantes e bandidos
das finanças pertencem ao mesmo mundo.
Alain Badiou

A hoje reiterada parábola do sapo escaldado foi inicialmente trazida por um antigo secretário de redação do *Washington Post* a propósito dos dois métodos potenciais de distribuição dos então novos produtos dos meios de comunicação; ou seja, microcomputadores e redes digitais: "Às vezes descrito como o pai intelectual do microcomputador, Kay [Alan Kay, criador do *laptop* e arquiteto das modernas interfaces gráficas do computador] fez soar um alerta com uma analogia que parecia valer para nós. Era uma velha história: se botarmos o sapo numa panela com água e formos subindo a temperatura aos poucos, ele não vai pular fora nem quando a água estiver fervendo, pois seu sistema nervoso não capta pequenas mudanças de temperatura. Ressalvando que somos mais inteligentes do que o bicho, o jornalista observava, entretanto, que "estamos, sim, nadando num mar eletrônico onde a certa altura poderíamos ser devorados – ou ignorados, como um desnecessário anacronismo. Nossa meta, obviamente, é não sair da revolução eletrônica como um sapo escaldado"[52].

Essa analogia de duas décadas atrás é cientificamente duvidosa. Era pertinente na época a discussão sobre o futuro da prática jornalística e

---

52. KAISER, R. "Os movimentos tectônicos" (1992). In: *Observatório da Imprensa*, ano 19, ed. 956.

assim permanece como uma ficção interessante na discussão sobre as relações entre *midiatização* ou *sociedade em rede* e *instituições sociais*; portanto, uma discussão que ultrapassa de longe a questão tecnológica e empresarial da disseminação de informações para chegar à dimensão de um novo tipo de poder constituinte do indivíduo sob o capital financeiro. É preciso ter bem claro desde o início que esse novo tipo de organização social não se limita ao ciberespaço: "Na sociedade em rede convergem várias noções: internet, claro (o paradigma), mas também a globalização (a economia mundial em rede, a logística planetária dos fluxos, imateriais ou materiais), a desregulamentação; ou melhor, a crise geral das regulamentações e das instituições que a rede põe em questão"[53].

Não é, portanto, a rede técnica em si mesma que questiona as regulamentações, uma vez que ela não se reduz ao ciberespaço e sim o seu funcionamento convergente dentro da macroestrutura financeira, responsável pelo padrão sistêmico da financeirização. De qualquer modo, é ponderável a sua categorização como uma espécie de *mundo zero*: "zero adiamento, zero estoque, zero memória, zero cultura, zero identidade, *zero instituição, zero política*, zero real"[54]. A rede é de fato uma convergência de fenômenos técnicos, econômicos e ideológicos com possibilidades de neutralização de mediações tradicionais.

Pomos aqui o acento inicial sobre a instituição, porque é conceito que comporta uma indagação sobre a lógica dos comportamentos individuais diante das "macroformas" de poder. Uma coisa é a produção de valor econômico na forma de mercadorias com todos os aparatos de poder dispostos pelo capital, outra é a esfera da reprodução social, onde as relações intersubjetivas perfazem a vida cotidiana por meio de formas

---

53. SORIANO, P. "Le zéro-un et l'infini: un humanisme sans homme?" In: FINKIELKRAUT, A. & SORIANO, P. *Internet: l'inquiétante extase* – Mille et une nuits. Paris: Fayard, 2001, p. 53.

54. Ibid., p. 52.

não diretamente ligadas à valorização e à realização do capital. Neste último caso são decisivos os arranjos políticos, educacionais, familiares e religiosos, articulados por *instituições* da sociedade civil.

Ora, a noção de *midiatização/sociedade em rede* tem sido apreendida, ao modo clássico da filosofia política (p. ex., o *Leviatã*, de Thomas Hobbes), como uma lógica de poder de cima para baixo; isto é, como mera sistematização dos dispositivos de informação no ciberespaço, onde pontificam as organizações de mídia. Mas basta trazer à baila a questão principal da pesquisa de Foucault sobre o poder para vermos como essa lógica pode ser invertida: "Em vez de fazer a pergunta sobre como o soberano despontou no seu topo solitário, teríamos que saber como os súditos gradualmente se constituíram, passo a passo, do ponto de vista factual e material, partindo da multiplicidade de corpos, forças, energias, matérias, desejos, pensamentos etc. Deveríamos tentar perquirir a instância material da sujeição em sua função constituinte do sujeito"[55].

Em outros termos, seria preciso perquirir a materialidade dos comportamentos que, institucionalmente, constituem os indivíduos. E neste caso afigura-se estratégico tomar como ponto de partida uma distinção que não é nada clara na atual análise sociológica do funcionamento social; isto é, a distinção entre organização e instituição sociais, mas que foi altamente relevante nos albores dessa disciplina do pensamento social, tempo em que "Marcel Mauss e Paul Fauconnet, dois discípulos de Émile Durkheim, consideram estar dando da sociologia uma definição rigorosa quando fazem da instituição o seu conceito fundamental"[56].

---

55. FOUCAULT, M. "Power/Knowledge". In: MIDDELAAR, L. *Politicídio – O assassinato da política na filosofia francesa*. São Paulo: É Realizações, 2015, p. 143.

56. LAVAL, C. & DARDOT, P. *Común – Ensayo sobre la revolución en el siglo XXI*. Barcelona: Gedisa, 2015, p. 461.

Propondo a definição de sociologia como ciência das instituições, ambos entendem instituição como "um conjunto de atos ou de ideias completamente *instituído* que os indivíduos encontram diante de si e que lhes é imposto em maior ou menor grau"[57]. Ou seja, o instituído, aquilo que é socialmente preestabelecido pela obrigatoriedade do hábito, é a característica básica: "A instituição é, em suma, na ordem social, o que é a função na biológica; e, do mesmo modo que a ciência da vida é a ciência das funções vitais, a ciência da sociedade é a ciência das instituições assim definidas"[58].

É habitual em análises correntes dar como assentado que instituição e organização designem indiferentemente a normatização de regras e condutas para grupos, desde que reconhecidos (o que não seria o caso de uma organização criminosa) num processo legítimo de interação social. Nessa indiferença, uma organização bancária pode ter o mesmo grau de reconhecimento social que uma organização ou instituição escolar. No limite, porém, reserva-se o conceito de instituição a um tipo de organização ou de regulação de condutas sem finalidades estritas, em que não prevaleça a dimensão econômica, por exemplo.

A instituição define um modo de regulação que pretende assegurar, de maneira duradoura (na realidade, trata-se mesmo da indicação de caminhos), a transmissão de um saber internalizado com vistas à constituição de sujeitos ou processos de subjetivação. É o caso da família, da escola, da religião, do exército, do parlamento etc., que são modos regulatórios permeados e constituídos por uma multiplicidade de forças e discursos, com função pedagógica, voltados para a aglutinação de membros e para a constituição das identidades pessoais e sociais. A *reflexividade*, entendida como a projeção em macroescala

---

57. Ibid., p. 463.
58. Ibid., p. 464.

societária desses conteúdos regulatórios ou das indicações de caminho sugeridas, é institucionalmente assegurada. Conservadora no que diz respeito a questões de gênero, família e sexualidade, a instituição tenta preservar o equilíbrio social, controlando a "destrutividade" (tanto em nível individual quanto coletivo, na eventualidade de exacerbações autoritárias da sociedade civil) ou a dinâmica transformadora dos comportamentos.

O predomínio da função conservadora tem peso maior na família, na religião e nas forças armadas, que são, no limite, marcadores de condutas e de atitudes compatíveis com o ordenamento social[59]. Partidos políticos e imprensa tradicional podem ser pautados por essa linha, mas a sua função institucional incide prioritariamente sobre a *mediação*, assim como as instituições representadas pelos poderes legislativo e judiciário pautam-se por mediação e fiscalização. Particularmente no caso da imprensa (hoje redefinida como "mídia"), a inclinação institucional responde pelo empenho de credibilidade que se pretende outorgar aos *fatos* ditos "sociais". Predomínio não significa totalização: a dinâmica institucional pode ser fator de transformações, com elevado grau de autonomia frente à economia e ao Estado. Na Europa pós-guerra, os movimentos sociais que pressionaram o Estado para a adoção de medidas protetivas às classes mais pobres (os vários tipos de seguro social) tinham caráter institucional, de baixo para cima.

Posteriormente, ocorreram nesse âmbito as concepções e os movimentos – a luta ampla pela emancipação feminina, a contestação jovem nas escolas, a emergência das minorias étnicas, as reivindicações identitárias – que puseram em questão a força inercial e conservadora

---

59. Notável na História do Brasil é o fato de ter o Estado assumido, em meados do século XIX, funções institucionais substitutivas para a educação, a partir dos 5 anos de idade, do futuro Imperador Pedro II, cujos pais biológicos haviam se transferido para Portugal.

arraigada nas velhas instituições. Esse questionamento torna-se possível quando a *esfera pública* se converte num *espaço de fora* culturalmente transformador de atitudes e discursos, porque os desloca de seus perímetros individuais.

O aprofundamento do conceito de instituição pode conduzir à sua associação com outros conceitos cruciais nos corpos teóricos da sociologia e da antropologia cultural, a exemplo da própria ideia de *social* (entendida como uma totalidade de *relações* de produção, de dominação etc. dentro de um mesmo conjunto) confrontada à de *cultura*, entendida como saberes e comportamentos distintivos de um grupo humano, que se adquirem por aprendizagem e se transmitem aos membros do grupo. *Social* e *sociedade* são noções aplicáveis a modos de organização, tanto humanos como animais, enquanto a ideia de cultura – que abarca formas de mediação como crenças, artes, ritos, pensamentos e configura uma dimensão moral ou afetiva – restringe-se à dimensão humana. Embora as instituições estejam na base de formação das sociedades humanas, a sua maior afinidade conceitual contempla o campo da cultura: nos seus modos regulatórios está implicada a *mediação* em toda a sua complexidade semiótica e social.

Mediação – termo de largo alcance na filosofia do idealismo alemão – é o ato originário de qualquer cognição, porque implica o trânsito ou a "comunicação" da propriedade de um elemento para outro, por meio de um terceiro termo. Sobre esse conceito debruça-se o pragmatista Charles Sanders Peirce, abordando questões essenciais da comunicação e da representação, para mostrar como se constitui a ação mediadora da *semiose*. Esta última é possibilitada pelo *a priori* de um comum, pela pressuposição de uma dimensão comunitária, habitada por uma *quase-mente*, uma espécie de "mente comunitária" ou *commens*.

O pragmatista está teoricamente preocupado com o processo individualizado da comunicação linguística. Mas ao invocar o conceito de comunidade (ação recíproca entre agente e paciente; portanto, comunicação enquanto ser-em-comum, vinculação diferencial entre um eu e outro), ele dá margem à expansão de seu escopo para a dimensão coletiva, onde a vinculação aparece como a radicalidade da diferenciação e da aproximação entre os seres humanos, e daí como *a estratégia sensível que institui a essência do processo comunicativo*, este que John Dewey chamava de "interação comunal". E essa estratégia não está apenas na consciência do sujeito, mas também no jogo diferencial dos signos; ou seja, na linguagem[60].

No círculo discursivo da filosofia, mediação é um conceito fortemente característico do pensamento de Hegel, que rejeita a hipótese de um conhecimento intuitivo ou imediato das coisas. A mediação é o ato originário de qualquer cognição: o ser é necessariamente mediado. O que Hegel chama de "homem real e verdadeiro" resulta de sua interação com os outros; logo, a ideia que o homem faz de si mesmo (o seu "eu") depende da mediação, que exprime o reconhecimento do outro.

Diz Bataille: "O ser não é jamais somente eu mesmo, é sempre eu mesmo e meus semelhantes"[61]. Não se trata de um reconhecimento do tipo em que um retrato se assemelha ao original, como explicita Nancy: "É na morte do outrem que a comunidade me ordena ao seu registro mais próprio; mas não é pela mediação de um reconhecimento espelhante. Pois *eu* não *me* reconheço nessa morte do outrem – cujo limi-

---

60. BATESON, G. *Steps to an ecology of mind*. Chicago: Chicago University Press, 1972. • VERÓN, E. *La semiosis social* – 2: fragmentos de una teoria de la discursividad. Barcelona: Gedisa, 1993. São dois autores imprescindíveis ao aprofundamento da perspectiva peirceana no campo comunicacional.

61. BATAILLE, G. "La souveraineté". In: NANCY, J.-L. *A comunidade inoperada*. Op. cit., p. 65.

te me expõe, no entanto, sem retorno"[62]. Esse suposto reconhecimento "espelhante" pode se dar na instância do *sujeito* constituído; isto é, no interior dos mecanismos de institucionalização e organização das *relações de sociedade*.

Mas se confrontarmos essa argumentação a uma perspectiva genealógica e ontológica de constituição da comunidade originária chegaremos à estratégica distinção entre *vinculação* originária (onde nascimento e morte presidem à existência comum) e *relação secundária*, denotativa das conexões nas esferas da produção e da exploração, mantidas pelos grupos entre si dentro de um mesmo conjunto ou para com outros conjuntos. Isso leva ao entendimento de *social* como uma totalidade ou um sistema de relações diferenciadas; mas tendentes, em última análise, à homogeneidade de uma esfera comum apoiada em instituições e organizações, onde se desenvolvem os "papéis" socialmente funcionais.

A análise sociológica, baseada em papéis ou funções, costuma fazer uma distinção entre relações "pessoais" e "interpessoais", que Goffman, com razão, considera insatisfatória. Para ele, existe a *identidade social*, entendida como "as grandes categorias sociais (assim como as organizações e os grupos que funcionam como categorias), às quais o indivíduo pode pertencer abertamente: geração, sexo, classe etc." Mas existe também a *identidade pessoal*, entendida como "a unidade orgânica contínua atribuída a cada indivíduo, fixada por marcas distintivas, tais como o nome e o aspecto, e constituída a partir de um conhecimento de sua vida e de seus atributos sociais, que vem se organizar em torno das marcas distintivas"[63].

A identidade pessoal compõe o que Goffman chama de "relações ancoradas" (ou "firmes"), em que cada polo identifica o outro pessoal-

---

62. Ibid.

63. GOFFMAN, E. *La mise en scène de la vie quotidienne* – 2: Les relations en public. Paris: Minuit, 1973, p. 181-182.

mente, ou em que a relação de dois indivíduos "pode sofrer mudanças dramáticas, mas não pode nunca voltar a um estado de não conhecimento". A ideia de "ancoragem" comparece igualmente nos estudos psicossociológicos sobre as representações sociais com o sentido de ancorar ou integrar organicamente o desconhecido nas representações já socialmente estabelecidas. Aparece aqui, porém, um obstáculo teórico a ser considerado: o social (*socius*), a partir do qual Goffman opera a sua distinção, é uma noção histórica, moderna, desenvolvida no âmbito de relações jurídicas entre sujeitos e diversa do que está implicado em noções como *ritual* ou *comunitário* e em que predomina uma vinculariedade intersubjetiva, geralmente posta à margem da análise sociológica.

Uma notável exceção a esse *mainstream* analítico é a *sociologia compreensiva* de Simmel, que faz da *compreensão* – fenômeno original de vinculação do homem com o mundo – o instrumento metodológico não apenas do conhecimento histórico, mas também a base da interação intersubjetiva na vida social[64]. "Sociedade" ou "o social" não são, para ele, termos suficientemente explicativos da socialização (de fato, sociedade, assim como Estado, é uma invenção da Modernidade), porque não tocam na estrutura das ações recíprocas, que incluem processos mentais. Ou seja, a *socialização* é um fenômeno psíquico iniciado pela representação *a priori* de um indivíduo pelo outro (*tipificação* ou antecipação recíproca de caracteres pessoais), em que consiste basicamente a compreensão. Esta, em primeiro lugar, apoia-se na participação do indivíduo na experiência vivida, em que são fundamentais a empatia e a simpatia.

O fenômeno compreensivo dispõe de mais força coesiva (união ou *Verbindung*, na terminologia simmeliana) do que meramente relacional, uma vez que a "relação" (*Beziehung*) apenas extrapola para a dimensão social a natureza do vínculo, onde se revela a originariedade histórica

---

64. Cf. SIMMEL, G. *Les problèmes de la philosophie de l'histoire*. Paris: PUF, 1985.

das expressões de vida. Hegel é preciso no entendimento de "sociedade" como um conjunto de relações "na exterioridade" (diferente, portanto, de uma mediação originária), e cola a análise de todo o movimento histórico a essa dimensão exterior. Em Simmel, entretanto, longe de supostas leis que lhe ditariam, ao modo de uma causalidade lógica, um curso manifestado em relações exteriores, a história aparece como o cenário das ações humanas dirigidas para fins coletivamente visados. Nessa visão, o interesse do conhecimento histórico está na inteligibilidade de fenômenos como representações, desejos, crenças e afetos; portanto, nos resultados de processos psíquicos observáveis, ainda que se trate da composição objetiva de forças e interesses. Isso não faz de sua abordagem teórica uma "psicologia", e sim uma metodologia compreensiva (específica das ciências do espírito alemãs) que, desde Dilthey, empenha-se na interpretação de sistemas de significação, nos quais se cristalizam socialmente os processos mentais.

Outra terminologia já havia sido sugerida por O. Hintze em fins do século XIX: "A abordagem psicossociológica é talvez o aporte mais importante desde o fim do século precedente no domínio das ciências do homem [...] não há outras forças motrizes na História além daquelas que o homem carrega, e não só o homem em sua existência individual, mas também nos seus laços sociais, em cujo seio se engendram essas forças mentais coletivas, que são o núcleo vivo de todas as instituições"[65]. O termo "psicossociologia" confere uma autonomia parcial ao objeto a ser interpretado e abre caminho para a interpretação *simbólica* das significações objetivas cristalizadas, designadas por Dilthey como "conjuntos interativos". Cada um desses conjuntos corresponde a divisões funcionais da vida social (produzir, educar, administrar etc.) com valores espe-

---

65. HINTZE, O. *Féodalité, capitalisme et état moderne*. Paris: Maison des Sciences de l'Homme, 1991. Cf. WATTIER, P. *Une introduction à la sociologie compréhensive*. Belfort: Circé, 2002, p. 38.

cíficos, níveis culturais e modos operativos próprios, mas sem fronteiras fechadas; um indivíduo pode pertencer a vários conjuntos interativos.

A palavra *vinculação* não pertence à terminologia clássica da metodologia alemã, mas pode ser sugerida como uma redescrição comunicacional do fenômeno compreensivo. Com o viés da comunicação, ela ratifica a dimensão psicossociológica no campo das ciências humanas. Pelo vínculo, portanto, ou pelo entrelaçamento simbólico constitutivo do ser social é que surgem as instituições capazes de funcionar como operadores da identidade humana, porque são na prática conjuntos interativos, movidos por atividades recíprocas e coletivamente coordenados com vistas à realização de um fim ou de uma função.

São vinculativos os discursos, as ficções e os mitos de fundação da comunidade histórica que presidem às identificações com o Estado-nação, com os valores (comunidade, família, trabalho etc.) e com o *ethos* ou atmosfera emocional coletiva. Mas a ideia do vínculo aplicada à constituição do psiquismo é também desenvolvida na teoria psicanalítica pelo argentino Pichon-Rivière, que localiza as bases materiais da historicidade (crenças, regras e ritos institucionalmente impostos) do indivíduo no interior de uma *estrutura vincular*, com vincularidade interna e externa[66]. Para ele, além da dimensão intrapsíquica (onde nasceriam as pulsões) e da interpsíquica (limiar para a exterioridade), a dimensão social responde pela articulação entre indivíduos, grupos e classes sociais

De modo geral, vincular-se (diferentemente, portanto, de apenas relacionar-se) é muito mais do que um mero processo interativo, porque pressupõe a inserção social e existencial do indivíduo desde a dimensão imaginária (imagens latentes e manifestas) até as deliberações frente às

---

66. Cf. PICHON-RIVIÈRE, E. *Teoria del vínculo*. Buenos Aires: Nueva Visión, 1979.

orientações práticas de conduta, isto é, aos valores. A vinculação é propriamente *simbólica*, no sentido de uma exigência radical de partilha da existência com o Outro; portanto, dentro de uma lógica profunda de *deveres* para com o *socius*, para além de qualquer racionalismo instrumental ou de qualquer funcionalidade societária.

Entenda-se: os homens mantêm, uns com os outros, um vínculo existencial, por sua vez articulado com a totalidade social, que desenha o espaço-tempo de uma formação social. A mediação entre o vínculo e a sociedade é operada por algo como aquilo que Rethel chamou de "síntese social"[67]; isto é, uma série de funções institucionais que orientam comportamentos e atitudes. Para ele, as estruturas do pensamento socialmente necessário a uma época estão estreitamente ligadas às formas assumidas pela síntese social. Esse "espaço-tempo" social não deixa de evocar o conceito (romântico alemão) de *Zeitgeist* ou *espírito de época* entendido como o conjunto das características genéricas de um determinado período. Só que a síntese social de Rethel não é um recorte temporal fechado numa redução sociológica, mas uma perspectiva multidimensional sobre a complexidade das *representações sociais* de um grupo, historicamente apreendidas em sua dinâmica institucional.

Na fronteira entre o individual e o coletivo, as representações sociais constituem uma forma de conhecimento prático – o conteúdo concreto das normas ou regulações operantes num grupo específico – orientado para a compreensão do mundo e para a comunicação[68]. O conhecimento prático da instituição é tanto ideia como vinculação e comportamento. Isso equivale, em termos epistemológicos, a focalizar o "agir social" – em vez de "sociedade" como categoria totalizante, privilegiada pelo

---

67. Este conceito é introduzido em SOHN-RETHEL, A. *Lavoro intelletuale e lavoro manuale – Teoria della sintesi sociale*. Milão: Feltrinelli, 1979.

68. Cf. MOSCOVICI, S. (org.). *Psicologia social*. Barcelona: Paidós, 1985, passim.

mainstream sociológico –, mas não um agir exclusivamente individual, e sim *comunitário*, investido de tonalidades afetivas. É o "agir em comunidade" que torna transindividual o conhecimento prático da instituição e que leva Marcel Mauss a defini-la como um modo de pensar e de fazer independente do indivíduo. No plano estritamente institucional, o modo de ser de um comportamento tem a ver com a ontologia dos modos humanos de perceber e de realizar algo no mundo.

Esse agir é, portanto, constitutivo de um *comum*. Ou se poderia também dizer constitutivo do *com*, que filósofos apõem a termos designativos de coexistência e convivialidade etc.: *ser-com*, *estar-com* etc. Os atos de perceber, sentir, pensar, conhecer, empenhar-se e fazer implicam o levar-se a si mesmo ao encontro ("com") de um *comum*, que é o centro aglutinador da instituição. Não se trata de nenhuma "essência" da vida social, mas de uma convergência de ações que institui um sentido de coletividade e pertencimento. Para Laval e Dardot, *comum* é o princípio que anima a atividade coletiva dos indivíduos e preside ao mesmo tempo à forma de autogovernos políticos e locais. Ambos se empenham em "*refundar o conceito* de comum de forma rigorosa, rearticulando práticas que no dia de hoje encontram nele o seu sentido com certo número de categorias institucionais, às vezes muito antigas, que fizeram do comum, na história ocidental, um termo ao mesmo tempo valorizado e maldito"[69].

Esse conceito vem ocupando o centro das preocupações teóricas de filósofos, juristas e economistas que, segundo Laval e Dardot, "têm multiplicado os seus trabalhos, constituindo assim pouco a pouco o domínio cada vez mais rico dos *commons studies*". Mas o desafio, para eles, consiste em "passar do plano das experiências concretas dos *commons* (no plural) a uma concepção mais abstrata e politicamente ambiciosa

---

69. LAVAL, C. & DARDOT, P. *Común* – Ensayo sobre la revolución en el siglo XXI. Op. cit., p. 22.

do *comum* (no singular). Em resumo, *comum* passou a ser o nome de um regime de práticas, de lutas, de instituições e de investigações que apontam para um futuro não capitalista".

Na perspectiva desses autores, "o termo *comum* é particularmente apto para designar o princípio político de uma coobrigação para todos aqueles que estão comprometidos em uma mesma atividade"[70]. Para tentar contornar o essencialismo ou o naturalismo de concepções teológicas, jurídicas e filosóficas sobre o comum, essa posição teórica, de fundo aristotélico, circunscreve exclusivamente na atividade específica de realização de uma tarefa (e não num pertencimento alheio a ela) a obrigação que subjaz ao comum.

É forçoso, entretanto, registrar a existência de outras noções classicamente compatíveis com esse comum centrado na atividade humana. É bem o caso de *sociedade civil* que, já em meados do século XVIII, o filósofo escocês Adam Ferguson opunha à noção de indivíduo isolado. Isoladamente, a palavra "civil" (derivada do latim *civilis*, adjetivo latino referente a *civis*, cidadão) conota a ideia do sujeito desvinculado de uma função estatal; mais especificamente, de uma obrigação militar. Civil é o cidadão "privado" dessa constrição. A etimologia é aqui pertinente, uma vez que o termo mantém, em suas reinterpretações históricas, a tensão da diferença entre Estado e povo.

Em Kant a noção de sociedade civil é ampliada como a ideia de um todo constitucionalmente construído por um poder legítimo (a *bürgerliche Gesellschaft*) para garantir a liberdade dos sujeitos: uma constituição civil e política (*pactum unionis civilis*) edificaria a "sociedade civil perfeita". Diferentemente, Hegel distingue Estado de sociedade civil, atribuindo ao primeiro uma primazia das ações voltadas para os inte-

---

70. Ibid., p. 29.

resses universais e reservando à segunda (que chama também de *sistemas de necessidades*) o lugar das ações comprometidas com interesses particulares ou privados: o homem da sociedade civil é, assim, o mesmo do trabalho ou da produção e, por isso, empenha-se na hegemonia política e cultural de seu grupo social sobre toda a sociedade. À margem da sociedade política, situa-se a *plebs*, entendida como massa comum, desinvestida do poder mediador entre a família e o Estado atribuído por Hegel à sociedade civil.

Dessa linha de pensamento, criticamente continuada por Marx e Engels, parte Gramsci para recusar a distinção hegeliana entre Estado e sociedade civil em favor da ideia de uma totalidade – não ao modo kantiano e sim marxista; portanto, conflituoso – onde se desenrolam as lutas de classes. Nesse "Estado integral" ou "Estado ampliado", ele distingue, no entanto, *sociedade política* (fonte das ações submetidas pela força do Estado ao controle constitucional ou legal) de *sociedade civil*, entendida como a base social das formas concretas de organização das visões de mundo, de sociabilidade e de cultura, onde se travam as lutas por *hegemonia*; isto é, pela força consensual de convencimento ou de imposição ideológica. Dialeticamente articulados, os conceitos de hegemonia e de sociedade civil fazem desta última, integrante do Estado ampliado, o espaço da atividade política; ou seja, da luta pelo governo fundado no consenso.

Fora do âmbito marxista da luta de classes, há analistas que despolitizam o conceito de *sociedade civil*, transformando-o numa espécie de "terceiro setor" que contempla "objetos de menor porte", conduzido apenas pelas forças do Estado e do mercado, tal como especifica Wolf: "A sociedade civil tem sua atenção voltada para famílias, comunidades, organizações voluntárias, sindicatos e movimentos de base espontâneos – todas essas modalidades de organização social, definidas pelo fato de que estão cercadas por instituições ainda maiores e mais abstratas. A característica fundamental da sociedade civil é que ela é flexível, disponível e aberta às pessoas comuns, à vida cotidiana"[71].

Na visão desse pesquisador norte-americano, sociedade civil é o lugar – quase midiático, amorfo, neutralizador das oposições de classe social efetivamente atuantes no real-histórico de um grupo social – de predomínio de instituições, concebidas como figuras lógicas de uma territorialidade afim ao compromisso das comunidades com seu meio ambiente, ativas e responsáveis com relação a direitos sociais. Em última análise, seria um lugar de equilíbrio entre as obrigações e os direitos inerentes ao funcionamento institucional das relações sociais.

Em qualquer dos casos, porém, está em jogo na sociedade civil a *institucionalidade*, entendida como a condição social proveniente da *Constituição*, no sentido dado a esta palavra pelo notório pensador político e jurista alemão Carl Schmitt; ou seja, não o conteúdo de leis ou normas (o que ele chama de "lei constitucional"), mas a decisão política fundamental e soberana de um povo em regime democrático, da qual ela é reflexo social, jurídico e político[72]. Outra maneira de abordar a questão, considerando-se a dinâmica da vida social, é simplesmente evidenciar a institucionalidade como a potência de fazer acontecerem, por parte do Estado e da cidadania, as coisas imprescindíveis ao funcionamento da sociedade.

Resguardados os fins reformistas ou revolucionários da teoria marxista, a visão schmittiana não é absolutamente contraditória à de Gramsci quanto este último deixa ver que o Estado é muito mais do que mero "comitê executivo da burguesia" (expressão constante do *Manifesto do Partido Comunista*, de Marx e Engels, 1848), pois se obriga modernamente a contemplar interesses não restritos à classe dominante. Isso

---

71. WOLF, A. *Três caminhos para o desenvolvimento*: mercado, Estado e sociedade civil. Rio de Janeiro: Ibase, 1991, p. 36 [Coleção Democracia, vol. I].

72. Cf. SCHMITT, C. *Teoria de la Constitución*. Madri: Derecho Privado, 1934.

dá margem à *institucionalidade* e, portanto, à luta por consenso ou por um *comum* no interior da sociedade civil.

O encontro com o comum visado pela instituição tem tido a ver até agora com uma ontologia da percepção e do conhecimento dependente de uma matriz de pensamento (platônica e aristotélica) que define o ser como presença e o real como toda "substância primeira" ou todo "indivíduo" que se represente de modo individualizado. Ao mesmo tempo, o indivíduo tem corpo, o que faz de todo e qualquer pensamento ontológico uma ontologia do corpo, quer se manifeste por faculdades de apreensão sensível ou inteligível. Dentro desse escopo, um pensamento ou uma ação é tão corporal quanto um objeto. E essa corporeidade existe no interior da *duração* (o tempo estendido e qualitativo da existência), que se transfere como estabilidade temporal, durabilidade ou permanência para a instituição. Esta, por sua vez, acolhe a experiência individual da duração, protegendo-a da irrupção intempestiva dos acontecimentos.

Organização e dispositivo

Já anunciamos diferenças entre instituição e organização. Uma delas, de natureza filosófica, é feita por Sartre que, procurando apreender a gênese da instituição, concebe organização ou "grupo organizado" como um momento imediatamente anterior[73]. Sartre atribui à instituição um caráter contraditório, por ser ao mesmo tempo uma coisa inerte e uma prática transformadora. Mas a *organização*, que aqui opomos sociologicamente a instituição, define-se pela regulação de finalidades objetivas e comuns, porém voltadas para a produção de bens e serviços – portanto, circunscreve-se basicamente ao setor produtivo –, embora existam

---

73. Cf. SARTRE, J.-P. *Critique de la raison dialectique*. Paris: Gallimard, 1960, p. 687.

organizações voluntárias ou *associações* (sindicatos, partidos políticos, ONGs etc.) destinadas à defesa de interesses de grupos.

Diz Coutinho: "Gramsci percebeu que, sobretudo a partir de 1870, havia surgido uma nova esfera do ser social capitalista: o mundo das auto-organizações, do que ele chamou de 'aparelhos privados de hegemonia'. São os partidos de massa, os sindicatos, as diferentes associações, os movimentos sociais etc., tudo aquilo que resulta de uma crescente 'socialização da política'; ou seja, do ingresso na esfera pública de um número cada vez maior de novos sujeitos políticos, individuais e coletivos"[74]. Este é igualmente o caso de organizações multilaterais atuantes no cenário internacional (p. ex., a Organização das Nações Unidas, o Fundo Monetário Internacional e o Banco Mundial), com objetivos globais de segurança e de coordenação econômica.

A organização é também transindividual, mas diferentemente da instituição, ela surge de uma deliberação racional por parte de um indivíduo ou de um grupo, ao contrário da gênese espontânea ou comunitária da instituição, que se desenvolve no âmago orgânico do *elemento histórico* – instituições, relações de poder, processos de subjetivação. A organização articula-se prioritariamente em função do *poder fazer* (uma dimensão extrínseca, inversa à intrínseca, do saber) e não conduz à internalização de suas regras de funcionamento, tão só à sua aceitação contratual. Isso não significa que os dois modos regulatórios sejam totalmente separados ou que não contenham elementos comuns (p. ex., saber é também poder), como acontece com *negociação*, que é uma forma institucional de regulação social, mas adquire outra qualidade ao se expandir empresarialmente para todas as formas de vida em sociedade. A diferença sociológica se faz pela prevalência das características arro-

---

74. COUTINHO, C.N. *Contra a corrente* – Ensaios sobre democracia e socialismo. São Paulo: Cortez, 2000, p. 170.

ladas. Numa síntese simplificadora, pode-se dizer que a instituição se pauta pela maximização do comum, enquanto a organização-empresa busca maximizar a produção e o lucro. O princípio objetivo da organização é gerar valor econômico para o proprietário ou para o acionista.

A mídia hoje predominante no espaço público (*mainstream media* ou mídia corporativa) é organizacional em toda a variação de suas modalidades tecnológicas. Evidentemente, tem a sua especificidade, o que a torna diferente de outras organizações ativas no campo produtivo da vida social. Reconhece-se o funcionamento da mídia corporativa pela articulação entre técnicas e conteúdos relativos à informação pública, entretenimento e difusão cultural. É o mesmo que dizer "edição" *lato sensu*: a mídia edita, em condições produtivas estáveis (público, seriação temporal, negociações semióticas implícitas), materiais inerentes à dimensão simbólica; isto é, à dimensão em que primordialmente se dá a *subjetivação* dos seres humanos. Não se trata, portanto, do significado estritamente técnico de edição, mas da abrangência de um *dispositivo* em que se entrecruzam específicas relações de saber e de poder numa esfera de sentido separada dos processos tradicionais de institucionalização.

O termo "dispositivo" denota habitualmente uma ferramenta ou um apetrecho, mas nele repercute também o sentido profundo de *dispor*, que é ordenar ou fazer acontecer, o que lhe atribui um caráter performativo – no caso, a produção de um fluxo de convergências capaz de *enredar* semioticamente o sujeito. Nesse termo (reinterpretação filosófica de significações correntes no âmbito jurídico, tecnológico e militar) se unem características de instituição e de organização porque ele se presta conceitualmente tanto à imposição de formas (poder) quanto à interiorização de afetos (sentimentos, crenças, saberes). Foucault maneja "dispositivo" como um recurso estratégico de largo alcance para investigar a lógica do *elemento histórico* em sua concretude organizativa e subjetivadora, contornando a macrorracionalidade dos "universais" (entidades como Lei, Estado, Poder etc.).

A mídia é um dispositivo entre outros, alguns dos quais tão antigos quanto a história dos homens. Mas se pode resumi-la como um *dispositivo sociotécnico*, senão como uma forma tecnológica de apropriação dos mecanismos tradicionais de produção simbólica, sem fazer uso de instrumentos de Estado. Nela, os antigos ritos, narrativas e costumes característicos de comunidades particulares, assim como instrumentais para o regime de visibilidade/invisibilidade adotado pelas classes hegemônicas, são parcial e progressivamente substituídos por um universo semiótico cada vez mais concentracionário e controlado pelas formas midiáticas da *esfera pública*. Formas históricas de subjetivação são abaladas pela força de "dessubjetivação" do dispositivo.

Aí se *institui* sob a égide da organização (industrial, comercial) o que a sociologia reconhece como *campo cultural*, um espaço de produção e distribuição de produtos culturais, mas também de cenários de luta pelo domínio simbólico; isto é, pelo poder de impor representações, estilos de vida e perspectivas, conferindo visibilidade pública a determinadas frações de classe social. A expressão canônica *indústria cultural*, proposta pela Escola de Frankfurt (Adorno e Horkheimer), corresponde à noção de um monopólio transnacional desse campo por parte de organizações cada vez mais simbióticas ou transparentes a instituições tradicionais, porém afastadas do âmbito de quaisquer transitividades culturais entre povo e nação, eventualmente presentes em mobilizações do que se poderia chamar de "cultura nacional-popular".

Muito antes de Adorno, em pleno século XIX, o escritor Gustave Flaubert lançara a expressão "cultura industrial" (no romance *Bouvard e Pécuchet*) para referir-se com espírito crítico à cultura intransitiva dos manuais. Mas a indústria cultural concebida pela Escola de Frankfurt já era o desenho incipiente de uma cartografia globalizada da cultura. A realidade descrita meio século atrás por essa expressão referia-se à ponta mais visível de um *iceberg* (televisão, cinema, rádio, revistas, discos etc.), cuja sombra pairava sobre o núcleo erudito da cultura, ao passo que a midiatização corresponde a tudo isso, com o acréscimo da parte pouco visível da infraestrutura digital, basicamente numérica. As imagens (em sentido lato, não apenas visual) produzidas pela mídia passaram a canalizar as representações individuais, gerando efeitos sociais e políticos; em última análise, criando ideologicamente outro tipo de *comum*.

Evidentemente, uma separação (epistemológica) entre instituição e organização corre o risco de insularidade conceitual, quando se leva em consideração que uma e outra podem se confundir na prática das relações societárias. Um primeiro nível de confusão registra-se quando, em determinados países, setores da economia são propriedade do Estado e, embora empresarialmente organizados, pautam-se pela utilidade pública em vez de fins puramente lucrativos. Por outro lado, determinadas grandes empresas podem atuar no mercado de trabalho como pseudoinstituições, senão investir-se de funções institucionais (desenvolvimento social, educação de mão de obra, responsabilidade ambiental etc.).

Um pensador e militante político como Badiou, por exemplo, não faz essa distinção conceitual em suas reflexões sobre o fenômeno político: "Na política, há sempre três elementos. De início, há as pessoas, aquilo que elas fazem, o que pensam, o conjunto de suas atividades concretas, o conjunto da vida popular. Em segundo lugar, há as organizações. Organizações que tentam formular perspectivas coletivas: os sindicatos, as associações de bairro, os grupos, os comitês, finalmente, os partidos políticos. Em terceiro lugar, há os órgãos do poder de Estado, os órgãos constitucionais e oficiais do poder: as assembleias legislativas, o poder do presidente, do governo, e o conjunto dos poderes locais. Podemos dizer que toda a política será uma articulação desses três elementos"[75].

Como se pode ver, o autor francês parece assimilar instituição a organização, o que pode não ter maiores consequências no plano da teoria clássica do Estado, mas que adquire valor estratégico quando se trata de refletir sobre o dispositivo sociotécnico denominado "mídia" e suas irradiações no "elemento histórico" da sociedade movida a mercado financeiro e tecnologia avançada.

Ainda hoje, é pouco cômodo explicitar o que se quer dizer exatamente com "mídia", uma noção que ultrapassa a simples materialidade técnica dos diversos meios de comunicação. Daí, o valor explicativo do termo *dispositivo* como uma resultante do cruzamento das relações de poder e de saber no quadro problemático do que Foucault chama de "governamentalidade" ou *governo dos homens*: "Trata-se de um conjunto heterogêneo que inclui virtualmente qualquer coisa, seja discursiva ou não: discursos, instituições, edifícios, leis, medidas de polícia, proposições filosóficas. Tomado em si mesmo, *dispositivo é a rede* que se estabelece entre esses elementos. O dispositivo tem uma função estratégica concreta e sempre se inscreve numa relação de poder"[76].

É a mesma posição de Aganbem: "Eu chamo dispositivo tudo aquilo que, de uma maneira ou de outra, tem a capacidade de capturar, orientar, determinar, interceptar, modelar, controlar e assegurar os gestos, as condutas, as opiniões e os discursos dos seres vivos"[77]. O telefone fixo é um mero instrumento técnico, mas o telefone celular, por sua potência *reticular* de modelagem e interceptação, é um

---

75. BADIOU, A. *Política*: partido, representação e sufrágio. Belo Horizonte: Projeto, 1995, p. 19.
76. Cf. AGANBEM, G. *Qu'est-ce qu'un dispositif?* Op. cit., p. 10-11.
77. Ibid.

dispositivo. Essa distinção é politicamente importante, uma vez que a prodigiosa disseminação dos celulares no mundo de hoje é apregoada pelo *marketing* empresarial como uma prova de democracia do mercado, quando na verdade o consumidor usufrui tão só do instrumento técnico, permanecendo à margem do dispositivo, que é o controle organizacional da rede.

Nestes termos, são muitos os dispositivos atuantes na complexa sociedade hierárquica da contemporaneidade. Assim, definir a mídia é entendê-la – para além da função técnica de edição de conteúdos – como uma "rede" administrativa de práticas, no limite, como uma economia e uma política organizacionais com estratégias particulares acima das antigas estruturas igualitárias, das aspirações democráticas e do comum biológico. "Acima do comum biológico" significa aqui estar inserido num outro *bios* (midiático, virtual), que é de fato uma esfera existencial *separada* da "vida nua" pela disseminação tecnológica do dispositivo na forma de objetos de consumo de toda espécie.

A separação também *aumenta* tecnologicamente a reflexividade institucional da realidade vivida, mas com uma *torção topológica* (uma dobra no espaço cotidiano) que acaba produzindo outro tipo de "comum", afim ao dispositivo. Esse outro, que nomeamos como *bios virtual*, procura neutralizar ou dissolver a comunidade humana, *absolutizando-se*; isto é, constituindo uma esfera entregue a si mesma pela lógica dos dispositivos, sem relações reais ou históricas com a original institucionalização comunitária. Em outros termos, essa esfera tende à "desinstitucionalização", que favorece a fragmentação do comum histórico, mantendo intacto o poder da organização tecnoindustrial.

Em "dispositivo" ressoa etimologicamente a "dis-posição" tecnomercadológica do homem como um *ser-posto-pela-compra* ou pela encomenda. De fato, dispositivo de *dominação sensorial e simbólica*, a mídia não oculta o seu compromisso com o espírito objetivo da ordem mercantil, deixando à mostra as suas estratégias de identificar, marcar e fixar em seus lugares os sujeitos do consumo, cada vez mais dispersos e fragmentários em suas identidades. O comum do homem (o que há de orgânico, vivo e ativo na vida comunitária) passa a ser produzido por tecnologias de distribuição de informação (computação, telecomunicações e mídia) num espaço sem território; isto é, sem a predominância de marcações humanas ou simbólicas, uma vez que a ênfase é posta na eficiência econômica ou organizacional.

Mas isso não é o diagnóstico fatalista de uma catástrofe social. É certo que, por um lado, há posições como a do pensador e militante italiano político Antonio Negri, preocupado com os desdobramentos sutis das formas de dominação da força de trabalho e apoiado na teoria do valor para indagar-se como a expressão do trabalho vivo ou corporal do sujeito (a produção do valor) deixa aflorar a sua constituição mental e afetiva. Para Negri, na passagem da produção fordista ao pós-fordismo, quando o *império* se define como forma política do mercado mundial, emerge uma nova experiência de exploração do homem, na qual o sujeito "não é mais um corpo que pode ser posto a trabalhar, não é mais uma alma que pode viver independentemente de valores e paixões. Dessa vez é a alma que é posta a trabalhar, e o corpo, a máquina são seu suporte"[78]. Ou seja, no período pós-fordista ou "pós-moderno", emergem formas novas de sujeição, distantes do poder de Estado e diretamente conectadas às organizações múltiplas da produção capitalista[79].

Um outro lado dessa questão, de como a expressão do trabalho vivo se torna indissociável da cultura, é apresentado por Gorz, também

---

78. Negri e Hardt inspiram-se aí na expressão "gerentes da alma", cunhada pelo psicanalista Jacques Lacan.

79. Cf. NEGRI, A. & HARDT, M. *Império*. Rio de Janerio: Record, 2012.

pensador e militante político: "A informatização revalorizou as formas de saber que não são substituíveis, que não são formalizáveis: o saber da experiência, o discernimento, a capacidade de coordenação, de auto-organização e de comunicação. Em poucas palavras, formas de um saber vivo adquirido no trânsito cotidiano, que pertencem à cultura do cotidiano"[80]. Ele complementa: "Os trabalhadores pós-fordistas devem entrar no processo de produção com toda a bagagem cultural que eles adquiriram nos jogos, nos esportes de equipe, nas lutas, disputas, nas atividades musicais, teatrais etc. Nessas atividades fora do trabalho são desenvolvidas sua vivacidade, sua capacidade de improvisação, de cooperação. É seu saber vernacular que a empresa pós-fordista põe para trabalhar e explora"[81]. Só que, um pouco além do pensado por Gorz, ocorre também uma autoexploração do sujeito na forma das autoexigências que se fazem para corresponder aos padrões tecnonarcísicos desse novo padrão de governo de si.

Esse tipo de incorporação de saberes já havia sido detectado, com outro viés, por Bourdieu, ao buscar construir uma espécie de economia geral das práticas de classe social que envolve diferentes modalidades de capital, *habitus* (esquema gerador de práticas sociais, conceito central na obra de Bourdieu), campo (espaço social, lugar diferenciado das práticas) e poder. Descreve o sociólogo como na dinâmica classista se dá a apropriação do que ele chama de "capitais", especialmente os *capitais culturais*, entendidos como incorporações materiais e imateriais por parte dos agentes sociais[82]. Nesta perspectiva, esses capitais, alinhados aos econômicos, sociais e simbólicos, sempre foram

---

80. GORZ, A. *O imaterial*: conhecimento, valor e capital. São Paulo: Annablume, 2005, p. 9.

81. Ibid., p.19.

82. Cf. BOURDIEU, P. *A distinção* – Crítica social do julgamento. São Paulo: Edusp, 2007.

objeto de disputa por parte dos agentes ou dos grupos constitutivos das classes sociais.

Confrontadas à de Bourdieu, perspectivas como a de Negri ou de Gorz focalizam a incorporação cultural como uma forma nova no campo específico da produção. Em outros termos, a cultura responde agora pela principal força de trabalho. Mais precisamente, é uma reinterpretação da noção clássica de cultura, com a ética específica da autoajuda, agora voltada para a formação de *capital humano*. Para tanto concorre politicamente o que Laval e Dardot designam como "a grande inovação da tecnologia neoliberal"; isto é, o vínculo direto entre a maneira como um homem "é governado" e a maneira como ele próprio "se governa".

Trata-se do homem como empresa de si mesmo; ou seja, "a ideia de que cada indivíduo pode ter domínio sobre sua vida: conduzi-la, geri-la e controlá-la em função de seus desejos e necessidades, elaborando estratégias adequadas"[83]. Existencialmente, a relação fundamental não se dá entre esse indivíduo e outro, e sim na posição que ele, sozinho, ocupa no espaço; daí a crescente importância das tecnologias que o "georreferencializam", empoderando-o como centro coordenador de si mesmo na diversidade dos lugares físicos. No limite, porém, é o si mesmo enquanto organização/empresa que demanda valores e princípios "culturais" como energia, iniciativa, ambição etc. Para Laval e Dardot, "os novos paradigmas que englobam tanto o mercado de trabalho como o da educação e da formação, 'formação por toda a vida (*long life training*)' e 'empregabilidade' são modalidades estratégicas significativas"[84].

---

83. LAVAL, C. & DARDOT, P. *Común* – Ensayo sobre la revolución en el siglo XXI. Op. cit., p. 333. Os autores estão citando AUBREY, B. *L'entreprise de soi*. Paris: Flammarion, 2000, p. 11.

84. Ibid., p. 333.

Não são fenômenos explicáveis à luz de categorias como a exploração do homem ou de sua alma pela exterioridade de um valor de troca conscientemente administrado pela entidade que resumimos como "finanças" enquanto posição hegemônica na atual organização capitalista do mundo. Entidades dessa ordem (a exemplo de "burguesia" ou de "capital") não são meros efeitos extensivos de uma ordem socioeconômica que os imporia como estratégias de força. Elas decorrem, antes, de uma racionalidade inscrita em dispositivos e práticas, que pode ser chamada de "liberalismo moderno", "neoliberalismo" ou qualquer outra designação compatível com as novas formas de gestão da riqueza ou novas formas de "razão do mundo". A empresa de si mesmo é uma entidade espiritual racionalizada. Essa racionalidade permeia modelos organizacionais e práticas institucionais, caminhando no sentido da redução da latitude institucional às fórmulas da organização econômica; ou seja, empresariais. Daí a pertinência, para nós, da distinção conceitual entre práticas institucionais e práticas organizacional-empresariais.

É que, nesse posicionamento, entrevê-se um lado aberto à criação institucional no meio da sociedade civil. Desse modo, colocar o *comum* no centro aglutinador da instituição nos parece acentuar a dimensão ética e política de uma relação social relativa à esfera das coisas exteriores à lógica da apropriação mercantil, meramente economicista, em que as coisas ou os bens, necessariamente dependentes de uma relação de troca, não se instituem na condição de "comuns". O *comum* é o horizonte inscrito no âmbito da sociedade civil tal como estamos conceituando, porque, sem rejeitar o desafio lançado pelas novas tecnologias da comunicação às formas clássicas de gestão do capital, acena com possibilidades de controle da economia de rede (relações de troca compartilhada) por parte de segmentos populacionais diversificados, em oposição ao monopólio tendencial exercido por empresas direta ou indiretamente ligadas ao incremento tecnológico.

Além disso, a distinção entre instituição e organização presta-se hoje a um maior esclarecimento sobre a natureza da sociedade "midiatizada", que se desenha como um passo adiante na produção dos modelos difusionistas da indústria cultural, na medida em que o incremento gigantesco da comunicação eletrônica afeta *por convergência tecnológica e semiótica* as representações culturais do tempo e do espaço, influindo *ecologicamente* nas experiências institucionais de vinculação e de interação sociais. A convergência dos fluxos tecnossociais parece não deixar mais dúvidas quanto à existência de um ecossistema midiático colado à experiência da cotidianidade, pautando ou permeando atitudes e comportamentos.

Uma síntese social

Já é significativa a bibliografia relativa a essa perspectiva. Entretanto, agora não mais se pode restringir o tópico da midiatização, apesar do nome, à organização de sistemas de *mainstream mídia*, conforme transparece na perspectiva "midiacêntrica" (acentuada pela noção crítica de indústria cultural), que pretende explicar de modo tecnodeterminista toda a realidade pela ação dos meios informativos (jornais, rádio, televisão e internet), cristalizando os processos sociais em pontos tecnologicamente fixos e desconsiderando os intervalos e as derivações de sentido no interior de um contexto cultural mais amplo, ainda que esse se configure como espaço de crise das formas tradicionais de sociabilidade.

Estamos, assim, lidando com um *conceito*, análogo ao concebido por Sohn-Rethel como uma "síntese social". Midiatização descreve sinteticamente o funcionamento articulado das tradicionais instituições sociais e dos indivíduos com as organizações de mídia responsáveis pelo "mar eletrônico" onde já estamos nadando, conforme a anedota do sapo, sem que ainda tenhamos materiais reflexivos adequados à compreensão das pequenas e grandes mudanças de temperatura social. Esse conceito, a *midiatização*, tem maior alcance do que a mera descrição técnica dos dispositivos informativos, por mais notórios que estes sejam no processo industrial generalizado de distribuição da informação. Midiatização é um nome, provisório no limite, para a transição tecnológica que caracteriza as formas tradicionais de organização e instituição.

Infere-se que midiatização não é metáfora para uma totalidade substancial (uma espécie de metaestrutura composta por *sistemas de mídia*, supostamente autônomos e autoajustáveis), passível de descrição realista por pesquisadores empíricos, como talvez possam dar a entender os arrazoados funcionalistas de origem tanto sociológica quanto cibernética. Até mesmo nas grandes tecnodemocracias ocidentais (Estados Unidos, Inglaterra, França, Alemanha etc.), onde a mídia constrói uma ampla realidade segunda ou paralela, não se pode falar da diversidade de meios (jornais, revistas, rádios, televisão e internet) como um todo coerente e autonomamente sistêmico, e sim como uma organicidade intelectual dos dispositivos de informação sem centro diretor.

Evidentemente, as instituições sempre se relacionaram com organizações, embora dando margem à diferença entre as funções mediadoras (institucionais) e as produtivas (organizacionais). Mas a midiatização tende a competir com as mediações tradicionais, porque implica um processo de mudanças qualitativas em termos de configuração social por efeito da articulação da tecnologia eletrônica com a vida humana, cuja superfície é a *imagem*, a ser entendida *lato sensu* como *visualidade* e como *imaginário sociocultural*. Diz Abril: "O *mundo-imagem* é a superfície da globalização. A *imagem-superfície* é toda a nossa possível experiência comum, porque não compartilhamos o mundo de outro modo. O objetivo não é alcançar o que está debaixo da superfície da imagem, mas ampliá-la, enriquecê-la, dar-lhe definição, tempo. Neste ponto, emerge uma nova cultura"[85].

Uma comparação simplificadora: na mediação institucional, uma imagem é algo que se interpõe entre o indivíduo e o mundo para construir o conhecimento; na midiatização, desaparece a ontologia substancialista dessa correlação, e o indivíduo (ou o mundo) converte-se, ele próprio, em imagem gerida por um código tecnológico. Nesta nova chave conversora do real em realidade compatível com a lógica organizacional (no limite, o mercado como uma nova teodiceia), a própria ideia de mediação se enfraquece. Sintoma claro desse fenômeno é a progressiva expropriação de funções institucionais pela ação organizacional, como se verifica, por exemplo, no caso de um partido político criado por empresários da informação ou então de partidos que apenas giram burocraticamente em torno de seus próprios interesses orçamentários sem quaisquer veleidades representativas.

Em amplos termos organizacionais, o fenômeno gira ao redor da indústria do século XXI: a tecnologia da informação, a partir da qual o substrato real do fenômeno pode ser designado como *inteligência artificial*. Esta última expressão – hoje, atualizada como *machine learning* – serve para caracterizar o que alguns designam como "a quarta revolução industrial"[86], definida pela combinação da inteligência de robôs com seres humanos. Para a adequada compreensão dessa interface homem-máquina, dois termos impõem-se: *algoritmo* e *conectividade*. Algoritmo é um processo iterativo e finito (um conjunto de regras lógicas) destinado à resolução de problemas ou à execução de tarefas;

---

85. ABRIL, G. *Cultura visual de la semiótica a la política*. Madri: Plaza y Valdés, 2013, p. 165.
86. A primeira revolução industrial foi a das máquinas de tear e a vapor; a segunda, a da eletricidade; a terceira, a da tecnologia eletrônica ou computacional.

conectividade é o acesso instantâneo tanto a pessoas quanto a objetos. São termos técnicos, mas também bandeiras de uma nova utopia, que se manifesta no discurso dos especialistas em computação como a de "um mundo inteligente, conectado e seguro". Não se trata, portanto, de progresso técnico *stricto sensu*, mas de *tecnologia* em sentido amplo como possibilidade de transformação de indústrias, de produção de novos modelos de negócios e, mesmo, de subjetividades.

O discurso crítico a todo esse processo costuma visar os predicamentos de uma globalização financeira avessa à realidade existencial das populações e teleguiada pelos imperativos do capital-mundo. Nessa crítica, comunicação não seria a pura e simples materialidade tecnológica de máquinas e redes como, aliás, ressoa na indagação de Wolton: "Por que fazer circular, cada vez mais depressa, um número cada vez maior de informações? Por que jamais se diz que em nível mundial o principal beneficiário dessa aceleração do tempo pelos sistemas de informação foi, em vinte anos, a criação e expansão dessa enorme bolha financeira especulativa que perturba de forma regular e selvagem todas as tentativas de cooperação econômica?"[87]

Ou seja, a evolução da *rede* eletrônica não é mero aspecto técnico (aumento de velocidade para a telefonia, maior definição de imagens etc.), e sim uma espécie de *ponto de viragem* organizacional em que o fluxo de dados em tempo real para a realidade virtual enseja uma ordem social de conexões perfeitas entre entidades humanas ou não. A própria metrópole de hoje tende à configuração espacializante da rede, como propõe Hénaff em seus modos de representação da cidade: "(a) como *mundo* ou *monumento*: 'um vasto conjunto edificado, ou, mais ainda, uma totalidade arquitetônica que se pretende imagem do mundo', composta globalmente por muralha, castelo e igrejas; (b) como *máquina* de

---

87. WOLTON, D. *Sobre la comunicación*. Madri: Acento, 1999, p. 285.

produção, organização e transformação e (c) como *rede* com seus dispositivos de circulação e fluxos de energia"[88].

Na midiatização, os aspectos de rede são os mais conspícuos, ainda que não se concretizem materialmente em toda a sua latitude. A midiatização é basicamente um fenômeno discursivo, tal e qual se explicita no conceito foucaultiano de *discurso* como sistema de representação[89]. Ou seja, não um conceito puramente linguístico, mas um conjunto de regras e práticas geradoras de sentido e capazes de modelar ou influenciar as ações sociais. Nessa visão, o discurso não apenas preside a determinados modos de abordar e falar de um assunto, como também bloqueia outros modos. Significados e práticas se constroem no interior de uma estratégia ou de um padrão institucional designável como *formação discursiva*. No interior dessa formação, as práticas comunicativas tecnologicamente formatadas congregam retóricas e rotinas institucionais para reprogramar a cidadania por um horizonte de "necessidades" puramente individuais, o que equivale a redefinir o cidadão como consumidor.

Assim, o que designamos como "midiatização" é uma elaboração conceitual constante de uma formação discursiva que constrói a representação da realidade econômica, social e urbana como um objeto de conhecimento específico, vetorizado pela comunicação. Isso não significa que essa realidade seja apenas um fato de discurso, sem referência no mundo, uma vez que os dispositivos comunicacionais apresentam uma materialidade real e sensível. Mas implica que o sentido dessa configuração social é discursivamente produzido. Quanto aos dispositivos, confirma-se tecnologicamente a sua natureza de *rede* – com predomi-

---

88. HÉNAFF, M. *La ville qui vient*. Paris: De L'Herne, 2008, p. 12.

89. Cf. FOUCAULT, M. *A arqueologia do saber*. Rio de Janeiro: Forense Universitária, 2012.

nância das técnicas digitais sobre as analógicas. Esta característica afeta a estrutura organizacional subsumida no conceito de *mídia*.

Por um lado, a digitalização reticular permite derivações das formas corporativas e centralizadas de mídia (os tradicionais "meios de comunicação") na direção de *plataformas digitais*, que podem constituir-se como pequenas empresas de baixo custo ou de natureza cooperativa. Por outro lado, ao se tornar evidente que a estrutura presente e futura do mercado está assentada na concentração de dados combinada com a inteligência artificial, percebe-se como tecnologia digital e economia de dados pavimentam o caminho da apropriação de instituições sociais por organizações de indústria. Um dispositivo paradigmático como a internet é capaz de expor a obsolescência dos aparatos materiais de determinadas instituições como a educação, a religião e outras, assimilando virtualmente escolas, bibliotecas, museus e, mesmo, igrejas. Diluem-se na rede as fronteiras institucionais no sentido de sua captação pelos circuitos ilimitados dos fluxos cibernéticos.

A isso não escapam sequer os aspectos institucionais do trabalho. Veja-se a Uber, uma empresa transnacional que redefine formas de trabalho locais e fórmulas institucionais estabelecidas sob a égide da economia de dados. Uma organização desse gênero é essencialmente *mídia lato sensu*, quer dizer, não uma ferramenta de edição corporativa, mas a apropriação capitalista da forma institucional da cooperativa por meio de uma *imagem de capital fixo* (já que os equipamentos de transporte não pertencem à empresa), com lucros reais e sem relações trabalhistas; portanto, uma derivação de capital financeiro e tecnologia que captura, ao modo de uma máquina ou de um dispositivo midiático, aspectos tradicionais e concretos do trabalho. É, assim, possível pensar na "uberização" (ou qualquer outro nome que se queira dar ao fenômeno) como a conversão das clássicas relações de trabalho a relações puramente empresariais.

Esse é o quadro amplo da midiatização, uma elaboração conceitual destinada a dar conta da intensificação tecnológica dos dispositivos, uma nova instância de orientação da realidade capaz de permear as relações sociais por meio da mídia e constituindo, mediante o desenvolvimento acelerado dos processos de convergência midiática, uma forma virtual ou simulativa de vida, a que damos o nome de *bios* midiático (ou *bios* virtual)[90]. É admissível a hipótese de que essa instância, sustentada pela inteligência artificial, provoque ao mesmo tempo a dispersão das formas de inteligência institucionalmente montadas pela sociabilidade tradicional.

Um exemplo de mudança de orientação da realidade pode ser encontrado na esfera do senso comum ou *bom-senso* ("a coisa mais bem compartilhada no mundo", segundo Descartes) enquanto caminho argumentativo fortemente presente nas instituições. Está implícita na formação do senso comum uma despercebida negociação argumentativa, que serve de equilíbrio contra os excessos da polarização ideológica (intransigência, extremismo) e fortalece o consenso liberal-democrático. Essa negociação, em que fatos e crenças se aliam retoricamente sob o signo da racionalidade hegemônica, é o fácil recurso imediato para se justificar qualquer pretensa verdade, principalmente em sua força conservadora.

Essa é igualmente a matéria-prima do jornalismo liberal. Para Barthes, "o senso comum é como o cão de guarda das equações pequeno-burguesas: ele fecha todas as saídas dialéticas, define um mundo homogêneo, onde cada um se sente em casa, ao abrigo das perturbações e das fugas do 'sonho' (entenda-se: uma visão contábil das coisas)"[91].

---

90. Cf. SODRÉ, M. *Antropológica do espelho* – Uma teoria da comunicação linear e em rede. Petrópolis: Vozes, 2002.

91. BARTHES, R. *Mythologies*. Paris: Seuil, 1957.

Isso sempre se passou, por meio da difusão de lugares-comuns, nas formas tradicionais de representação e orientação da realidade. Já desde os começos da tecnodemocracia e da sociedade de consumo ocidental, impôs-se o lugar-comum da quantidade como instrumento argumentativo. Não apenas nas organizações mercantis, mas também nas políticas, as pesquisas de opinião e os índices de escuta confluíam para a conformação ideológica das massas a esse racionalismo democratista produzido pelo consenso numérico.

O adjetivo "contábil" é adequado, mas ainda metafórico. A mudança em curso consiste na concretização tecnológica de procedimentos dessa natureza por meio da digitalização. Convém, assim, atualizar a expressão "visão contábil" com *visão algorítmica* ou digital: O que antes se chamava de *senso* comum, manifestado na *doxa* popular ou na opinião pública, provém agora de arquivos eletrônicos (como a Wikidata), redistribuidores de dados por meio de ferramentas diversas. É a informação contextualizada pelos usuários ou buscadores que se torna senso comum, mas hoje com aparência de maior objetividade, porque incrementaria "democraticamente" as trocas racionais entre os sujeitos da comunicação.

Com o disfarce da garantia de univocidade sistemática das linguagens de programação, regidas por uma sintaxe sociocomunicativa de links – o que teoricamente evitaria a ambiguidade da linguagem comum –, o algoritmo fornece o lastro ideológico para o *bios virtual,* característico da sociedade midiatizada. No interior desse *bios*, a própria ideia de mídia pode disfarçar-se de pura e simples "tecnologia distributiva", como procura às vezes sustentar a empresa Facebook, visando a isentar-se da responsabilidade jurídica pelo que é ou não divulgado em suas páginas. Este argumento – que restringe o entendimento de mídia à mera "edição" articuladora de forma técnica e conteúdo linguístico – não consegue ocultar, entretanto, a evidência "midiatizante" de um dispositivo cuja linguagem estruturante é o algoritmo.

Isso sugere às novas modalidades mercadológicas uma espécie de "exnominação" de suas reais atividades (transportes, hotelaria etc.), ao convergirem para "tecnologia" como designação genérica. Por exemplo, um "serviço" como o Facebook (na realidade, uma "empresa-rede" com dois bilhões de usuários mensais) não seria propriamente "mídia", no sentido estrito de veículo de comunicação, mas *aparentemente* uma plataforma técnica para facilitar o encontro de pessoas. O "aparente", no caso, justifica-se pelo fato de que a designação do serviço como "rede social" encobre a prática de um poderoso sistema de vigilância algorítmica dos usuários/expectadores dos conteúdos postos em rede, com o objetivo de direcioná-los para anúncios publicitários.

"Plataforma" é a *exnominação* da real atividade publicitária que, apoiada na tecnologia digital, eleva o alcance do anúncio comercial a uma escala inédita na história das técnicas de propaganda, sejam políticas ou comerciais. Essa escala torna o funcionamento dos mercados progressivamente algorítmico, com possibilidades de impactar direta e individualmente os consumidores, prévia e secretamente identificados por perfis computacionais. É lugar-comum entre os estrategistas de mercado a noção de que o computador pode saber mais de um indivíduo do que ele próprio sobre si mesmo.

Na verdade, não se trata da máquina em si mesma, mas do refinamento cognitivo decorrente de processamento e armazenamento de dados, canalizado para a aplicação técnica do *neuromarketing*. O nome corrente para todo esse processo é *Big Data*; isto é, os dados brutos analisados por algoritmos para a detecção de regularidades – por exemplo, nas máquinas, nos índices econômicos ou no comportamento dos consumidores. Dessas regularidades se inferem automaticamente regras preditivas: o futuro prolonga o passado, abrindo fascinantes perspectivas técnicas.

O nome cinematográfico para essa intensificação dos dispositivos de tratamento de dados e de amplificação das correlações técnicas foi *matrix*, uma clara fantasia ao estilo da *science-fiction* apoiada na ideia de uma realidade paralela em que a corporeidade se constitui eletronicamente. Já no primeiro terço do século XX, podiam-se registrar experiências estéticas (p. ex., no cinema de Sergei Eisenstein) em que o discurso audiovisual visava a corporeidade, procurando intervir no sensório. Isso foi largamente amplificado pela publicidade comercial posterior. A publicidade continua por trás de tudo, mas agora é ainda maior o escopo: uma ambiência paralela, constituída pela presença inteligente e invisível das novas tecnologias (propriamente midiáticas) se superporia às coordenadas clássicas de espaço-tempo. De fato, nenhuma coordenada espaçotemporal fixa pode ser atribuída a essa forma de experiência do real, cujas especificidades são o nomadismo e a interatividade. Do reconhecimento de uma instância desta natureza propiciada pela internet das coisas e por dados maciços generalizados provém a ideia de se pesquisar uma "ecologia da mídia" no contexto científico da comunicação[92].

Uma nova ecologia

Em outro contexto registram-se pesquisas sobre os efeitos evolutivos da crescente urbanização do mundo sobre animais e plantas que vivem tanto dentro quanto fora das cidades, acelerando determinadas mutações adaptativas – alterações fenotípicas como o tamanho, o desenvolvimento e o comportamento – em diversos organismos vegetais

---

92. Foi fundada em 1998, nos Estados Unidos, a Media Ecology Association.

e animais. O desenvolvimento urbano está relacionado a traços hereditários que afetam o funcionamento dos ecossistemas, com implicações para o bem-estar ecológico e humano. Novos vetores aparecem com a introdução de inovadoras tecnologias limpas, desde a geração de energia verde com baixa emissão de carbono até as chamadas "redes inteligentes" de distribuição de energia (*smart grids*).

A mesma questão pode ser levantada para com a midiatização ou *bios virtual*, que consiste realmente num tipo de ecossistema tecnológico, com formas novas de adaptabilidade às ferramentas técnicas e com a produção de efeitos sobre o sistema límbico dos seres humanos. Esta é uma sugestão já velha de meio século, concebida principalmente como uma "ecologia do pensamento", que se assentaria na circulação tecnológica de ideias. Hoje não mais se trata principalmente de ideias nem de opiniões ("materiais" semióticos característicos da democracia representativa), e sim de emoções e sensações adequadas às imagens velozes do trânsito eletrônico e aos imperativos do comércio de todos os tipos de bens postos em circulação no mercado.

Sugere-se, em termos práticos, a vigência de um *mindspace*, que é o foco sensível das atenções comercialmente disputadas pelos diferentes dispositivos de inteligência artificial no interior da sociedade midiatizada. Esse foco pode desdobrar-se em *bolhas* perceptivas, vazias de ideias ou de conteúdos cognitivamente articulados (assim como uma *bolha* financeira se isenta de reais cauções econômicas), porém plenas de *carga afetiva*. Aliás, a mesma "carga" ou investimento afetivo define os estereótipos e os *slogans* atuantes no campo da propaganda política ou comercial, poderosos em sua impermeabilidade à diferença.

É imperativo frisar que aí não se trata de afeto como designação para relações e realizações não computáveis – portanto, da capacidade de sentir, de amar, de viver com o próprio corpo –, e sim da rede afetiva (desejante, liberada, comunicativa) posta a serviço da ordem capitalista global. Não mais se trata, portanto, de desejo como negação do ascetismo moral capitalista, mas de desejo como motor do desenvolvimento tecnológico. *Machine learning* é o nome genérico para a tecnologia de compreensão e captação dos desejos do usuário.

Nessa ordem de coisas revela-se imperativo conceber uma *ecologia do sensório*, entendendo-se isso como o complexo das percepções e dos afetos corporais inerentes ao *ethos* (costumes e atmosfera afetiva) de um determinado grupo social. Claro, isso sempre se fez presente nas instituições tradicionais como um fundo comum de signos, ritos e gestos numa sociabilidade interativa, que funciona por meio do mimetismo: são os aspectos "técnicos" da corporeidade dos agentes sociais, que podem ser tanto inconscientes quanto intencionais e formalizados, muitas vezes objeto de uma aprendizagem direta. A esses aspectos se agregam as emoções e os sentimentos, tributários de uma comunicabilidade impalpável e mais ligada à história pessoal do indivíduo.

Mas na midiatização aflora a face tecnológica dessa configuração ecológica, em que se desenvolveriam novas formas de existência e em que a própria realidade circundante, inclusive em seus aspectos afetivos, pode ser "aumentada" por aplicativos técnicos. A dimensão do sensório envolve o *sistema límbico* (estruturas cerebrais responsáveis pela integração de informações sensitivo-sensoriais com o psiquismo) dos indivíduos, regulando comportamentos emocionais, sexuais e até mesmo religiosos[93]. No cérebro, as decisões mais rápidas são as

---

93. O fenômeno de disseminação das seitas fundamentalistas ou integristas tem como pano de fundo uma ecologia mental perpassada pela lógica financeira implícita na "teologia da prosperidade". Toda religião compõe-se de fé individual e de cultura, sua parte coletiva. Esta última pode hipertrofiar-se, afetando ou neutralizando a primeira como se fosse o mero protocolo de adesão a dogmas. Isso aconteceu no passado – vale recordar as próprias advertências bíblicas (Mateus e Lucas) a propósito do Deus mamom ou dinheiro – e se repete hoje na profundidade da natureza "organizativa"

emocionais, o que faz do sistema límbico o foco neurológico adequado a um ordenamento sociotecnológico orientado pela velocidade da circulação de fluxos de natureza diversa, desde os financeiros até os informacionais, com potencial para afetação ecológica das formas de vida. Esse ordenamento – homólogo tanto à estrutura psicológica do vício quanto ao discurso da psicologia comportamental – provém da própria tecnologia, é aquilo que especialistas costumam designar como *persuasive tech*; ou seja, o poder indutivo de uma ecologia eletronicamente programada[94].

O "ecologismo" é tão só uma *tendência* à formação de um todo capaz de reconciliar o conceitual e o sensorial, prevenindo contra as disputas de natureza política, evidentes e potenciais quando se consideram os eventuais êxitos financeiros da sociedade midiatizada (bolsa de valores em alta, equilíbrio fiscal, lucros bancários etc.) em franco

---

da comunicação, capaz de recobrir o próprio sentido da crença por um sistema de "fé", em nada diferente da fé suscitada no passado pelo fascismo ou pelo stalinismo. Algo como "religião sem religião": não mais fervor religioso, mas um agregado de estímulos oriundos de *marketing* empresarial, literatura de autoajuda e doutrinação pseudocientífica relativa tanto à aquisição de riquezas como à gerência da vida pessoal; tudo isso garantido ou respaldado por um protocolo, o culto, administrado por um pregador. Ao olhar desatento, isso poderia figurar uma "cultura" nova, de natureza eminentemente popular, na qual se restaura a força da palavra. Na realidade se trata do sequestro da fala pela mobilização neural (dopamínica) e doutrinária da consciência. Um exemplo dessa doutrinação é fornecido pela "técnica de controle mental", supostamente derivada de algo chamado "psiconeurociência", que afirma: "A riqueza está em seis centros do nosso cérebro. Devemos desativar um, o centro do medo, e incentivar os outros cinco – aqueles relacionados a recompensa, memória, equilíbrio, lucidez e o da conexão da glândula pineal, que nos ajuda a encontrar respostas mais rápidas" (SCHWARK, R. [psicóloga]. In: *O Globo*, 26/07/2017). Em termos políticos, essa técnica pseudocientífica procura confirmar o ultrapasse da reflexão argumentativa pela velocidade emotiva dos circuitos neurais.

94. Nessa mesma configuração social já se criam empresas destinadas a pesquisar "antídotos" para o controle eletrônico. É o caso da Dopamine Labs (empresa norte-americana fundada por dois neurocientistas convertidos em programadores), assim chamada em referência à dopamina, substância química neurotransmissora que estimula no cérebro os comportamentos motivados por gratificação ou recompensa. Para os pesquisadores, a própria tecnologia seria capaz de produzir "liberdade cognitiva"; i. é, autonomia na conformação do tipo de mente que se deseja ter.

desacordo com a vida concreta das populações, mergulhadas nas muitas formas de decadência econômica e no rebaixamento das condições reais de vida.

Encarado apenas pelo ângulo de uma epistemologia pretensamente neutra (sem viés crítico, meramente funcionalista), o ecologismo midiatizado ratifica o *conhecimento-regulação* (expressão proposta pelo sociólogo português Boaventura Santos), que é a institucionalização da ciência social positiva como conhecimento hegemônico em detrimento das perspectivas da luta política[95]. Neste contexto, a obliteração da diferença estratégica entre instituição e organização é sintoma do apagamento de possibilidades políticas, em meio às pressões da globalização neoliberal e do capitalismo financeiro.

A associação pretensamente harmônica entre mundo substancial e mundo digital evoca de alguma maneira a identificação promovida pela biopolítica moderna entre a dimensão biológica e a política, na qual Giorgio Agamben discerne um indício da modernidade biopolítica, que é "o fato de o dado biológico ser, como tal, imediatamente político, e reciprocamente". Da continuidade histórica desse indício sobressai a importância das tecnologias genéticas e informacionais, que agora tocam a vida dos indivíduos por meio das manipulações transgênicas dos alimentos, da fertilização *in vitro*, das clonagens, da guerra bacteriológica, das biometrias operantes no mercado e, no plano da cultura pública, por meio da mídia.

Se antigamente "lia-se" o homem a partir de seus valores, veiculados em discursos e ações, hoje a leitura desloca-se para o corpo – a decifração do genoma indicaria, assim, os novos caminhos do huma-

---

95. Esta é a direção da crítica empreendida pelo sociólogo Boaventura de Souza Santos em vários de seus livros. Cf. principalmente *A crítica da razão indolente* (São Paulo: Cortez, 2000).

no. Desenha-se como possibilidade já em curso a monitoração da carga genética e do histórico médico dos indivíduos com a perspectiva de uma concepção materna – mais técnica do que "natural" – resguardada por embriões geneticamente saudáveis. Só que a máquina pública a cargo disso tudo não é mais apenas a do Estado e sim todas as máquinas organizacionais (empresas, fundações etc.) do capital, comprometidas com a reorganização do mundo pela tecnociência e pelo mercado, assim como informacionalmente articuladas. Dessa articulação daria conta o conceito de midiatização, fenômeno complexo, politicamente avesso à regulação do Estado e parceiro de formas novas de institucionalização.

A hegemonia do capitalismo financeiro, da cultura algorítmica (midiatização) e do biopoder dá margem à hipótese de emergência de uma espécie de *sociedade incivil*, onde mutações socioeconômicas desconstroem os laços representativos entre povo e Estado – portanto, a política em sua forma parlamentar – em benefício de formas tecnológicas e mais abstratas de controle social. Para Hardt, essas mutações constituiriam evidências do evanescimento da sociedade civil, tal como reinterpretada por Gramsci, na esteira do pensamento hegeliano[96] – conceito que, como já vimos, tem servido para a sustentação de diferentes posições políticas em países de todo o mundo, como uma espécie de atributo essencial de qualquer democracia, por indicar a infraestrutura institucional de mediação política e negociação pública.

A argumentação de Hardt parte da premissa de que essas estruturas, dependentes das funções de disciplina (ideologia) e exploração do trabalho (economia), estariam sendo corroídas nas formações sociais contemporâneas. Ele procura estabelecer de modo mais nítido a complementaridade entre Hegel, Gramsci e Foucault, mostrando em cada

---

96. HARDT, M. "The Withering of Civil Society". In: *Social Text*, 45, vol. 14, n. 4, inverno/1995.

um deles o que não mais se sustentaria nos termos clássicos da sociedade civil. Com relação a Hegel se trataria de repensar o conceito de trabalho (em torno do qual gira a ideia de sociedade civil), ampliando-o desde a atividade assalariada até a produção de desejos, subjetividades e criatividade intelectual. Em vez de "pós-modernidade" – a seu modo de ver, uma noção vaga e abstrata demais para ser útil – estaríamos hoje fazendo a experiência de uma sociedade "pós-civil", que traz em seu bojo um novo paradigma de relações sociais. Por outro lado, como a clássica disciplina dá lugar ao "controle", seria imperativo levar a sério a incitação feita por Michel Foucault (numa entrevista, em 1978) no sentido de que comecemos a pensar a política numa sociedade não disciplinar.

Entretanto, quando se privilegia hegemonia como centro conceitual, revela-se inconsistente a ideia de "sociedade pós-civil", porque hegemonia não comporta um "pós": permanece a mesma lógica de poder, apenas agora deslocada – pela midiatização – para a esfera da tecnologia e do mercado financeiro[97]. Na realidade, esse "pós-civilismo" não contesta a existência da sociedade civil; apenas sugere a urgência do ultrapasse ideológico da velha sociedade disciplinar, com o objetivo de se poder pensar o potencial das novas práticas sociais abrangidas pelo fenômeno da midiatização.

A midiatização não resulta certamente de nenhuma biopolítica *deliberada*, seja da parte do Estado, seja das organizações privadas. Ela é inerente a uma ecologia *eletrônica* (uma tecnologia radicalmente diversa do domínio oitocentista dos motores mecânicos) e *biotecnológica* em que o corpo humano é progressivamente replicado por próteses sob medida de membros e tecidos simples. Basta deter-se como exemplo

---

97. A hegemonia está para o poder assim como a energia está para a produção industrial. Não existe sociedade "pós-hegemônica", assim como não existiria sociedade "pós-energética".

sobre a *impressão 3D*, já usada na fabricação de pernas e braços mecânicos, articulações do fêmur, ossos da face, pedaços da traqueia, com perspectivas de substituição de estruturas mais complexas, a exemplo de ovários, rins, fígado e coração. Não mais se trata do velho tópico midiático de superação do texto impresso pela imagem, mas da própria *vida impressa* em terceira dimensão nas biopróteses. Ou então, de *edição genética*, que é o emprego de ferramentas de manipulação de genes em embriões humanos, com o objetivo de retificar genes defeituosos ou responsáveis por doenças específicas, mas igualmente com a possibilidade de "editar" bebês sob medida.

Dessa tecnologia promissora e restauradora em termos médicos, outra corporeidade avulta virtualmente agora em outro plano, conectado a um novo tipo de gestão da vida dos indivíduos pelas forças transnacionais do mercado e, implicitamente, a uma política entendida como "dar forma à vida do povo" – enquanto ambiência subjetiva e cultural – análoga a uma biopolítica já anunciada no passado por uma das primeiras ditaduras tecnológicas, o nazismo.

Na biopolítica de agora está implícito, porém, um totalitarismo diferente das ditaduras clássicas, que tornavam imprecisa a distinção entre Estado e sociedade ao fazer de um partido (organização voluntária) hegemônico a ponte para a interferência na esfera privada da cidadania. No caso do nacional-socialismo, tratava-se de garantir, por meio de uma aliança perversa com a medicina, as qualidades raciais e a saúde hereditária do corpo popular (*Volkskörper*), daí as medidas de "higiene racial", de eliminação ou de confinamento de deficientes físicos. Em outras palavras, o nazifascismo visava ao confisco tecnológico do corpo do indivíduo, para rejeitá-lo ou adaptá-lo a normas compatíveis com a idealização de uma vasta comunidade racial por parte de uma minoria estatal-partidária. Na biopolítica de agora, capitaneada por economia e tecnologia, visa-se principalmente à alma: tenta-se garantir a captação da energia psíquica ou do afeto, apelando-se para a diversão e a qualidade de gozo do lazer por parte das massas, disponibilizadas pelos dispositivos da nova ordem produtiva para o consumo.

Consumo é a palavra-chave. Nenhum Estado conseguiria governar por meio de um puro regime de afetos (já que ideias e opiniões compõem a lógica da representação política), mas por tecnologia e mercado, sim. Não se tenta eliminar, como no nazismo, o deficiente físico ou a alteridade étnica (ou psíquica, ou sexual), mas se busca alinhar esteticamente as diferenças a partir de paradigmas mercadológicos de aparência, conduta e pensamento. No ecossistema tecnomercadológico, movido a comunicação/informação, as empresas de ponta se situam no vértice, exercendo controle por meio de capital circulante e inovações técnicas.

Na midiatização, portanto, a organização produtiva faz-se hegemônica por meio da financeirização e das tecnologias da comunicação, obliterando a distinção entre o público e o privado, buscando despolitizar a vida social e decididamente incrementando a desigualdade social, na medida em que implica um descolamento entre as formas avançadas de produção e as condições reais de vida das populações. *Silicon Valley* (Vale do Silício) não é uma metáfora para esse tipo de organização – é de fato um vale californiano, que percorre uma linha entre as montanhas de Santa Cruz ao oeste e a Cordilheira Hamilton a leste, abrigando cerca de dois milhares de indústrias e fundações de pesquisa dedicadas à mais alta tecnologia, em íntima sintonia com os investimentos do complexo bélico norte-americano. Daí procede a inovação mundial em matéria de tecnologia da informação, gerida pelo "Gafa" (Google, Apple, Facebook, Amazon), ao qual se acrescentam Microsoft, Space X, Tesla e outras[98].

---

98. Aqui cabe, entretanto, uma metáfora política para caracterizar a desigualdade social. Situada no coração desse vale está a cidade de East Palo Alto – um conglome-

Faz-se muito pertinente o conceito foucaultiano de *biopoder*, que se pode entender como um complexo de poderes disciplinares ou então como uma *antropotécnica* de gerência das liberdades individuais apoiada em dispositivos destinados a "produzir, insuflar, ampliar as liberdades, introduzir um 'a mais' de liberdade por meio de um 'a mais' de controle e de intervenção"[99]. Isso é propriamente o que denominamos *bios virtual*, uma ambiência magneticamente afetiva, uma recriação tecnoestética do *ethos*, capaz de mobilizar os humores ou estados de espírito dos indivíduos, reorganizando seus focos de interesse e de hábitos, em função de um novo universo menos psiquicamente "interiorizado" e mais temporalmente relacionado ou conectado pelas redes técnicas.

Bios midiático ou *bios virtual* são expressões adequadas para o novo tipo de forma de vida caracterizado por uma realidade "imaginarizada"; isto é, feita de fluxos de imagens e dígitos, que reinterpretam continuamente com novos suportes tecnológicos as representações tradicionais do real. Nesse *bios*, os velhos fenômenos de sociedade tornam-se objeto de uma saturação conceitual afim a essa imaginariedade virtual. Trata-se geralmente de um imaginário controlado e sistemático, sem potência imaginativa ou metafórica, mas com uma notável capacidade *ilocutória* (portanto, um imaginário adaptável à produção) que não deixa de evocar a dinâmica dos espelhamentos elementares ou primais. Se antes o Estado totalitário pretendia enraizar-se na vida da nação, reunificando

---

rado de casas modestas e pequenas empresas comerciais, historicamente uma área de negros, com um influxo de hispânicos nas últimas duas décadas –, conhecida como a favela de algumas das mais ricas empresas do mundo (Google, Facebook), onde faltam água e emprego para os locais. Seja novo ou velho o capital, metáfora ratifica a divisão de classes, que produz os mesmos efeitos excludentes e certamente efeitos de ressentimento populista ou revolta dos segmentos empobrecidos contra a concentração de renda e de poder.

99. FOUCAULT, M. *O nascimento da biopolítica*. São Paulo: Martins Fontes, 2008, p. 92.

(contra o liberalismo) corpo e espírito, agora é a mídia que se enraíza culturalmente na vida social.

No âmbito de um ecossistema simulativo ou espectral de vida (a midiatização, o *bios midiático*), o dispositivo fortemente cinemático da mídia mobiliza os corpos da cidadania, instituindo um imaginário que se confunde com a realidade da vida nua, natural, de modo a constituir uma nova esfera existencial plenamente afinada com o capital, onde o desejo se imponha preferencialmente como desejo de mercado[100]. Nessa operação, reciclam-se, no mundo especializado do estético, o *bios*, todas as velhas e gastas imagens, guardadas nos diferentes arquivos óticos da civilização ocidental – os "conteúdos" culturais, nacionalmente produzidos e planetariamente apropriados pelas organizações digitais.

A cultura não é mais apregoada como a excelsa forma balizadora do conhecimento (o modo como o grupo produz o seu *real* e nele se reconhece), e sim como uma vasta memória técnica, redistributiva de conteúdos já usados, ao modo de um baú de ossos que se traz à luz por tecnologia eletrônica. Sob a superfície do entretenimento, a cultura revela-se também como terreno para um tipo de guerra entre facções sociais politicamente opostas na dinâmica conflitiva pelo controle dos dispositivos ideológicos de Estado e da hegemonia nas estratégias de influência ou de orientação das emoções coletivas.

Mediante a progressiva aceleração tecnorretórica dos processos de registro e recuperação, tudo agora incita a consciência fascinada, emociona-

---

100. Na redefinição do sujeito que serve de referência para a lógica neoliberal emerge a figura do *empreendedor* ou do *homem-empresa*. Assim, um empresário e milionário norte-americano responde à questão "O que o senhor diria para uma pessoa que não é mais tão nova, que ainda tem vida pela frente, mas não alcançou o sucesso?" – "Eu recomendaria acessar imediatamente o site da Amazon ou do iTunes e assistir ao filme *Good Fortune* [...]. Se você acredita em si mesmo, você pode se renovar..." (*O Globo*, 25/04/2018). A perspectiva do empreendedorismo aponta para uma nova forma de "governo de si" baseada na esfera existencial regida por finanças, mercado e tecnologia (o *bios virtual*), onde se exacerba o individualismo neoliberal.

da, afetivamente mobilizada a entrar no jogo da produção e consumo dos efeitos energéticos do real, a imergir no *bios* virtual, onde se aprofunda o desaparecimento da experiência. *Experiência* entende-se aqui como o constituinte do agir humano – necessariamente apoiado na autoridade, na linguagem e na narrativa – que aponta para a indeterminação e a surpresa; logo, para a criatividade. A experiência, que se faz visível na vontade do homem de singularizar-se, em suas escolhas e no seu potencial de transformação e passagem, é o espaço ainda aberto às revoltas silenciosas ou ao "querer" ruidoso, senão violento, das massas anônimas.

Mas na dimensão hegemônica do *bios virtual* (pelo menos esse que, até agora, tem-se mostrado como uma antropotécnica a serviço do mercado), o *ethos* humano tende a submergir numa estética "telecomandada"; isto é, dirigida a distância pelas máquinas inteligentes da quarta revolução tecnológica, associadas à financeirização, centro gravitacional das diferentes órbitas econômicas. Aquilo que a cultura tradicional tentava cingir aos limites de um "humano" pensado pela metafísica é agora atravessado por inteiro pela lógica do capital, "capital humano". A estética referida é o mecanismo semiótico de legitimação do sujeito por seu valor de mercado. Nela, o indivíduo é expropriado da experiência e da singularidade – portanto, da vontade, da escolha criativa e da partilha simbólica; logo de uma corporeidade própria e ativa, que hoje é cada vez mais genética e culturalmente controlada, apesar da exaltação mercadológica do corpo do consumidor, pelos automatismos sensoriais da mídia.

Tal é a água fervente que escaldaria o sapo da anedota.

Política, mediação e jornalismo

É a época das massas; elas se submetem servilmente a tudo que diga respeito às massas. E assim também em questões políticas [...]. Um monstro qualquer de poder imperial é chamado de "grande".
Nietzsche

Uma questão crucial suscitada pelas formas novas de institucionalização é investigar como as relações de poder poderiam oferecer matéria-prima para um novo tipo de política, levando-se em conta o depauperamento da representação parlamentar no âmbito da midiatização, que é poder sem política visível, mas certamente poder que aprofunda o controle social. A partir de agora se sabe que o poder algorítmico é enorme, mas não ilimitado. Um dado relevante é que, entre 2009 e 2011, os serviços de inteligência militar dos Estados Unidos investiram muitos milhões de dólares em modelos algorítmicos para prever distúrbios políticos em escala global. Não conseguiram sequer prever o fenômeno da "primavera árabe", que desestabilizou velhas estruturas políticas e levou à derrubada de governos, assim como foram surpreendidos pela movimentação, no interior do próprio território nacional, de grupos de ocupação de espaços (Occupy Wall Street, p. ex.). Nesses casos, as redes digitais (Facebook, Twitter) foram precisamente os recursos de mobilização dos grupos de contestação.

Entretanto, a relativização do poder digital tem alcance político, principalmente no interior das correntes análises acadêmicas da midiatização, que costumam cingir-se à eficácia dos efeitos comunicacionais, entregando-se à mera e fascinante descrição de processos técnicos e, conceitualmente, identificando economia de mercado com "sociedade de mercado", onde a lógica do valor tenta reger a diversidade das possibilidades humanas. É imperativo lançar mão do conceito de pesos e contrapesos quando se confronta o poder digital com as variáveis sociais inerentes à territorialidade do Estado-nação.

Nesse confronto, o espaço humano ainda aberto à historicidade ou ao imprevisível da experiência permite fazer uma distinção entre o que vimos chamando de *bios virtual* (ou *midiático*) e a complexa magnitude da *biosfera*. A tecnologia vigente é fruto de um antropocentrismo que obscurece a amplitude da vida no "organismo planetário", para além da centralidade humana. Desse modo, a distinção a ser feita é politicamente urgente, pois envolve a dificuldade de articulação das determinações sociais com as determinações naturais, que o avanço do capitalismo predatório (secundado pelo avanço tecnológico) fazia supor que estivessem superadas. Hoje se reitera a evidência de que o meio ambiente não responde aos sinais da Bolsa de Valores nem do mercado. E a emergência de uma grande epidemia ou de uma catástrofe natural expõe a vulnerabilidade desse ponto de articulação, em que a natureza revela a força de sua imprevisibilidade.

Assim, a hipertrofia dos dispositivos de mídia na vida social não elide a evidência de que fatores físicos ou materiais da ordem tradicional como terra arável, água potável, agricultura fecunda, energia limpa, recursos minerais e, mesmo, criatividade humana (latente na mão de obra disponível) continuam na ordem do dia enquanto objetos essenciais ao jogo dinâmico da produção. Ao mesmo tempo, de acordo com a ciência do clima, na transição da atual matriz energética (petróleo/gás/carvão) para fontes renováveis estaria o caminho da própria viabilidade das tradicionais configurações geográficas do planeta.

Sem esses fatores, o digitalismo é um castelo de cartas. Basta mencionar, por exemplo, o lítio (mineral imprescindível à reconversão energética global), cuja metade das reservas globais está localizada na Bolívia e cujo controle dá lugar a disputas em nada digitais. Ou então, considerar a questão da biodiversidade (manifestada nos biomas da Amazônia, da Bacia do Congo, do corredor mesoamericano, das florestas tropicais asiáticas), também em nada "digital", da qual depende a sobrevivência ecológica global. Na realidade, sob a égide do conceito de *moral money* ("dinheiro moral"), esse panorama já é contemplado pelos setores mais avançados do próprio capitalismo financeiro, cientes de que os investimentos mais rentáveis no futuro próximo deverão visar ambientalismo e segurança planetária.

Torna-se imperativo contornar a desconexão entre a vida humana e a tecnologia da informação, atentando para o fato de que a inovação tecnológica é pobre em inovação social. Diante do crescente açambarcamento da vida social por economia (finanças) e tecnologia, faz-se pertinente pesquisar sobre se a política em sentido largo – isto é, como evento essencial à descoberta de caminhos próprios para a inovação social e para a organização da pluralidade humana em comunidades, posta em perigo pela crise sistemática dos aparatos de Estado e pela decomposição das formas tradicionais de representação – ainda se revela um caminho institucional aberto às sociedades civis.

O liberalismo jornalístico sempre foi parceiro desse caminho, na medida em que mimetizava como diretriz ideológica o equilíbrio dos poderes instituídos pelo sistema parlamentar de governo. Daí, a pertinência de se indagar, junto com a política, sobre a possibilidade de uma prática jornalística independente – entenda-se independência como razoável equilíbrio entre corporação econômica e posição de classe social – capaz de intervir com função mediadora relevante na agenda pública e com efeitos de natureza sociopolítica. Esta função – que visa à *transparência* ou redução da opacidade do poder – é institucional, a meio-caminho entre os aspectos centrais da sociedade civil e os aspectos organizacionais.

Para melhor avaliar-se o alcance desse institucionalismo torna-se oportuna a categoria da *transitividade*, que entendemos como o complexo das formações discursivas não fechadas em si mesmas, mas sim abertas a outros discursos, às transformações e passagens inerentes ao trabalho dialógico do real-histórico, a historicidade. A mediação é figura da transitividade, porque faz o trânsito simbólico ou faz a "comunicação" da propriedade de um elemento para outro, por meio de um terceiro termo, que articula dois elementos diversos.

Há, assim, um dualismo implícito na noção de mediação, reforçado pela noção decorrente de "intermediação" – ou seja, pela aproximação, por meio de um terceiro – entre dois termos separados. No espaço público, esse intermediário pode consistir em "pequenos grupos" (líderes de opinião) e *gatekeepers* (porteiros ou filtros informativos). A imprensa tradicional, uma entidade híbrida de organização produtiva e instituição de abrigo da livre-expressão civil, tem sido sociologicamente caracterizada como esse "porteiro" – na prática, um transitivo intermediário entre o cidadão e a esfera pública.

Levanta-se, entretanto, uma suspeita de *intransitividade* sobre essa intermediação: ela poderia estar sendo afetada pela decomposição da política parlamentar, ao mesmo tempo em que emergem embriões de novas formas sociais. É que o prestígio da imprensa escrita decorre de uma mediação politicamente comprometida com o incipiente liberalismo oitocentista, voltado para a questão dos *limites* do Estado e ancorado em fatos socialmente legitimados. Garantida pela suposta credibilidade dos fatos, a imprensa propõe-se a desvendar e combater os segredos do Poder de Estado.

O "quadro" ou moldura cognitiva legitimadora dos fatos é a herança do Iluminismo, que contribuiu fortemente para a renovação dos padrões de vida por meio da defesa do discurso racional e da investigação científica. Desde os começos do regime republicano europeu, cabe ao *publicismo* (cuja face mais conspícua é a imprensa) assegurar ao cidadão a representatividade de sua palavra, de seus pensamentos particulares, garantindo assim um Bem, que é a liberdade civil de exprimir-se ou manifestar-se publicamente. Na segunda metade do século XIX, o jornalismo foi fundamental para o aperfeiçoamento das condições liberais de discussão e persuasão, abrindo caminho para a democracia das opiniões num espaço público consentâneo com a Revolução Industrial e com o liberalismo político e econômico. O jornal era uma entidade republicana.

Dentro deste escopo, seria até possível conceber o jornalismo como um projeto político maior do que o "jornal" em si mesmo. De fato, já em 1920, o educador e filósofo pragmatista John Dewey dizia que o jornalismo deveria ir além do mero relato objetivo de acontecimentos (o modelo em que a imprensa "reporta" e o leitor consome) para se tornar um meio de educação e debate públicos. Favorecendo o diálogo direto entre cidadãos e jornalistas, a atividade jornalística, mais do que "reportar", teria em seu âmago a promoção de uma "conversa" pública. Por exemplo, no acompanhamento de uma crise política ou econômica, o jornalismo iria além do noticiário detalhado – supostamente capaz de apresentar uma radiografia generalizada dos acontecimentos – para converter-se num diálogo civil em que se vislumbrasse, nas dobras lógicas do fato em sua totalidade, o desfecho virtual da crise. É uma virtualidade em que se incrementam os dogmas da "soberania do povo" subjacentes à moderna ideia de nação.

Essa função, que é a virtude intrínseca da imprensa, lastreia eticamente o pacto de comunicação (a aceitação de credibilidade dos fatos) implícito na relação entre os meios de informação e a sua comunidade receptora. Seja no jornalismo escrito ou eletrônico, o dever do jornalista para com seu público-leitor (portanto, seu compromisso ético) seria dizer uma verdade, reconhecida como tal pelo senso comum desde que o enunciado corresponda a um fato.

A virtude desse regime público de veridicção decorre do preceito das liberdades civis instituídas pela Declaração dos Direitos do Homem e do Cidadão, mas também resulta da definição e do empenho de liberais iluministas, a exemplo de Benjamin Constant, para quem a única de todas as liberdades que não poderia ser suspensa era a de imprensa, por funcionar como uma efetiva condição das outras. Foi assim que a imprensa livre pôde ser reconhecida como obra do espírito objetivo moderno e, desse modo, constituir um pano de fundo ético-político que tornaria escandaloso para a consciência liberal, em qualquer parte do mundo, o fenômeno do jornalismo sensacionalista ou tornaria condenável pela consciência moral do jornalista o falseamento ou o encobrimento da verdade factual.

De fato, a política e a cultura presidiram à reinterpretação da *koiné* antiga na Europa do século XVIII. A irrupção dessa realidade nova na História foi um dos efeitos da transformação das relações de produção (a Revolução Industrial), que se alinhava com a expansão da democracia burguesa. Eram estratégicas (aliás, na mesma esteira das proclamações teóricas e políticas de Rousseau) a educação e a cultura enquanto instrumentos da concepção de democracia como valor e como fim, e não mais apenas como mecanismo de governo. A disseminação dos dogmas da "soberania do povo" demandava o livre-trânsito de ideias, o que suscitou o conceito de esfera pública – um espaço de exterioridade ao discurso privado; portanto, uma espécie de "vida impessoal" de pessoas particulares.

Fortalecido na Europa ao longo dos séculos XVIII e XIX como lugar de manifestação da "vontade geral" e não de "vontades particulares", a esfera ou espaço público, supostamente o lugar natural de exercício da opinião pública aventada por Rousseau, sempre foi, portanto, simultaneamente político e cultural, uma conjugação de política e Letras (na acepção ampla, e não apenas literária, da palavra). Discursivamente, apoiava-se em instituições literárias, arenas de debate e meios editoriais, além da imprensa como "agente promotor de cultura". A associação entre o Parlamento e as Letras era realmente familiar aos intelectuais oitocentistas.

Para a instância política, era muito importante, se não essencial, como sustentava Dewey, "o aperfeiçoamento dos métodos e condições de debate, discussão e persuasão. Este é *o* problema do público"[101]. Ou seja, sem uma *retórica* particular, condicionada a uma cultura específica (algo como a "boa" retórica platônica e aristotélica) e, assim, capaz de expressar a linguagem das massas num espaço público, a razão pura seria apenas mais um instrumento de dominação. Por detrás dessa retórica se achava o sistema educacional, assim como o jornalismo, embora em outro plano cultural. Mas a "retórica em si mesma" – ou seja, a pura técnica discursiva, desencarnada da criatividade cultural e da política, portanto, do ativismo cívico – já era o embrião das indústrias de difusão culturalista junto ao grande público, objeto das reflexões de autores como Tocqueville, Proudhom, Baudelaire e outros, desde meados do século XIX.

A realidade histórica desse dito "espírito objetivo" da época é parcialmente também uma projeção discursiva da famosa "República das Letras" ou "república literária" europeia, que favorecia o diálogo de tipo retórico (em vez do formalismo lógico da *disputatio* escolástica) e, já em meados do século XVII, podia servir como equivalente da palavra "público", isto é, o diálogo que contempla assuntos de interesse geral e

---

101. DEWEY, J. *The public and its problems*. Athens, OH: Swallow, 1980, p. 208.

não meramente privados[102]. O que aí se assinalava de fato era a separação radical entre filosofia como pura especulação intelectual destinada a poucos eruditos escolásticos e a filosofia como prática existencial e iluminista, extensiva à sociedade mais ampla.

Um aspecto do fenômeno é interpretado por Middelaar: "A origem do moralismo apolítico dos intelectuais franceses é explicada pelo surgimento da 'República das Letras' francesa. Essa rede de clubes de literatura e debates inspirados nos ideais iluministas florescia à sombra da monarquia absolutista do século XVIII. Os *philosophes*, intelectuais *avant-la-lettre*, conquistaram certa liberdade de expressão e pensamento crítico, que somente podia ser tolerada pelo monarca absoluto se eles se mantivessem afastados da política, uma vez que esta competia exclusivamente ao soberano (e que literalmente era encarnada por ele)"[103]. Ou seja, diferentemente da antiga *Polis* grega, o pensador deveria ater-se, enquanto mero conselheiro do príncipe, à complexidade intelectual e moral de sua consciência individual, mantendo-se à margem da razão de Estado.

A *conversa*, a que John Dewey se refere como meio de educação e debate público, é a forma comunicativa nas agremiações de sábios ou academias para incrementar a circulação dos *studia humanitatis*, em que primavam a eloquência, a poesia, a história e a erudição. Embora tendo o seu centro nervoso em Paris, celebrada como "capital do Espírito", as *sociedades de conversa* desenvolveram-se em círculos dispersos na Europa, graças a uma forma humanista da dialética – a "conversa civil", inseparável de uma filosofia dos costumes – destinada a interlocutores que não eram doutores nem doutos.

---

102. Cf. FUMAROLI, M. *La république des lettres*. Paris: Gallimard, 2015, p. 120.

103. MIDDELAAR, L. *Politicídio* – O assassinato da política na filosofia francesa. Op. cit., p. 213.

Desde o começo do século XIX, a atividade jornalística podia ser caracterizada como um eco público da civilidade iluminista, do prestígio ascendente da ciência e do debate político de fatos. Associava-se, assim, à racionalidade discursiva que, no século anterior, vestia a esfera pública, materializada em cafés, clubes e revistas. E tudo isso podia ser descrito pelo termo genérico de "literatura", uma vez que esta designação ainda não tinha se fixado definitivamente como uma "expressão de subjetividade" concretizada em romance ou poesia. No âmbito da *intelligentsia* (elite intelectual russa, que se reproduz na paisagem culta europeia), a atividade política é indissociável de literatura e de debates intermináveis sobre fatos essenciais à vida moderna.

A imprensa de que fala o escocês Thomas Carlyle (expoente da reacionária historiografia romântica na Inglaterra oitocentista) é o espaço onde se movimenta o "homem de letras", entendido como escritor profissional, mas também como um indivíduo investido de uma autoridade ideológica, virtualmente política, análoga à do sábio. Nesta perspectiva, a imprensa teria substituído tanto o púlpito quanto o senado[104].

Disso um índice muito significativo é a maneira como Victor Hugo descreve Émile Girardin, a quem se deve a fórmula histórica de popularização do jornal pelo barateamento do preço: "É um raro pensador e um escritor precioso, enérgico, lógico, perspicaz, robusto e um jornalista em quem, *como em todos os grandes jornalistas, se pressente o homem de Estado* [...]. É um esclarecedor público; o seu jornal é o seu posto; ali espera, olha, espia, esclarece, espreita e grita alerta [...]. Como todos os espíritos sérios, compreende, vê, reconhece e apalpa por assim dizer a imensa e magnífica identidade que há entre estas três palavras:

---

104. Cf. SODRÉ, M. *A narração do fato* – Notas para uma teoria do acontecimento. Petrópolis: Vozes, 2012.

revolução, progresso e liberdade"[105]. Guardadas as distâncias de tempo e espaço, o jornalista Carlos Castello Branco (Brasil, segunda metade do século passado), pode ser descrito de modo similar, isto é, como um analista político em quem se pressentia o homem de Estado.

Atualmente, pensadores como o italiano Gianni Vattimo e o norte--americano Richard Rorty ainda reiteram em seus livros, artigos e conferências uma presumida função fortemente esclarecedora da comunidade, por parte do jornal. É verdade que agem a contrapelo de uma determinada tradição intelectual de desprezo, ou pelo menos de atitudes ambíguas, frente ao jornalismo. Karl Marx, que muito atuou como jornalista, por alegados problemas econômicos – tanto para a imprensa alemã (*Gazeta Renana*, *Nova Gazeta Renana*) como a inglesa, e a norte-americana (*New York Tribune*) –, expressou algumas vezes o seu julgamento do jornalismo ora como prática inessencial, ora como algo cansativo que o desviava de seu verdadeiro trabalho.

Marx questiona o discurso da informação quando entregue apenas à sua própria lógica (o que enseja comparações com a mídia atual): "Mesmo a publicação diária e completa poderá ser chamada de completa e *pública*? Não estaremos resumindo ao substituir escrita por palavra, planos por pensões, ações de papel por ações reais? Ou a publicação consiste somente no relato do fato *real* ao público e não no relato do fato ao público *real* – isto é, não o público leitor imaginário, mas o público vivo, verdadeiro?"[106]

---

105. HUGO, V. *História de um crime*. Vol. 2. Lisboa: Sociedade/Moderna, 1901, p. 104. Escrito em três volumes, este livro tematiza o golpe de Estado de Luís Bonaparte (Napoleão III) em dezembro de 1851, assim como a participação ativa do escritor e político Victor Hugo na resistência. O golpe, que assinala o fim da Revolução Francesa e a ascensão do império, é o notório objeto de análise de Karl Marx em *O 18 de brumário de Luís Bonaparte*, obra das mais notáveis na história das ciências sociais, onde ele, aliás, critica o ímpeto "voluntarista" no texto de Victor Hugo.

106. MARX, K. *Liberdade de imprensa*. Porto Alegre: L&PM, 2007, p. 12.

Deve-se levar em consideração que o pensamento marxiano voltado para a transformação do mundo e para a instauração de uma nova ordem humana implicava uma ruptura com todo um modo de pensar hegemônico, logo, com o senso comum espelhado na prática de imprensa corrente. Mas grande parte de seus textos jornalísticos de crítica social – efetivamente "jornalísticos" por juntarem opinião fartamente documentada e análise – inspirava-se em matérias de jornais. Além disso, os textos mais contundentes e polêmicos de Marx, a exemplo do *Manifesto do Partido Comunista*, são atravessados pela retórica jornalística. Esta se revela adequada à atividade intelectual de pensadores mais "analíticos" (em questões temporalmente marcadas) do que "estáticos" no sentido da exclusiva formulação de sistemas de pensamento. E não se trata apenas de Marx: as análises de Gramsci, profundamente sensíveis aos grandes tópicos de sua época, são igualmente perpassadas pelo jornalismo no sentido iluminista do termo.

Assim, a crítica marxiana dá margem à suspeita de que a argumentação liberal sobre o direito civil de livre-expressão pode não coincidir inteiramente com o funcionamento da imprensa, que é classicamente ligada ao princípio liberal do parlamentarismo como "governo por publicidade e discussão", mas é hoje inseparável do sistema informativo como um todo, regido pela mesma lógica de velocidade de circulação das mercadorias, a que se tem chamado de "tempo real". No interior desse sistema, os fatos esvaziam-se de credibilidade institucional: o próprio "acontecimento" deixa de ser uma projeção discursiva do fato e pode depender mais de uma modelagem algorítmica do que de negociações simbólicas entre os atores sociais que tradicionalmente concorriam para o jogo de linguagem ou "pauta" do noticiável. Por outro lado, dissolve-se o caráter de "coletividade" implícito na noção de "público" em favor de "seguidores" individualizados de um *publicador* emocionalmente escolhido como guia na rede eletrônica.

Da argumentação de Marx é possível extrair a hipótese de uma diferença essencial entre "publicação" (o registro meramente técnico de acontecimentos, seja impresso ou digital) e *publicização*, entendida como a comunicação do fato a um *público real*, portanto, um conjunto vivo e institucionalmente ativo no que tange a questões pertinentes ao *comum* da cidadania. Donde a exigência analítica de um "autoexame" quanto à liberdade de expressão no campo informativo, corroborado em outro contexto por Habermas: "Para uma fenomenologia não distorcida da liberdade de sujeitos agentes é decisivo um primeiro lance: a visão não pode ficar presa ao sujeito da auto-observação nem à subjetividade da vivência. A consciência da liberdade é consciência implícita da ação"[107].

O agir livre, portanto, não estaria na ação reflexa ou mecânica da observância de regras implícitas de um jogo de linguagem, mas na consciência por parte de um sujeito-autor de que pode iniciar algo de novo. Só um conceito solipsista de liberdade de arbítrio não levaria em conta o espaço em que se age livremente[108]. Este *agir* é, em termos habermasianos, uma categoria que depende da "razão raciocinante", aquela que pode apoiar-se nas pulsões (sensações, emoções), mas forma a vontade, neutralizando a pulsão cega. Caberia à argumentação fazer a diferença entre vontade e pulsão, e isto é para o pensador um imperativo ético, uma vez que a base da responsabilidade para com os outros está na racionalidade da vontade. Assim, o espaço público dos argumentos tem de ser considerado na elaboração de um conceito *não solipsista* de liberdade[109].

---

107. HABERMAS, J. *Entre naturalismo e religião* – Estudos filosóficos. Rio de Janeiro: Tempo Brasileiro, 2007, p. 206.

108. Ibid., p. 208.

109. Tal espaço público, para Habermas, pode ser assegurado por um jornalismo de qualidade e independente. Isso o leva a defender – como fez em maio de 2007, diante das notícias de venda do reputado *Süddeutsche Zeitung* – até mesmo o auxílio financeiro do Estado à imprensa em crise.

O pensamento político de Habermas apoia-se num modelo deliberativo de democracia – que se distingue do modelo liberal, voltado para a agregação de cidadãos privados e do modelo republicano, definido pela autodeterminação coletiva de uma nação. A imprensa correspondente a esses modelos, ainda que orientada pela ideologia progressista do liberalismo e da cidadania republicana, exercia uma evidente homogeneização, modernamente traduzida na submissão da diversidade expressiva ao imperativo de comunicabilidade introduzido pela linguagem jornalística. Do ponto de vista técnico, o texto comunicativo é uma homologação (por *rewriting* ou *copydesk*) da multiplicidade retórica. O modelo deliberativo implica, por outro lado, uma busca de soluções para os problemas políticos por meio de um esforço cooperativo na cidadania, em que certamente deveriam desempenhar um papel muito importante as tecnologias da comunicação.

Civilidade como pano de fundo

Apesar das críticas e dos históricos desvios de percurso, o ideário liberal da imprensa burguesa mantém como pano de fundo a liberdade de expressão e a "conversa civil". Esta é a "conversa" democraticamente inerente à sociedade civil contemplada por pensadores como Lenin e Gramsci, embora com diferentes objetivos e concepções instrumentais. E não pode ser de outra maneira, visto que esse ideário se alimenta dos efeitos narrativos da historicidade política que caracterizava a imprensa desde o começo de seu florescimento no século XIX, no bojo do conceito iluminista de opinião pública e da concretização do direito (civil) de expressão e liberdade de pensamento. Institucionalmente, a imprensa é parte importante dos mecanismos representativos inerentes à política parlamentar, que é uma cultura de representação (delegativa, portanto) do senso e dissenso presentes na sociedade civil, com vistas à composição hegemônica dos interesses de classe.

A ideologia subjacente ao jornalismo ainda hoje é afinar-se liberal e eticamente (logo, com virtudes públicas) com os princípios básicos da soberania democrática, tais como o constitucionalismo, a liberdade civil e política ou com ideais coletivos: a transparência das decisões de Estado, o estabelecimento da verdade sobre questões essenciais para a coletividade, a informação isenta sobre a vida cotidiana etc. É isso precisamente o que Kant chamava de "publicidade" e que conviria hoje melhor designar-se como "publicismo", para evitar possíveis confusões com os mecanismos de propaganda comerciais.

Esses efeitos políticos – de natureza diversa da mera mobilização obtida por formadores de opinião nas atuais redes eletrônicas – sempre foram gerados pela diversidade das expressões correspondentes a posições de classe diferentes relativas aos três poderes de Estado e ao funcionamento da economia. A realidade da democracia representativa é alimentada pelo jogo das diferenças entre posições de classe ou de alianças políticas frente a poderes constitucionais. O totalitarismo emerge quando essa realidade é substituída por um simples formalismo jurídico (Três poderes e Constituição burocraticamente articulados sem mediação política), apagando-se a pluralidade representativa em favor de um efetivo poder anticonstitucional, cujas modalidades variam da ditadura pessoal, militar, classista, teocrática até a partidário-burocrática (Rússia e China, p. ex.). A transitividade política da informação jornalística tem sido característica exclusiva da democracia representativa.

Mas essa democracia liberal, parlamentar, delegada – historicamente afirmada desde fins do século XIX – comporta alternativas teóricas, esparsamente sugeridas por autores com tendências reformistas ou revolucionárias. Gramsci, por exemplo, que sempre manifestou desconfiança teórica para com a forma da democracia parlamentar, aventa a hipótese de uma "democracia conselhista" (ou soviética) como superior, criticando o consenso formalista-procedimental quanto ao voto como momento final da disputa eleitoral pela representação e incitando à busca de uma relação diferente entre governantes e governados. Embora nenhuma alternativa tenha vingado em termos real-históricos, era perfeitamente racional a avaliação do pensador italiano no sentido de que a forma parlamentar não conseguia espelhar a "soberania popular", uma vez que a opinião pública seria artificialmente orientada pelos "persuasores ocultos" daquela época; isto é, por rádio e imprensa, no processo de renovação orgânica do bloco dirigente.

Noutros contextos, em meio à inércia histórica do corpo social, a inanidade política da representação pode coexistir com sua pura forma jurídica no âmbito de um poder anticonstitucional conduzido por organizações corporativas de controle estrito ou ampliado da informação. Assim é que, hoje afinada com a ordem jurídico-social e exclusivamente orientada para o mercado, a organização (corporação, empresa, indústria) sobrepõe-se à lógica institucional da imprensa clássica. Esta sempre foi politicamente legitimada pela preservação dos direitos civis, da liberdade e da democracia e semioticamente lastreada por um pacto simbólico de transparência ou de veridicção, isto é, de comunicação de uma verdade consensual.

Para o jurista e escritor oitocentista Oliver Wendell Holmes (1841-1935) "o melhor teste da verdade é o poder que tem uma ideia de ser aceita na competição do mercado". Holmes era um pragmatista e liberal norte-americano, ao mesmo tempo defensor das liberdades públicas e afeito à ideologia competitivista do darwinismo social, mas a sua frase ajusta-se bem ao embate pela hegemonia (convencimento, persuasão, influência) na moderna esfera pública. Trocar essa esfera pela palavra "mercado" tem, porém, algo de premonitório: A cidadania que hoje serve de referência a essa nova qualificação histórica da existência chamada *bios midiático* é basicamente a cidadania consumidora. Quando a economia de mercado tende a transformar-se em sociedade de mercado, o social passa a ser qualificado por capacidade de compra e venda ou de consumo – isto é o que passa a definir a agenda pública, assim como restaurar a velha tipificação do "cidadão passivo". Socializar-se não seria politizar-se, mas consumir. A consciência individualista sobrepõe-se, no espaço público, às injunções políticas de responsabilidade social.

É no âmbito civilista ou liberal dessa responsabilidade que se impõe o acatamento à "verdade" jornalística. É forçoso levar em conta que se trata do efeito de um consenso simbolicamente pactuado, como transparece na conhecida definição do jornalista Carl Bernstein (da dupla de repórteres que desvendou o caso Watergate): "Jornalismo é a melhor versão da verdade possível de se obter". Uma versão consensual, portanto, capaz de inspirar confiança generalizada. É preciso, porém, ponderar sobre o alcance (privado, psicológico) desse consenso, como deixa transparecer a fala de um personagem ficcional: "A verdade é que ninguém vive da verdade, e é por isso que ninguém se importa com ela. A verdade que criamos para nós mesmos é apenas a soma dos interesses de alguém, ponderada de acordo com o poder que essa pessoa tem"[110].

Na lógica atual de públicos constituídos principalmente pelo mercado articulado com a mídia, verdade é um *produto reiterado*, não por consenso liberal, mas pelo automatismo inerente ao circuito discursivo dos dispositivos de informação. Análoga à formulação da propaganda nazi-fascista de Goebbels ("uma mentira mil vezes repetida torna-se verdade"), a verdade é como um prego que se martela na parede. Fora do escopo da propaganda clássica, ou seja, da intenção de inculcar um

---

110. Nesbo, J. *O morcego*. Rio de Janeiro: Record, 2016, p. 208.

ponto de vista supostamente verdadeiro, o jogo atual do mercado e da rede perfaz-se pela *amplificação tecnológica* (a eletrônica e a semiose redefinem e alargam o espaço) do ponto de vista. Este, em vez de apenas "martelado", é "irradiado" (pelo que os especialistas chamam de *câmara de eco*), ao modo de uma contaminação atômica ou viral. Enquanto a propaganda clássica jogava com a *persuasão*, portanto, com o intuito visível de dirigir a consciência de outrem com vistas a um objetivo programado, a propaganda de agora é isomórfica à lógica subterrânea dos algoritmos, buscando uma despercebida *influência* "ecológica" por meio da criação de espaços virtuais onde *sinais* (mensagens fragmentárias, gestos enfáticos, figurações etc.) se propagam por contágio ou por ondas de impacto sensível.

Quanto ao jornalismo informativo ou opinativo *stricto sensu*, ocorre uma espécie de debilitação do *contexto* que, em termos de técnica textual, implica situar o fato num cenário capaz de indicar o caminho da significação verossímil, na medida em que narra o passado da ocorrência ou descreve situações análogas. O que os ideólogos do ofício definem como "bom jornalismo" tem certamente a ver com o imperativo, ao mesmo tempo técnico e ético, de contextualização do fato. Agora, entretanto, numa semiose constituída por um fluxo eletrônico de imagens (tanto na televisão como na internet), moldada por um presente interminável ou por um *agora* convincente, o que se busca é o encadeamento veloz de *aparências* (ideias preconcebidas, clichês, preconceitos etc.) com um pano de fundo moral.

A passagem de um regime público de veridicção do fato baseado em evidências e testemunhos a um regime norteado por aparências factuais cristalizadas em imagens pode ser sinteticamente descrita como a passagem do publicismo crítico à publicização cenográfica do cotidiano social. O antigo empenho de se estabelecer – e comunicar – uma "realidade" objetiva dá lugar a uma teatralização ou, ao menos, a um jogo cênico dos fatos, que os torna *indecidíveis* sob o ângulo de uma verdade consensual e os deixa à livre-escolha dos receptores, segundo a natureza diversa de constituição dos públicos de massa. Isso ajuda a explicar um aspecto do fenômeno da polarização social: um determinado público recusa-se a aceitar uma evidência factual em favor de sua adesão irracional a uma encenação adequada a seu desejo ou a sua particular opinião.

A retórica paraliterária do jornalismo impresso cedeu o passo ao êxtase das imagens. E a televisão, começo técnico da transparência generalizada das coisas, foi uma espécie de preparação "pedagógica" do grande público para o *bios* virtual da internet. Ela iniciou os seus públicos no gosto extático das formas e dos costumes. Assim, na tradicional mídia televisiva, o apresentador (*Ersatz* técnico do jornalista comprometido com a *informação ativa*, voltada para a captura intelectual da atenção) é veículo de uma informação "passiva", emocional, voltada para a captura da atenção pela distração. Isso se transferiu eletronicamente para as redes sociais como uma formação discursiva em que os agentes não precisam realmente saber do que estão falando, já que basicamente apenas *marcam presença* virtual na rede, atraídos pelo êxtase do contato, isto é, por uma fatia emocional de tempo presente na mídia.

Na nova semiose midiática não há propriamente inculcação de conteúdos (exceto em estratégias deliberadas de desinformação), e sim *autoengano* por sutis mecanismos de *exposição*: não mais se trata da verdade supostamente inscrita no fato como uma essência inquestionável – que dava origem à ideologia técnica e ética da objetividade jornalística –, mas do *desejo do fato* (aquele que se deseja receber) articulado com a lógica segmentada do mercado e distante de um paradigma politicamente referido a ideais de soberania popular.

Com efeito, "inculcação" designa um processo ativo de introjeção de conteúdos intelectivos na consciência individual ou coletiva, decorrente de um regime discursivo mais ou menos unitário a que se pode dar o nome de "ideologia", por menos monolítico ou mais conceitualmente ambíguo que seja. Com efeito, ideologia, muito mais do que uma pletora de conteúdos doutrinários, é a *forma* socialmente assumida pelos conteúdos, ao modo de um espelhamento primal em que repercutem e circulam afetos. A "exposição", portanto, diz respeito à criação de uma ambiência (modos de sentir, de viver), que preside ao *socius* como uma atmosfera hegemônica, pautada por uma lógica mais emocional do que sígnica, mais performática (o falatório, p. ex.) do que semântica, logo, mais subconsciente do que consciente. As táticas expositivas privilegiam a captura da *atenção* do interlocutor por meio do que já estava anteriormente inscrito como uma característica da publicação, seja jornalística ou publicitária.

A captura da atenção do interlocutor/leitor sempre definiu a lógica implícita na retórica de facilitação do texto de jornal (a brevidade, a concisão, as técnicas de organização dos parágrafos etc.) ou na profusão dos cartazes e dos anúncios trabalhados pela propaganda em sentido amplo, mas sempre ancorada em conteúdos argumentativos inculcáveis e referida à lógica do fato. Daí, a premência de *agilidade* empresarial na produção de informação pública. Esta última é uma aproximação imediata da verdade consensualmente pública, o que acarreta a exigência de uma comunicação em tempo razoável. Em termos práticos, do modo mais veloz possível para a captura da primeira atenção, complementada pelo desenvolvimento argumentativo do fato.

A novidade da exposição, em contrapartida, consiste em relegar argumento e fato ao segundo plano, buscando a aceitação imediata do interlocutor por meio de seu *enredamento* – isto é, a captura da atenção e da crença por circuitos neurais – num conto moral. A troca do argumento pela exposição cenográfica e a ausência da lógica factual impedem a distinção do interlocutor/leitor entre o verdadeiro e o falso. Isso foi incrementado pelo advento das redes sociais, onde o mecanismo de mobilização neural por meio da atenção atinge o seu auge.

A programação algorítmica direciona-se para a captura da atenção, que é propiciada pela maior quantidade de cliques ou de comentários sobre uma determinada mensagem, o que normalmente acontece nas mensagens impactantes, carregadas de emoções fortes, a exemplo do escândalo moral, do ultraje, das manifestações de ódio. Pela instantaneidade da transmissão/recepção, esse tipo de conteúdo faz elipse das provas de veridicção, dispensando a lógica argumentativa e abrindo caminho à amplificação da violência verbal e da incitação à "passagem ao ato", isto é, ao descontrole das ações.

A importância dessa captura faz-se evidente nas estratégias terroristas que têm marcado a cena internacional desde os fins do século passado. O homem-bomba ou a morte sacrificial, a explosão de ícones arquitetônicos, o fuzilamento de anônimos, os atentados insensatos – tudo isso não visa mais do que chamar a atenção global para uma causa dificilmente expressa em meios argumentativos. Ao perder a guerra dos territórios físicos, uma grande organização terrorista, como o Estado Islâmico, desloca-se automaticamente para o espaço virtual, onde a ação mortífera consiste no desafio à violência simbólica do sistema hegemônico por uma violência real que não pode ser suplantada nos mesmos termos, já que se trata de ações razoavelmente "impossíveis". Daí, a busca de uma "atenção" encontrável apenas na esfera abstrata da comunicação/informação, a mesma do mercado, onde a lógica publicitária equivale à do terror.

O que chamamos de prevalência da lógica de mercado – correspondente na esfera de funcionamento dos dispositivos de comunicação/

informação ao fenômeno da "midiatização" – é um efeito automático da financeirização, concebida como máquina tecnossocial capaz de mobilizar formas diferentes de poder. Já fizemos referência à economia "comportamental" (influenciadora de escolhas individuais para além do fato econômico puro e simples), atualmente praticada na "democratura" (democracia e ditadura) chinesa, onde o sistema de "créditos sociais", uma espécie de cadastro positivo de cidadãos, permite ao governo monitorar e controlar comportamentos individuais desde o consumo até a política. A informação/comunicação constitui a matriz do sistema.

De modo geral, ao lado do poder como pura e simples dominação (a hierarquia do poder institucionalizado), aventa-se a hipótese do poder como rede (as matrizes intersticiais de influência), que constituem na verdade a ampliação da velha metáfora da imprensa como um "quarto poder". Nessa configuração se retrai o alcance político da informação, uma vez que o espaço público é configurado primordialmente por mercado e por dispositivos de informação. Entra em crise toda a mitologia liberal da *opinião pública*, desencadeada por Rousseau (pela primeira vez numa carta, às vésperas da Revolução Francesa, depois em *O contrato social*) a partir da ideia iluminista de que a opinião pública, supostamente um reflexo da vontade geral, poderia contrabalançar o exercício do poder de Estado.

A rigor, não existe objetivamente essa "opinião pública" (que se confunde com senso comum ou com formações de consenso ideológico) a não ser como ficção do liberalismo político erigida por mecanismos institucionais. A imprensa livre nasce como um corolário da instituição moderna do consenso liberal-democrático, que faz coincidir institucionalmente liberdade de expressão com liberdade de imprensa. Ainda que se estruturasse empresarialmente (portanto, com objetivos comerciais), como se consolidou no já citado modelo empresarial de Émile Girardin, o lado "instituição" – portanto, o lado diretamente articulado com um saber formativo de sujeitos – preponderaria ideologicamente sobre o lado "organização".

Mas essa institucionalização é hoje abalada por efeito do *ativismo direto do capital*, que é a reorganização neoliberal do modo de produção e das formas de vida correntes. Primeiro, apequena-se o alcance do Estado nacional, que deveria idealmente definir-se como conservador em matéria de economia (ajuste fiscal ou equilíbrio das contas públicas, diminuição da carga tributária, eficiência administrativa etc.) e como redutor constante de seu próprio poder. Segundo, livre-mercado e globalização financeira sobrepõem-se à lógica da *sociedade política* (relações entre governantes e partidos) e à *síntese social* (institucionalização do vínculo existencial), que lastreiam politicamente a *esfera pública*.

Em consequência, a opinião pública torna-se "liberal-censitária" sob controle dos instrumentos de avaliação, assim como as entidades organizacionais fazem-se socialmente mais visíveis e tecnologicamente mais poderosas no exercício de uma espécie de "câmara de eco", que é a hegemonia inerente ao ecossistema midiático. Nessa nova conjuntura, a retração ou a crise da dialética pública da verdade pode investir-se de características regressivas, análogas a algumas que pontuavam as situações fascistas na primeira metade do século XX: fundamentalismos, irracionalismos partidários, exasperações raciais, aversão à temporalidade lenta dos processos democráticos, louvação heterodoxa da eficácia empresarial etc.

Essa situação – de acentuado deslocamento das "placas" de sustentação do liberalismo democrático – é propícia à ascensão ao poder por parte de populistas carismáticos, sem conexão significativa com o sistema político institucionalizado, ou então de celebridades midiáticas, a exemplo do norte-americano Donald Trump que, fora a sua atuação televisiva, não tinha qualquer experiência prévia de governo ou mesmo de presença nas Forças Armadas. A mídia, como bem se sabe, é espelho e boca do mercado, atenta basicamente à lógica dos dispositivos de informação, *cuja disseminação revela-se ingovernável* nos termos da democracia representativa, principalmente quando se observa a erosão progressiva da base social das antigas elites corporativas (escolas de elite, universidades etc.) detentoras de postos de comando na sociedade civil[111].

No vácuo institucional, isto é, na ausência de qualquer substância civil, não há nada a se ordenar ou gerir em termos liberais. A erosão das instituições, que corresponde à falência do liberalismo democrático, progride na indistinção entre os planos do real e do virtual, abrindo caminho para a valorização social de *perfis* salvíficos e autoritários. Na lógica dos algoritmos, o improvável é possível. Pode ser um momento transitório, uma passagem, mas os efeitos repercutem nos ânimos. Por outro lado, o mercado trabalha prioritariamente com agendas de modernização de seu próprio funcionamento, o que pode comportar agendas progressistas – em termos de costumes, consumo, gêneros – mas neutras ou indiferentes à desigualdade das classes sociais e à sustentabilidade ecológica.

Três quartos de século atrás, Polanyi falava de uma *situação fascista*, para referir-se à *forma de estado* ditatorial assumida por burguesias nacionais europeias a partir da década de 1920 e não especificamente a blocos de poder; isto é, a composições de classes e frações de classes sociais guiadas por movimentações ideológicas ou partidárias que visassem à eliminação dos partidos operários de massa, o nacionalismo cego e o culto à violência. Desde que fundou em 1915 o Partido Revo-

---

111. Os setores muito ricos, que constituem o lado privilegiado na apropriação social da renda, não se configuram necessariamente como essas "elites". Em determinados contextos nacionais, os muito ricos são indivíduos isolados, com projetos e ações predatórios, descomprometidos com a vida coletiva.

lucionário Fascista, Mussolini aferrou-se à ideia de uma "doutrina da ação", algo que estaria faltando à doutrina socialista. A situação fascista era uma prática de confronto permanente ou de mobilização bélica (cultural e armada) destinada a impactar *afetivamente* as massas.

Hoje, poderíamos designar aspectos dessa "situação" como *protofascismos* – sintomas sociais de fascismo emergentes como uma possibilidade constante na deriva alucinatória do sensório que rege, sem mediações democráticas, as redes tecnológicas de conexão social. Vale ponderar a arguta observação de Polanyi: "O fascismo era uma possibilidade política constante, *uma reação emocional* quase instantânea em cada comunidade industrial desde 1930. Pode-se chamá-lo um "passo", de preferência a um "movimento", para indicar a natureza impessoal da crise, cujos sintomas eram frequentemente vagos e ambíguos"[112].

Naturalmente, as análises pautadas por ortodoxia marxista rejeitam qualquer explicação que abrigue a categoria *afeto* ou a presença de ambiguidades conceituais. Mas a posição de Polanyi é teoricamente muito sugestiva porque, embora situando o fascismo clássico como uma busca de solução para o impasse da sociedade liberal de mercado confrontada às conquistas econômicas e políticas das classes trabalhadoras – ao preço da extinção de todas as instituições democráticas, tanto no campo industrial quanto no político –, ela rejeita a pura determinação econômica do fenômeno, caracterizado como um nebuloso potencial de destruição das liberdades constitucionais, capaz de irradiar-se além dos limites partidários e geográficos.

Apesar da existência de obras explicitamente doutrinárias de apoio ao aspecto de "movimento social", o fascismo é tanto uma *situação* societária quanto um *padrão* existencial, em que prospera o aprofundamento

---

112. POLANYI, K. *A grande transformação* – As origens de nossa época. Op. cit., p. 261.

da dominação sobre um "outro", um inimigo imaginado. Esboça-se uma micropolítica do cotidiano, em que o "inimigo" é um próximo (o vizinho, o colega de trabalho etc.) conotado como comunista imaginário ou então simplesmente como sujeito de uma corporeidade inaceitável. Seu pano de fundo operativo é a mobilização permanente das consciências pelo estado de guerra, real ou sonhado, fomentador do ódio ou do ressentimento como afetos fundamentais. Entre as duas grandes guerras, o padrão fascista encobria-se em tendências ideologicamente efêmeras, como a contrarrevolução (uma "contrarrevolução preventiva" ou um antissocialismo) e o revisionismo nacionalista (uma visão idiossincrática da pátria e da nacionalidade).

Mas há algo de duradouro nesse fenômeno – portanto, algo de *repetível* – detectado esporadicamente por pensadores e escritores como Primo Levi (1919-1987), para quem "cada época tem o seu fascismo", ou como Umberto Eco (1932-2016), que se referiu a um "eterno fascismo". Não é de fato a História que se repete (exceto como farsa, segundo Karl Marx), nem é também um indefinível "eco" de tempos idos, mas sim a reinterpretação histórica (parcialmente subconsciente, como num *acting-out* psicanalítico) de parte de um fenômeno vivido no passado, embora de modo imperfeito, sem resolução dialética. A História guarda sempre a latência de algo, um obsoleto, que pode ser interpelado ou reinterpretado na posterioridade por uma forma social propícia.

Como explica Nancy (justamente ressalvando que não se pode reconstituir o obsoleto), "os fascismos não haviam sido simplesmente uma crise, mas um primeiro e violento reflexo diante da dificuldade que a democracia experimenta de se compreender e se fundar e até mesmo de se justificar por si mesma"[113]. Ou seja, esse reflexo incidiu sobre os próprios aparelhos de Estado (portanto, sobre a sociedade política ca-

---

113. NANCY, J.-L. *A comunidade inoperada*. Rio de Janeiro: 7 Letras, 2016, p. 11.

racterizada por Gramsci) e sobre as instâncias economicamente produtivas da sociedade civil, visto que empresários e industriais assumiram o fascismo. A "moralidade" do capital não é jamais constrangida por injunções humanistas.

Podem, assim, acontecer no fluxo histórico repetições prototípicas do fenômeno, em especial nos momentos de história social caracterizados pelo arrefecimento do pensamento progressista ou das perdas de terreno da esquerda política para as facções conservadoras. Na própria Itália da década de 1950, ainda mal refeita dos traumas do fascismo bélico, o jovem poeta Pier Paolo Pasolini já podia denunciar: "Fervilha o anticomunismo, o colonialismo, a fome, o racismo, o ódio por tudo que é diferente, por tudo o que não se encaixa na norma e que, portanto, abala a ordem burguesa. Ódio contra os negros, os pardos, os judeus, ódio contra os poetas"[114].

Hoje, diante de dificuldades dessa ordem enfrentadas pela democracia ocidental, expressões como "neofascismo" e "pós-fascismo" comparecem em discursos críticos de natureza diversa sobre a ascensão da extrema-direita no mundo. São termos pautados pelo sentido de continuidade e diferença no fenômeno, mas ainda imprecisos na caracterização da convergência entre autoritarismo político e fundamentalismo cultural. Nenhum bloco de poder evidencia uma identidade fascista. Em vez de uma base estável responsável por proposições mais ou menos ideologicamente coerentes (a exemplo dos partidos fascistas europeus no passado), o fenômeno atual caracteriza-se por *focos mobilizadores de atenção*. Ou seja, por pontos nevrálgicos (protoformas semióticas) da fricção entre as classes sociais, evidenciados

---

114. BUAES, A.G. *Protegido pelas contradições* – Coletânea de crônicas jornalísticas de Pier Paolo Pasolini (1960 a 1965). São Paulo: USP, 2009, p. 135 [Dissertação de mestrado].

principalmente em grupos minoritários sem renda satisfatória, sem voz e sem influência social, mas que subsistem na esperança latente desses atributos.

É claro que essas carências independem da mídia, embora sejam por ela retrabalhadas no plano do imaginário e da linguagem adequados ao *bios virtual*, ressoando num universo paralelo progressivamente construído pela ficcionalização imagística e eletrônica. Nas redes digitais, sutilezas intelectuais são contornadas pela brutalidade simplista e imediatamente comunicativa da fala. As "bolhas" emocionais que se constituem podem ser captadas como "bases" tanto para a ordem do consumo como para a mobilização político-eleitoral e acabam toldando a distinção entre os planos *online* e *off-line*. Evidenciam-se aí as características morfológicas do fenômeno regressivo e reacionário, portanto, protofascismos, que emergem mais amplamente nas formas reativas aos efeitos colaterais da globalização – decomposição da classe trabalhadora tradicional, remanejamento da estrutura de empregos, intensificação dos fluxos migratórios etc. –, nos surtos anacrônicos de nacionalismo, assim como na confusão mental causada pela transformação acelerada dos costumes e pela efemeridade dos acontecimentos.

Nas exasperações sociais emergentes, ditas "antiglobalistas", inscrevem-se os traços, ao mesmo tempo nostálgicos e sombrios, do fenômeno. Às vezes, o fenômeno pode assumir o *look* (como um surto de moda) filofascista, reproduzindo minoritariamente signos identitários de partidos extintos, seja em grupos militantes de "supremacia branca" nos Estados Unidos, seja em *revivals* nostálgicos, a exemplo de um abstruso "partido integralista brasileiro". A psicanálise poderia falar aqui de uma patologia do tempo, em que o presente se faz melancolicamente refém de um passado idealizado.

Ao protofascismo falta a convicção que ainda vestia partidariamente o fascismo clássico, mas lhe sobra angústia: é um inquietante tropeção no fio transformador da História. Não é mais uma ideologia com alguma coerência capitaneada por um partido com o beneplácito do Estado, e sim um produto do ressentimento social estimulado pelo conhecimento-zero da História (sim, ignorância é mesmo força, como insinua G. Orwell em *1984*) e pela energia do descontentamento ante a crise generalizada do emprego, as transformações dos costumes, a corrupção política, o sentimento de declínio nacional. Nos países ditos emergentes, a degradação social, alimentada por frações da velha democracia burguesa (elites predatórias ou indiferentes ao destino territorial), incita continuamente os estratos médios e baixos das classes sociais à produção do medo e do ódio como reação sistêmica à dinâmica progressista dos movimentos coletivos.

Ontem como hoje, a situação fascista reflete o ressentimento e o medo coletivo – logo, paixões políticas negativas – diante de transformações e passagens aceleradas, como bem transparece numa formulação de Gramsci: "O velho mundo morre, o novo mundo demora a aparecer, e no claro-escuro surgem os monstros" (*Cadernos do Cárcere*, 3/184). Morre agora o mundo moldado pelo industrialismo enquanto se divisa outro regido por finanças e digitalismo, onde o que se pode chamar de "clareza" aparece apenas nos radicalismos. Aí cresce o protofascismo como uma forma ambígua e mutante, refratária à tolerância e à racionalidade das opiniões, alimentando-se de emoções brutas, ao modo de "uma religião política a serviço de um processo degenerativo": uma religião apoiada na linguagem universal do ódio, capaz de acomodar-se perfeitamente à individualidade narcísica que emerge e se protege na rede eletrônica.

A palavra "religião" não comparece aqui por acaso: a situação fascista pode reemergir historicamente no enfraquecimento político da esfera pública, fenômeno de onde sobrevém uma espécie de retração coletiva na direção de instituições como família e religião, nostalgicamente idealizadas. Na rede, essas instituições esvaziam-se de sua transitividade social para converter-se em projeções fantasiosas. Assim como o espetáculo já pôde ser identificado como a forma-mercadoria acabada, a rede eletrônica é o atual acabamento formal da *realidade paralela* (o *bios virtual*) paulatinamente construída pelas organizações de mídia desde meados do século XX em conjunção com as abstrações inerentes ao capitalismo financeiro. Nessa virtualidade paralela, antigas diferenças constitutivas da sociabilidade (p. ex., a diferença entre critérios de verdade e de mentira) desaparecem em favor de uma discursividade amorfa, mais emocional do que argumentativa.

Para além dos partidos políticos (e na ausência de organizações de massa fascistas), a rede favorece uma relação direta entre frações de classe social, assim como entre instituições sociais, psicossocialmente investidas por formações discursivas da ideologia predominante. As "bolhas" perceptivas que se constituem no espaço das chamadas redes sociais digitais, sob o *slogan* da conexão generalizada e democrática, são de fato círculos fragmentários e autocentrados de opiniões e percepções, infensos às diferenças. Mas embora se ancorem numa realidade virtual e paralela, são capazes de impactar emocionalmente setores "não ocidentalizados" da sociedade civil, abrindo o caminho para mecanismos regressivos em termos de comportamentos psicossociais, facilitadores da ação de lideranças historicamente perversas. O protofascismo não é uma certeza prospectiva quanto a uma "ressurreição" do fascismo clássico – que ainda se pautava por uma lógica de diferenças partidárias e da guerra entre nações –, mas sim uma nebulosa exasperação totalitária, deflagrada pelo giro alucinatório da bolha perceptiva e afetiva ao redor de si mesma.

Sob a égide clássica da representação democrática, a disputa por hegemonia sempre se deu no âmbito de poder da opinião, embora jamais excluindo inteiramente as emoções e as sensações. Em sua regularidade institucional, porém, o texto jornalístico articula-se em torno de argumentos e significados, *apreendidos* pelo leitor como uma pletora de enunciados com o pano de fundo da verdade consensual ou, ao menos, daquilo que se justifica pelo senso comum. A apreensão resulta de estratégias textuais orientadas para o *entendimento*: narração, descrição, explanação, explicação. Supõe-se que a transparência do mundo (a revelação de segredos de Estado, as causas subjacentes às questões sociais etc.) decorra de negociações discursivas, portanto, de uma lógica de argumentos, no jogo democrático da esfera pública.

A prédica liberal sobre a pluralidade das fontes de informação assenta-se no pressuposto de que o pluralismo das vozes gera uma diversidade argumentativa capaz de incrementar a potência democrática do consenso. Mas se por um lado a supressão dessa pluralidade coincide com o totalitarismo ou com a antidemocracia, por outro, a multiplicação descontrolada ou apolítica das fontes pode não conduzir a nada mais do que o *corporativismo* articulado com as formas burocráticas ou gerenciais do Estado. É o que se revela, aliás, na proliferação de produtos impressos e audiovisuais por parte das grandes organizações corporativas de mídia.

Do ponto de vista organizacional, o principal objetivo da mídia sempre foi a captura da *atenção pública*, conforme já sustentamos. Com o aporte tecnológico da eletrônica, sob o regime de uma temporalidade totalmente identificada com o capital, intensifica-se a apropriação mercadológica dessa matéria rentável, que é o tempo do outro, para fins comerciais. A informação em si mesma, desligada do contexto sociopolítico, pode ser apenas o incremento do senso comum ou da hegemonia, que contribui para a maior ocidentalização da sociedade civil. Parte daí, entretanto, a caracterização da imprensa como um intelectual coletivo das classes dirigentes, mas no sentido de conformidade à sua função hegemônica (portanto, à ideologia de domínio) e não necessariamente de mera conformidade à atuação política da classe dirigente, uma vez que a dimensão institucional (e não totalmente empresarial) do jornalismo dá margem à revelação de diferenças entre as situações ou entre as posições de classe social.

Essa dimensão lastreia teoricamente a velha idealização letrada ou "iluminista" de um horizonte progressivo do jornalismo na direção de uma textualidade apta a aumentar a capacidade de leitura crítica de um público determinado. Não apenas jornalistas, mas até mesmo pensadores de inspiração liberal ou pragmática têm apostado na possibilidade de um sistema informativo capaz de ampliar racionalmente a transparência dos grandes problemas sociais, abrindo caminho para uma democracia deliberativa. Do ponto de vista semiótico, é uma aposta na força *constatativa* do discurso, em que os signos linguísticos (as palavras) diretamente antenados com o mundo-referência legitimam os argumentos.

Entretanto, sob o império midiatizado da imagem-mundo, portanto, sob o influxo dominante do sensório eletronicamente estimulado, não se trata mais de palavras, nem de argumentos, nem de mera apreensão lógica de fatos, mas de operações automatizadas – desde o entendimento até o contato puro e simples – em que o receptor se implica de corpo inteiro, *sensorialmente*. É o que ressoa na hipótese de uma "democracia das emoções", antitética à antiga democracia das opiniões, que implica mudanças na natureza da informação pública. Nessa constelação semiótica, o horizonte do jornalismo poderia consistir na sua própria reinvenção, com o concurso de aportes comunitários, supostamente capazes de revalorizar o polo da recepção: não a consciência liberal dos direitos civis, mas a emoção sensomotora que estaria agora dando a impulsão neuromuscular para que os corpos da cidadania ganhem as ruas em situações de protesto.

Nas chamadas tecnodemocracias ocidentais, entretanto, ao se arguir a temática da liberdade de expressão nas ruas ou praças públicas, é frequente que a chamada "opinião pública" esteja basicamente preocupada com a grade de entretenimento, cujos carros-chefe variam das telenovelas aos *sitcoms* norte-americanos. A notícia, ainda que catastrófica, é consumida como entretenimento. O discurso informativo (a *publicação*, de que fala Marx) é cada vez mais permeado pelo imaginário social, esboroando-se os critérios tradicionais de verossimilhança e reforçando a comunicação de fatos a um público receptor estatisticamente "imaginado" – e não politicamente concreto – pelos mecanismos de pesquisa comercial.

Não mais se trata de atribuir cores depreciativas a um jornalismo presumidamente opositivo a outro, "sério". Hoje, o sensível, abertamente espetacular ou não, impõe-se à mídia como uma espécie de solo cultural, em virtude da afetação da esfera pública pelo mercado de bens e serviços, além das redefinições progressivas de cultura como entretenimento e de política como gestão eficaz do capital humano. *O jornalismo daí decorrente é predominantemente indicial.* Em outras palavras, a lógica da argumentação dá lugar à lógica do *índice*, explicado por Charles Sanders Peirce como "um signo, ou representação, referente a seu objeto não tanto por causa de qualquer semelhança ou analogia com ele, nem porque esteja associado com as características gerais que o dito objeto possa ter, e sim porque está em conexão dinâmica (incluindo a conexão espacial) com o objeto individual, por um lado, e com os sentidos ou a memória da pessoa para quem serve como signo, por outro"[115].

---

115. Cf. SODRÉ, M. *As estratégias sensíveis*: afeto, mídia e política. Petrópolis: Vozes, 2006, p. 107.

A semiose indicial – movida a mensagens de sistema, botões de comando, indicadores de progresso etc. – condiciona formas análogas de pensamento, em que a codificação *stricto sensu* se sobrepõe a motivações de ordem subjetiva. Nesse caso, as palavras perdem a sua força significativa – força que sempre se revelou como essencial a uma cultura ideologicamente dirigida à intersubjetividade compreensiva – em função da indicação *indicial*, que favorece, por sua vez, o *contato*. Nesta circunstância, fragmentos de informação funcionam como *enunciados indiciais* carregados de significação imediata e parcial[116].

Mais plebiscitária do que argumentativa, a semiose de contato permeia progressivamente instâncias diferenciadas da vida social, a exemplo do sistema judicial, onde criminalistas, na iminência de condenar ou absolver um réu, submetem as suas alegações jurídicas a grupos semelhantes em gênero, escolaridade e profissão, para incorporá-las ou descartá-las segundo os índices majoritários. Como se infere, o que aí conta não é o poder semântico do discurso, mas a sua adequação a um *cenário* de consenso por parte de um grupo determinado.

O desaparecimento das grandes explicações do mundo, a profusão das palavras "ocas" (fenômenos habitualmente apontados em textos críticos) e o esvaziamento das ideologias representacionais são sintomas da passagem a essa "cultura do contato", bastante receptiva à interação tecnológica dos indivíduos. A efervescência das redes ou das plataformas eletrônicas aponta para uma dinâmica societária que ainda não alcançou compreensão global. Mas ao mesmo tempo compreender não parece mais tão importante quanto "fazer grupo", embora pelas tecnologias do virtual. Recalcam-se as aparências de individualis-

---

116. Em fins da segunda década deste século, o aplicativo Twitter concentrava o que se poderia chamar de "debate público". O grande exemplo visível era Donald Trump. Invisível aos olhos públicos, o algoritmo era o responsável pela excitação coletiva; em última análise, o verdadeiro condutor do "debate".

mo, para melhor fortalecê-lo sob as capas dos grupos autorreferentes ou "tribos" simuladas.

O potencial do acontecimento

Entretanto, o novo ordenamento cultural do sentido abre caminho para se avaliar o acontecimento na estruturação da experiência individual e coletiva, em vez de concebê-lo apenas como integrante da categoria do fato (predomínio da causalidade), encarando-o como um fenômeno com potencial hermenêutico próprio. Isto significa que o fenômeno evidenciado pelo acontecimento pode ter um alcance interpretativo maior do que as suas possíveis motivações racionais.

Isso vale até mesmo para a sistematização racionalista do pensamento, como observa Heidegger: "A filosofia tem a curiosa aspiração a só deixar valer como genuíno conhecimento aquilo que, por alguma via de tipo argumentativo, foi demonstrado racionalmente, de maneira que deixa de prestar atenção à instância que representa uma visão imediata das coisas precisamente nessa imediatez"[117]. Ou seja, trata-se de dar a devida importância a que o fenômeno *se mostre* simplesmente, até mesmo em sua máxima trivialidade, antes que se formule um problema geral. Não há certamente nenhuma solução para o conhecimento nesse simples mostrar ou aparecer, ou mesmo na descrição detalhada do fenômeno, mas é essencial assegurar-se de sua realidade antes de se argumentar de modo explicativo sobre o mesmo.

No caso do acontecimento, o que se sugere é que ele deve ser compreendido (hoje mais do que nunca, na era das imagens e dos dígitos), para além do registro simbólico, no *registro afetivo do mundo*. Quer dizer, não se põe em jogo apenas a lógica argumentativa das causas, mas

---

117. HEIDEGGER, M. *Introducción a la filosofía*. Madri: Cátedra, 1999, p. 79.

principalmente o *sensível* de uma situação, com sua irradiação junto aos sujeitos e com a revelação intuitiva do real que daí poderá advir. Neste aspecto, o digitalismo eletrônico que torna possíveis as ditas "redes sociais" é um inédito recurso publicístico, um passo adiante na informação pública tradicional, uma vez que dá margem ao "grito" de alerta instantâneo por parte de setores anônimos da sociedade frente a problemas ou situações cuja escuta coletiva se retardaria na temporalidade adiada. A força mobilizadora das redes inscreve-se na esfera do registro afetivo.

Assim, em vez da mera transmissão de um conteúdo factual, trata-se da conformação socialmente estética de uma *atitude*. Por um lado, pode-se aventar a hipótese de que a comunicação do acontecimento pelo sistema informativo visa mais a *influenciar* ou controlar por recursos tecnoperceptivos do que propriamente *informar*. Por outro, pode-se sugerir que a vida acontece também, para além da dimensão discursiva, na movimentação dos corpos, nos embates coletivos e em signos indiciais, em que mais vigora a potência afetiva dos grupos do que a razão esclarecedora dos argumentos[118].

Politicamente, o risco da comunicação eletrônica para o liberalismo democrático consiste, em primeiro lugar, na obliteração do polo receptivo em favor da emissão, o que abre caminho para a autonomização do algoritmo, ou seja, para que a inteligência artificial controle todo o processo interlocutório. Este é o delicado tópico da suposta autonomização de robôs na produção de textos jornalísticos, gerado por experiências corporativas (Google, Facebook) sobre a combinação de jornalistas humanos com robôs acionados em softwares de inteligência editorial.

Depois, inscreve-se como possibilidade a monopolização econômica e ideológica dos interesses de classe, acompanhada por um

---

118. Cf. SODRÉ, M. *As estratégias sensíveis*: afeto, mídia e política. Op. cit.

sistema informativo empresarialmente monológico e institucionalmente desligado da cotidianidade comum, logo, desvinculado da soberania popular como fonte confiável (a autoridade que respalda toda verdade consensual) da prática jornalística. De fato, a informação circulante na rede eletrônica não tem como fonte o *real-histórico vivo* – seja a factualidade cotidiana, seja a expressão cívica da cidadania –, e sim as fontes secundárias e terciárias constituídas do interior da própria rede. Em outras palavras, a rede (portanto, o *bios midiático* ou virtual) pauta os eventos num círculo vicioso que a confirma, entretanto, como autônoma realidade paralela. Produz-se algo como um "jornalismo sem povo".

Recorrendo-se ao modelo de funcionamento da política formulado por Badiou – o conjunto da vida popular, massas ou simplesmente "povo", as organizações e o Estado –, seria talvez possível avaliar o grau de intensidade da mediação jornalística na articulação (política) desses três elementos, que se manifestam de modo muito diferente na esfera pública. O problema é que a ideia dessa forma coletiva de subjetivação chamada "povo", indispensável ao conceito de regime republicano, não tem a transparência que se pretende à primeira vista. Associá-la a "nação" foi uma estratégia de desenvolvimento e consolidação do poder de Estado contemporâneo.

Nessa dupla, como acentua Mairet, "é *o povo* que é dominante, a tal ponto que não se poderia, hoje como ontem, alimentar uma ambição política para si mesmo ou para todos, se não se tem como uma evidência que o povo é soberano. Esse povo aparece, com efeito, como o referente obrigatório, a fonte e a norma de toda política desde que ressoaram na Europa e no mundo os 'ideais', como se diz, da gloriosa Revolução Francesa [...]. O povo não é, pois, uma população, é um princípio, e a ideologia do povo é o conjunto sistemático das significações de todas as espécies deduzidas desse princípio"[119]. Em nome desse princípio propriamente inovador, Saint-Just, o dito "arcanjo" da Revolução, convence a Convenção a mandar cortar a cabeça de Luís XVI.

Em resumo, o povo concebido como *demos* (e não como *ethnos*) é o princípio político que transforma a população (gente amontoada ou agregada) ou "massas" em sujeito de uma soberania, de um determinado poder frente ao Estado. Daí, a importância política dessa noção, por favorecer a identidade hegemônica tutelada pelo Estado[120].

O poder do Estado liberal é alavancado pelo mito de potência que se constitui ao redor do povo, visto como uma essência de liberdade garantida por leis e direitos. Igualmente se explica o poder tradicional da imprensa, definida não apenas como garantia de defesa dos direitos civis, mas também, nos termos lúcidos e visionários de Rui Barbosa, como a própria *vista da nação*, isto é, o meio pelo qual "a nação acompanha o que lhe passa de perto e a longe"[121]. Organicista, por estabelecer uma analogia entre a visão do corpo e a imprensa ("vida sem visão é vida no escuro", é "morte em vida"), essa metáfora tem o mérito de associar o publicismo ao princípio moderno da soberania territorial (Estado-Nação, projeto político e cultural de vida em comum), além de povo simplesmente.

De fato, só associado à nação, o povo adquire a conotação de princípio racional, de onde se podem deduzir as significações políticas compatíveis com os jogos da democracia. Este é um ponto de vista de-

---

119. MAIRET, G. "Peuple et nation". In: *Histoire des idéologies*. Paris: Hachette, 1978, p. 57.

120. Mas daí também a contestação presente na obra de um filósofo politicamente militante como Antonio Negri, que opõe o conceito de "multidão" (uma multiplicidade de diferenças singulares: étnicas, sexuais, formas de vida etc.) a uma suposta unidade assujeitada e implicada na ideia de povo.

121. BARBOSA, R. *A imprensa e o dever da verdade*. Bahia, 1924. Cf. LACOMBE, A.J. *O pensamento vivo de Rui Barbosa*. São Paulo: Martins Fontes, 1967.

cididamente hegeliano na medida em que essas significações políticas confluem para o Estado como efetividade da ideia ética, portanto, como unidade da universalidade e das particularidades por meio do direito: o Estado apontaria ao indivíduo o horizonte de sua liberdade efetiva. O contrário disso seria a prevalência da *plebs*, ou das massas desprovidas de um retorno cívico ou político sobre a sua própria existência, o que implica uma ativa inscrição coletiva na duração histórica e, naturalmente, responsabilidade social.

Na medida em que a ideia de nação se perfaça por macro e micro-narrativas de natureza diversa, a narratividade racionalista e argumentativa implícita na atividade jornalística incrementa o poder *civilista* da imprensa. A midiatização, entretanto, coincide com o momento histórico de enfraquecimento do liberalismo político e do trânsito da ideia racional de povo em favor de uma nova configuração da *plebs* (antitética à plenitude da sociedade civil): uma ainda nebulosa massa populacional, redefinida e fixada midiaticamente (audiovisual e rede eletrônica) pelo mercado ampliado. É forçoso registrar que, até certo ponto, essa massa – embora não direcionada, para numa ideia simbolicamente forte – pode ter consciência de si mesma, como uma visibilidade nova na cena social. Nas telas e na rede, a massa realiza-se apenas virtualmente, mas com efeitos eventualmente potenciais sobre processos políticos ou eleitorais.

Isso significa uma retroação política, na medida em que as massas perdem a condição de sujeitos da duração histórica em função de um "fantasma", uma imagem, garantida apenas pelas estatísticas de verificação e controle. Como imagem contabilizada, elas estão fadadas a repetir-se numericamente nos cálculos. Povo converte-se em "massa falida", resto da História, nicho de mercado. Esvaziado de sua historicidade política, o povo presta-se a classificações diversas e fluidas, que variam de acepções outrora atribuídas ao "lumpen-proletariado" até a identificação de uma nova fração de "classe média", à margem dos mecanismos institucionais de representação.

O poder exercido sobre essa massa não mais decorre só dos aparatos de Estado, e sim das organizações empresariais que acumulam e concentram gigantescas quantidades de informação sobre os segmentos sociais de "usuários". No antigo lugar da retórica argumentativa, entram os quantificadores do volume de informação num sistema computacional (*bytes, gigabytes, terabytes, octets, kiloctets, teraoctets*) que compõem os arquivos dos bancos de dados sob o rótulo de *Big Data* e ultrapassam toda a capacidade de tratamento rápido pelo cérebro humano. A fórmula da velocidade ponderada, atribuída ao imperador romano Augusto – "*fastina lente*" ou "apressa-te devagar" –, não se sustenta na máquina.

Considere-se apenas, a título de exemplo, o caso da *Deep Root Analytics*, consultoria ligada ao Partido Republicano norte-americano que atuou na eleição presidencial desse país em 2016, cujos arquivos de um *terabyte* dispunham de nome, data de nascimento, endereço residencial e dados do registro eleitoral de 198 milhões, dentre os 200 milhões de eleitores. Para cada uma das pessoas listadas, incluía-se ainda uma suposição a respeito de etnia e religião. Comenta um jornalista especializado: "Não é uma suposição à toa: segue um modelo, um algoritmo que leva em consideração nome, região em que mora, renda presumida e cruza com dados do censo para inferir qual a cor da pele, o sotaque e para que Deus reza"[122]. Esta era a base para o cruzamento de informações postadas publicamente em redes sociais, levantando tendências individuais sobre questões correntes no cotidiano: "A massa de dados pública que existe na rede é então analisada por um software de análise de sentimentos, que determina se o ponto de vista é

---

122. DÓRIA, P. In: *O Globo*, 23/06/2017.

negativo, positivo ou neutro. Este conjunto, por sua vez, é cruzado com pesquisas de opinião e demografia, o que permite inferir a posição de cada indivíduo"[123].

Dois anos depois, no começo de 2018, o escândalo que envolveu o Facebook e a consultoria Cambridge Analytica tornou anda mais claro como dados relativos a dezenas de milhões de pessoas foram manipulados por sistemas de inteligência artificial para a construção de perfis com vistas a influenciar opiniões no espaço público. Um detalhe muito significativo: os perfis não são meramente "individuais", na medida em que se correlacionam grupalmente, isto é, no seu potencial de contatos ou de "afinidades conectivas" dentro e no exterior dos grupos. Por meio dessas afinidades se pode "fabricar" (simular) um consenso em que uma posição excessivamente exposta torna ilegítimo o seu contrário.

Em outras palavras, o princípio democrático do segredo do voto é tecnologicamente desconstruído, por meio da *exposição informacional* (a desmedida da transparência como metástase da opinião). A pressão da propaganda política sobre o eleitor torna-se invisível e capilar, a reboque de um novo tipo de "intelectual coletivo" das classes de domínio, que se definem mais propriamente como corporações ou organizações empresariais. Os partidos políticos que, no âmbito da democracia de opiniões, faziam a mediação entre sociedade civil e sociedade política, transformam-se progressivamente em siglas vazias de conteúdos representativos. No processo eleitoral, os eleitores juridicamente "livres" são previamente "eleitos" pela máquina informacional subterrânea.

Numa escala ainda mais ampla, as formas de representação ou de enquadramento do campo político, datadas dos séculos XVIII e XIX, deixam de ser operatórias na compreensão dos mecanismos de poder advindos das estratégias informacionais de negócios, logo, na com-

---

123. Ibid.

preensão e avaliação dos acontecimentos socialmente significativos. Assim se expõe a saturação ou o declínio da política clássica, em crescente descompasso frente aos centros de poder, redefinidos e diretamente ocupados pelo capital. É um declínio que chega mesmo ao paroxismo das caricaturas quando se aprofunda a defasagem entre o ordenamento institucional e a vida real.

Mas a propalada "redução do Estado" não implica realmente a reivindicação da diminuição de seu poder, uma vez que o exercício da dominação, em parceria com a organização mundo-capitalista, ainda precisa de espaço militarmente controlado e institucionalmente legitimado. A luta multissecular pela repartição dos espaços globais (o *nomos* da Terra, teorizado por Carl Schmitt) reinterpreta-se em formas mais abstratas. O avançado capitalismo das finanças compete, mas não exclui em termos definitivos, com os proprietários de terras, os comerciantes e os industriais, todos empenhados no açambarcamento do mais-valor que o capital gera na produção. Na verdade, a diversidade dos setores conflui para a afirmação de uma plutocracia, entendida como apropriação do poder político e econômico por uma minoria indiferente à desigualdade sistêmica.

Nessa conjuntura, ao lado das demandas de governança, o Estado é também força motriz nos processos de acumulação do capital e de incentivo a inovações tecnológicas. Os aparatos legislativos, judiciais e militares coligados aos dispositivos de mídia são imprescindíveis ao que se poderia chamar de "capitalismo de desintegração"; isto é, a combinação das finanças com o saque de recursos naturais, à sombra de populações institucionalmente desarticuladas. Os ilegalismos que se multiplicam nos espaços urbanos dos países periféricos (desde as formas individuais de violência anômica até a organização de quadrilhas) constituem frequentemente uma extensão perversa do poder de Estado infiltrado por nichos repressivos de sua própria máquina burocrática.

O apelo neoliberal em favor de um "Estado menor" é um *marketing* falacioso, que eufemiza a eliminação de direitos civis e de cortes dos gastos sociais. Mas a agonia das formas tradicionais não implica o desaparecimento de política em sentido amplo (como forma de agregação humana), presente na organização de outras formas de vida, de novas modalidades associativas, que incluem as tecnologias de comunicação. Por isso, o jornalismo aí mantém virtualmente um espaço, a ser ocupado na recriação de novas formas de mediação politicamente significativas para a sociedade civil, mesmo levando-se em consideração que os grandes princípios constitutivos da Modernidade (contrato social, democracia, cidadania, Estado, nação, identidade individual) não mais estejam em sintonia com a síntese social operada pela midiatização.

Uma vez falida a mediação liberal, entretanto, nada impede que o jornalismo como fenômeno moderno possa ser redefinido pelo mercado e pela tecnologia. Na realidade, os jornalistas profissionais são apenas uma das várias categorias de atores mobilizados para determinar os fatos e transformá-los em acontecimento de mídia. Assim como eles e suas audiências, existe primeiramente um "público", que pode ser considerado como uma *ideosfera*, onde os indivíduos particularmente ligados naquilo que se torna visível na cena de um espaço público acabam tomando posição numa causa pública. Público não é o mesmo que audiência: o público é constituído por um sujeito coletivo e pode diversificar-se em torno de experiências diferentes; portanto, em muitos públicos qualitativamente distintos.

O fato histórico a se considerar é que os efeitos de simultaneidade e de ubiquidade característicos da comunicação eletrônica alteram as coordenadas de espaço e tempo da informação, ampliando o "direito de comunicar", consuetudinariamente outorgado à "testemunha" do acontecimento. Na prática, o "acontecimento" inerente à vida ativa pode equivaler ao clique da máquina inteligente. Emerge um novo poder de agendamento dos fatos, mais segmentado e mais diversificado. Emerge também um novo tipo de relacionamento entre o público e o conhecimento da realidade. Aquilo que agora se considera "verdadeiro" é apenas uma das possibilidades de cada acontecimento relatado. As chamadas redes "sociais" constituem o exemplo mais palpável desse novo estado de coisas.

Não se trata mais do velho embate democrático de opiniões num espaço público liberalmente modelado (utopia teórica de pensadores como Jürgen Habermas), mas de sensações e emoções esvaziadas de qualquer lastro argumentativo. Como justifica um pensador da direita política europeia, "apenas alguém milagrosamente inocente em relação à História poderia acreditar que a competição entre ideias possa resultar no triunfo da verdade. Certamente, as ideias competem umas com as outras, mas os vencedores são aqueles que têm o poder e a loucura humana ao seu lado"[124].

Diagnósticos desse tipo contribuem para validar a hipótese de uma "democracia de emoções", uma vez que as opiniões estariam esvaziadas de seu poder retórico de convencimento. Alimentam-se, assim, as especulações sobre a modelagem de um novo tipo de jornalismo, embora isso ainda esteja limitado a caixas de ressonância de boatos, de emoções exasperadas, de manifestações de ódio, de pequenos escândalos da vida privada – a matéria de que era feito o sensacionalismo ("imprensa marrom", *yellow press*) do passado.

Tudo isso parece estar valendo tanto para o jornalismo empresarial quanto para a informação miúda produzida diariamente em todas as partes do mundo por anônimos autores de blogs, que hoje estão trans-

---

124. GRAY, J. *Cachorros de palha*. Rio de Janeiro: Record, 2005.

formando o espaço eletrônico numa ponte para o mundo. Do mesmo modo, a segmentação e a diversificação parecem encaminhar-se na direção de um jornalismo "analítico-factual" (revistas mensais e semanais, programas diários de rádio e televisão, sites na internet) mais do que transmissor de acontecimentos. Vale ressaltar, entretanto, que esse caminho técnico não é nenhuma garantia de agregação ou de ampliação de públicos, uma vez que as gerações mais jovens apegam-se cada vez mais à vasta segmentação constituída pelos aplicativos eletrônicos, que convergem para o telefone celular.

No âmbito ainda do jornalismo analítico-factual, emerge a figura do *curador* como um agente de regulação do fluxo informativo, selecionando e agregando credibilidade aos materiais distribuídos. Essas mudanças no contexto profissional já podem ser bem-vistas nas estratégias dos gigantes do Vale do Silicone, a Meca do mundo da internet. Apple News combina curadoria com informação compartilhada em smartphone. Um software (Flipboard*)* democratiza a curadoria, permitindo ao usuário criar revistas digitais (rm 2017, já se contavam cerca de cem mil revistas digitais). Outro (Scoop*)* é especializado em recomendação de artigos, blogs, vídeos, notícias e reportagens.

Muitos outros tendem a aparecer, refinando as possibilidades técnicas. Inovações dessa ordem orientam os públicos diretamente para o material informativo, mas desligando-os das "publicações" centralizadas. A narratividade aponta para muitas outras possibilidades informativas, além daquelas tradicionalmente centradas na pura e simples transmissão do fato, e não apenas no registro impresso e no eletrônico, mas também no radiofônico, como acontece com o formato dito *podcast*, que aprofunda temas específicos. Na midiatização, o jornalista poderá deixar de ser o clássico mediador entre o cidadão e a esfera pública, para converter-se em uma espécie de "perito interacional", ou seja, um técnico "bipolar" especializado em interações com suas fontes em um polo e, no outro polo, com seus públicos. No limite, o jornalista definido como um perito na perícia dos outros (suas fontes)[125].

Em contrapartida, uma redefinição política do jornalismo não se confinaria ao tópico corporativo e moralista do "bom jornalismo" (um suposto jornalismo "puro", singularizado pelo conteúdo qualitativo, conforme as reiteradas conclusões nesse sentido por parte dos especialistas da grande imprensa no Primeiro Mundo), e sim de um consenso institucional quanto à necessária conexão entre democracia e informação civilmente responsável. Pouco importa que o regime democrático opere num Estado-nação centralizado, federalizado ou regionalizado, o que parece mesmo imprescindível é que a expressão pública dos elementos constitutivos da prática política reflita as suas diferenças na luta por hegemonia, que acontece sempre na sociedade civil.

Assim como fica evidente que o tecido democrático é costurado por uma sociedade civil ativa, o mesmo se dá na relação do jornalismo com a atividade "civilista", que é basicamente política. Na ausência dessa sociedade civil – característica de regimes ditatoriais de configuração diversa – o jornalismo destemido permanece como abertura virtual para a reivindicação de liberdades civis ou então para o desenvolvimento de modelos jornalísticos mais ousados[126]. Nesse caso, pouco importa o suporte (papel ou rede eletrônica) da informação: importante mesmo é ação civilista de desvendamento dos segredos no exercício do poder,

---

125. Cf. REICH, Z. "Journalism as bipolar interactional expertise". In: *Communication Theory* – A Journal of the International Communication Association, vol. 22, n. 4, nov./2012.

126. A rede *Al Jazeera* (surgida em 1996 no Oriente Médio) é um claro exemplo. Fundada em 1996 pelo governo do Qatar, em Doha, revolucionou a cobertura jornalística no Oriente Médio, transmitindo entrevistas sem censura.

que as elites econômicas, políticas e militares tentam manter longe do alcance público. Por exemplo, os "vazamentos" dos segredos da vigilância total da cidadania por meios eletrônicos costumam hoje originar-se na própria rede.

Mas aqui comparece também o problema de saber se tecido democrático e atividade política não se transformaram historicamente no curso das mutações sociais. De fato, assim como a política partidário-parlamentar recai no vazio da representatividade social, o jornalismo hegemônico (imprensa escrita e televisão) também mergulha no mesmo abismo institucional, na medida em que perde contato com a vida real e cotidiana de seus supostos públicos, enredando-se nas rotinas técnicas de promoção de *discursos competentes* (entrevistas com especialistas, debates com famosos etc.), falando para suas próprias elites logotécnicas.

O tópico corporativista do "jornalismo de qualidade" costuma ser uma ocultação intelectualista do fenômeno de afastamento do vivido cotidiano, que passou a emergir caoticamente nas redes da internet. É também um fator de deslegitimação ou de indiferença popular ao jornalista institucionalizado como fonte informativa. No limite, é também uma indiferença ao *fato*, objeto *princeps* do jornalismo, em favor das emoções individualmente ressentidas frente à realidade. Algo assim como "o sujeito vê o que tem no coração", isto é, o que sente.

Evitar o escaldamento total do "sapo" da anedota é hoje um dos caminhos da luta democrática. Em princípio se trataria de um caminho realmente institucional, uma vez que a legitimação das fontes de informação não passa prioritariamente pela racionalidade dos conteúdos e sim pelo reconhecimento social da autoridade emissora. O *social*, enquanto tal, não existe. É o pacto de confiança subjacente a toda e qualquer organização social que ajuda a manter a ideia de "sociedade" e a atribuir autoridade a seus dirigentes. Valéry – para quem "a sociedade é um funcionamento fiduciário" – mostra que "o sermão, o crédito, o contrato, a assinatura, as relações que supõem" respondem pela coesão da estrutura social: "Acreditar na palavra humana, falada ou escrita, é tão indispensável aos humanos quanto se fiar na firmeza do solo"[127].

Não se trata, todavia, de uma crença suspensa no ar, e sim de uma disposição coletiva criada por instituições apoiadas na democracia, isto é, num sistema de equilíbrio do jogo agonístico das diferenças e tensões inerente ao estabelecimento da confiança no respeito às regras instituídas. *Na verdade, é preciso acreditar na própria democracia.* Vale ressaltar que essa crença não se estrutura prioritariamente em *valores* racionalmente referidos por um sistema moral (embora se possa supor um declínio moral da democracia) e sim em afecções do sujeito (*afetos* em sentido amplo), que podem ser entendidas como emoções primárias e sentimentos trabalhados pela lucidez.

Por outro lado, a credibilidade societária no que se diz ou se escreve não é um dado técnico, mas *político*. Hoje, ao olhar imediato, a visão analítica pode cegar-se pela novidade transbordante dos dispositivos tecnológicos com suas inconcebíveis velocidades de cálculo e de transmissão de mensagens. Entretanto, quando se olha de perto a história prática da informação pública, não se pode deixar de ver que, no início de seus instantes politicamente cruciais, a informação provinha mais do acesso coletivo ao fato técnico da tipografia do que da imprensa institucionalizada. Basta ler o já citado relato de Victor Hugo sobre as primeiras horas da resistência em Paris ao golpe de Estado de Luís Bonaparte para se dar conta de que tudo o que desejavam os representantes do povo (a Assembleia Legislativa) para mobilizar a cidadania era pro-

---

127. VALÉRY, P. *La politique de l'esprit, notre souverain bien*. Apud CORNU, L. "Confiança, estranheza e hospitalidade". In: *Tempo Brasileiro*, n. 173, 2008, p. 14.

priamente uma "tipografia"[128]. As litografias eram possíveis no imediato, mas só a completude tipográfica satisfaria a urgência e a quantidade das proclamações democráticas necessárias à mobilização antigolpista. Não se tratava, portanto, da "imprensa" tal e qual se conhece em sua feição empresarial e institucional, mas do acesso ao instrumento técnico da impressão, assim como hoje se pode conceber a internet em sua dimensão exclusivamente eletrônica. A diferença entre os dois casos está na prevalência da política.

Por outro lado, a relevância do fato comunicado não se deve apenas à sua lógica interna, mas basicamente aos quadros sociopolíticos de referência que permitem validá-lo. Cabe à política gerar as condições democráticas imprescindíveis à formação de pactos confiáveis. A interação jornalística com fiabilidade coletiva que, mesmo cambiante, funciona como condição *democrática* (e não apenas mercadológica) de possibilidade para que os jornalistas cumpram, autorizadamente, a sua função de mediação entre as fontes informativas e o público. Essa autoridade decorre do *carisma*, gerado pela identidade histórica do jornalista como mediador confiável e garantido por um *pacto simbólico* entre ele e a sua comunidade discursiva.

Esse pacto é um mecanismo relevante da democracia, por maiores que sejam as dificuldades para se chegar a um consenso teórico sobre o que realmente se quer dizer com "democracia" frente ao leque amplo de suas variações ou modalidades – liberal, representativa, direta, deliberativa, plebiscitária etc. A discussão é tão antiga quanto a origem grega do termo, mas sempre se tenta alguma estabilização do conceito por indicadores ou por características institucionais e culturais de base, como aquelas detalhadas por Schmuel Eisenstadt, um sociólogo que agrega pesquisa histórica empírica à sua interpretação: "1) multiplici-

---

128. HUGO, V. *História de um crime*. Op. cit., vol. 2, passim.

dade dos centros de decisão autônomos; 2) alto grau de permeabilidade entre as periferias sociais e os centros políticos; 3) flexibilidade social e ausência de compartimentos por demais estanques; 4) forte autonomia dos grupos sociais; 5) pluralidade das elites ao mesmo tempo que seus múltiplos entrecruzamentos; 6) independência do sistema jurídico em face do Estado; 7) autonomia das cidades e dos centros de criatividade intelectual, econômica ou científica"[129].

Há nesse quadro um quanto de idealização de fundo *rousseauniano* (a realidade da democracia jamais coincidiu com o seu discurso) na medida em que democracia é *substantivamente* concebida, para além de forma de Estado, técnica ou *regime* de governo, como um valor e um fim, universalmente abertos a todos, portanto, como atributos inerentes à *democracia social*. Sua antítese, a ditadura, seria a interrupção dos fluxos que atravessam livremente a ordem política, jurídica e social, dentre os quais o fluxo das informações.

Esta concepção oblitera, entretanto, a visão de formas novas e sutis de ditadura que, sem interromper os livres-fluxos institucionais, impõem-se por meios empresariais e financeiros, cavando espaço para os protofascismos. Estes se distinguem das formas clássicas de ditadura: nelas o poder de Estado se exerce de cima para baixo por meio de aparatos repressivos, enquanto nas modulações fascistas a violência é compartilhada por frações de classe social, solidárias nas casas e nas ruas com o totalitarismo antidemocrático.

Outros esquemas, desenhados por analistas liberais, ampliam em muito o leque dos *indicadores democráticos*, compreendidos em categorias como processo eleitoral e pluralismo, liberdades civis, funcionamento do governo, participação e cultura política. Os indicadores

---

129. Cf. HERMET, G. *Culture et démocratie*. Paris: Albin Michel/Unesco, 1993, p. 60.

deixam transparecer a dificuldade de se fazer uma síntese universalista do conceito de democracia, porém permitem uma melhor visão de sua complexidade histórica, graduando avanços e recuos. Assim se pode registrar uma tendência para a degradação de determinadas categorias – liberdades civis e pluralismo, por exemplo – inclusive em países caracterizados por alto desenvolvimento econômico e tecnologia avançada. A plena economia de mercado, que teoricamente requer livres-fluxos sociais para o incremento do consumo, não é garantia última de plenitude democrática. Um país socioeconomicamente precário (no jogo internacional do mercado) como Cabo Verde alinha-se ao lado de democracias sólidas como Suécia e Noruega.

Esses indicadores sugerem, no limite, uma alteração semântica: a troca do substantivo pelo adjetivo. É que a historicidade vem conjugando a hipótese da democracia liberal como um ajuste do adjetivo "democrático" a configurações sociais variadas, sem a universalidade do substantivo. São diversos os processos reconhecidos como democráticos, assim como podem ser diversos os modos de realização da democracia, inclusive no interior de padrões autoritários, a exemplo do que ocorre quando os caminhos sociais são decididos por elites abrigadas em protocolos formais, à sombra do Estado. É bem este o caso dos *estamentos burocráticos* existentes no interior do Estado, que podem ganhar autonomia decisória em momentos de debilitação político-institucional – por exemplo, Judiciário coligado com Legislativo, ambos instrumentalizados por lideranças empresariais e, em casos de falência total de equilíbrio civil, o apelo a milícias paramilitares.

Por outro lado, uma "democracia eleitoral" pode coexistir com o mero formalismo jurídico e com liberdade oferecida pelo mercado, entretanto apenas suposta, quando é telecomandada por influentes mecanismos tecnológicos. Sintomática é a sugestão de um dirigente ultranacionalista europeu (Viktor Orban, da Hungria) no sentido de uma democracia "iliberal", que significa, em termos práticos, o travestimento neoliberal do regime democrático. Esta é uma característica capaz de generalizar-se, indiferentemente, à esquerda e à direita, no domínio das puras aparências: uma autocracia (a China, p. ex.) pode recobrir a centralização autoritária de decisões com simulações democráticas respaldadas por uma suposta "democracia consultiva".

Aventa-se há bastante tempo a hipótese de uma "democracia eletrônica", definida pela introdução das tecnologias digitais nos diversos procedimentos (recrutamento de candidatos a postos legislativos, sufrágio, gestão dos serviços públicos, participação cidadã nas decisões de administração etc.) ligados ao funcionamento do regime democrático. Por trás dessa hipótese se pode detectar um racionalismo inequivocamente neoliberal, no sentido de contrapor a moderação pragmática, característica da gestão, ao horizonte às vezes radical da militância política. Nela transparece, entretanto, o núcleo problemático da democracia na Modernidade: a vitória numérica (aritmética) de uma maioria pelo voto perde a sua mais-valia decisória no instante (político) de execução das decisões. A isto compete cada vez mais a organização, administração ou gerência realizada pelos aparatos burocráticos de Estado. Numa suposta "democracia eletrônica", os algoritmos (não mais a aritmética grega) são gerenciais e não políticos.

"Trocar as ruas pelas redes sociais (mais concretamente, pela lógica algorítmica do *live streaming*) favorece a neutralização da exasperação democrática de vezo tradicional. Mas isso tem outro lado: o potencial conectivo das redes favorece tipos diferentes de movimentação social (manifestações de protesto, greves etc.), autônomos frente à publicização ou à opinião da mídia tradicional. Neste caso, o que importa mesmo é o alcance do "megafone", isto é, a extensão do poder mobilizador das redes, independentemente de seus conteúdos discursivos, neutralizando a visibilidade de oposições do tipo esquerda/direita (uma dicotomia devedora do racionalismo da esfera pública oitocentista) em favor de uma movimentação difusa, ainda não perfeitamente definida, embora já se torne nítido o ponto comum de *recusa da representação* (política, midiática) em favor de auto-organizações populares.

Isso tinha sido pressentido ainda no final da década de 1960 por Jacques Lacan, ao prevenir os jovens revolucionários de maio de 1968: "Vocês estão querendo um novo senhor? Vocês o terão!" Na frase do notório psicanalista está implícita uma crítica à metafísica da revolução ancorada no mecanismo clássico do poder e na sua transferência a chefes carismáticos – a "circulação das elites". É precisamente este tipo de representação que a esporádica e explosiva movimentação social em grandes centros urbanos do mundo procura instintivamente (sem espírito crítico, sem parâmetros da velha sociedade civil) contornar, apoiada apenas na difusa inquietação moral e no potencial conectivo das redes. Nestas, os discursos de indignação podem ser tão "virais" quanto os discursos de ódio, mas não conduzem necessariamente a ações efetivas no espaço *off-line*, isto é, na duração histórica.

Para o bem ou para o mal, um efeito ainda mais inquietante desse potencial já pode ser detectado em novas formas de se fazer política e de contornar as regras do sistema democrático tradicional por meio de ferramentas digitais, como se verificou na eleição de Donald Trump para a presidência dos Estados Unidos ou mesmo na eleição de um representante da extrema-direita para a presidência do Brasil em 2018. Aplicativos como *Twitter* e *WhatsApp* deram ensejo a um impacto imediato sobre potenciais eleitores, driblando variáveis tradicionais como o peso partidário e a visibilidade dos debates públicos[130].

---

130. Um episódio sintomático da recusa popular da mediação jornalística tradicional:

Dessa maneira, potencializar a digitalização do formalismo democrático constitui hoje a finalidade explícita de determinados movimentos políticos europeus ideologicamente indefinidos, como é o caso do "Movimento Cinco Estrelas" (inventado e controlado por uma empresa digital), vencedor das eleições parlamentares na Itália em março de 2018. Outro é o francês "En Marche!" (eleitor vitorioso do Presidente Emmanuel Macron e de mais de metade dos deputados), partido liberal de centro. Mas a própria esquerda inscreve-se nessa tendência capitaneada pela comunicação digital, como demonstra o movimento "Podemos", terceira força política nas eleições espanholas de 2016.

Informação é, evidentemente, a palavra-chave dessa tendência, que contrapõe o digital ao analógico. No que diz respeito à imprensa tradicional, em termos institucionais *stricto sensu*, o problema evidencia-se na percepção de que a distribuição eletrônica das informações provoca uma cisão entre a emissão autorizada (*fontes confiáveis*) e os receptores, tornando progressivamente irrelevante o reconhecimento social das fontes. Na realidade, registra-se uma quebra do "pacto fiduciário" (Valéry) – que sustenta o funcionamento da sociedade –, atingindo a confiança na própria democracia como valor. Frente aos recursos ainda "analógicos" da informação pública (ou "imprensa"), o automatismo dos algoritmos prescinde do velho pacto simbólico entre o dispositivo informativo e os seus públicos, em que sempre esteve assentado o reconhecimento do testemunho do fato (*histor*) como *fonte autorizada*, isto é, "crível" ou "confiável".

Em termos institucionais *lato sensu*, democracia implica a possibilidade coletiva de fazer escolhas próprias, portanto, o uso autônomo de

---

na posse do novo presidente brasileiro (jan./2019), o seu público admitido às proximidades do palanque, em Brasília, saudava alternadamente os aplicativos Facebook e WhatsApp.

ferramentas mínimas de estruturação da cidadania. Mas essas "ferramentas" não se resumem a artefatos eletrônicos colocados no mercado, uma vez que essa forma política não se define por uma disposição subjetiva: o "democrático" não nasce na espontaneidade de um uso particular. Nasce, sim, na articulação da vida social com uma institucionalidade que dê lugar à ponderação dos conflitos. Isto é, que faça funcionar o Estado de direito, combinando sociedade civil com sociedade política. Mais: a força de uma democracia se mede pelo grau de resiliência de suas instituições em face das crises. Sem isto, o totalitarismo ou o autocratismo encontra caminhos próprios de ingresso na sociedade global, se não no âmbito dos aparatos clássicos de Estado ao menos *no discurso* facilitado pelos dispositivos tecnológicos, mas pervertido pela ausência de mediação comunitária.

Na esfera da informação pública, qualquer que seja o nível de conhecimento implicado, a credibilidade ou a confiabilidade da informação transmitida depende da posição de autoridade democrática da fonte. Em outras palavras, a *fonte autorizada* não se constrói no plano tecnológico da organização (instrumentos técnicos não são de fato essenciais à definição do processo democrático) e sim no plano político-social das instituições. Tome-se como exemplo a regra *técnica* da objetividade jornalística: um robô informativo poderá ser tão ou mais objetivo do que um jornalista convencional na construção de uma notícia.

De certo modo, o fenômeno da crescente "desprofissionalização" do jornalismo (na medida em que todo usuário de rede eletrônica se institua como repórter potencial) abre caminho para a entrada presente e futura dos robôs informativos. Esse fenômeno é correlato ao da "desintermediação" no relacionamento entre atores da esfera pública, tanto na intersubjetividade cotidiana quanto na prática discursiva de governantes orientada para o contato direto com seu público por meio de redes sociais. Na esfera da "propaganda" digital, que em determinadas circunstâncias pode absorver ou mascarar-se de jornalismo factual, já não se tem certeza quanto à natureza humana ou maquinal do enunciante. Mas a eficácia informativa do artefato automático, capaz de elevá-lo à condição de "influenciador digital", *não o autoriza comunitariamente* como um democrático mediador jornalístico[131].

De agora em diante, o desafio da democracia poderá ser o de compatibilizar institucionalmente o funcionamento da vida social com as transformações organizacionais e tecnológicas trazidas pelo novo modo de organização da sociedade atual. Esse desafio já é perceptível em setores diversos da vida social, a exemplo da educação superior, que se considera imprescindível à formação de cientistas, pesquisadores e quadros gerenciais, mas ainda não se reinventou institucionalmente à altura dos avanços organizacionais nos setores da tecnologia e da inteligência artificial. O mesmo ocorre com a informação pública que, a despeito de todos os avanços técnicos, permanece aquém do fulgor obtido no passado do liberalismo pela imprensa factual e opinativa.

De um modo geral, apesar de constantemente ameaçadas e apesar da crise generalizada de confiança no funcionamento dos sistemas democráticos (dentre os 21 países latino-americanos, poucos conseguem mitigar a erosão da esfera pública), as democracias não parecem definitivamente condenadas ao fim enquanto caminhos institucionais de soberania da sociedade civil. Imperfeitas ou mais ou menos perfeitas, elas ainda oferecem vias potencialmente alternativas à intolerância, ao arbítrio e à força. Mas para tanto seria provavelmente necessário desem-

---

131. É possivelmente a percepção desse fato que leva dirigentes autocráticos a tentarem cercear as liberdades exercidas pelo jornalismo tradicional. Isso vem acontecendo em países como Turquia, Filipinas, República Tcheca, Equador, Venezuela, Eslováquia, sem falar dos casos mais conhecidos da China e da Rússia. Por outro lado, o assassinato de jornalistas é um fenômeno incidente em espaços regionais de grande número de países, inclusive no Brasil.

baraçar-se das ilusões liberais do parlamentarismo edificado no passado e tentar recompor o sistema político mais ou menos à altura das exigências históricas da economia e das tecnologias, considerando-se que estas últimas transformam-se rapidamente, impactando as formas de vida e de consciência coletiva.

A expressão pós-modernista "morte da política" é o sintoma da impossibilidade de retomada daquilo que Augusto Comte chamou de "política positiva, homóloga à historicidade da ordem e do progresso. Ela deixa transparecer a crise da representação – o enfraquecimento institucional da delegação diante do fortalecimento de organizações econômicas (bancos, grupos de finanças, exportação, agronegócio etc.) e midiáticas – mas não significa realmente extinção da luta sociopolítica pelo controle do Estado suficientemente institucionalizada para que se negociem as diferenças sociais e se reacomodem os efeitos do poder de Estado. Não significa também extinção do movimento agregativo (cooperação, solidariedade, amizade, espírito crítico), que implica *política* (no sentido originário do termo), tanto no plano das relações impessoais quanto dos vínculos caracterizados por afetos, portanto, no plano da sociedade institucionalizada para que se negociem as diferenças e se reacomodem os efeitos do poder de Estado. Ou seja, o fenômeno político pode ser *redescrito*, para além da inércia parlamentar, como um potencial de transformação civil, ainda que a destruição e a violência possam estar desenhadas no horizonte dessa passagem.

Numa ambiência globalizada e tecnologicamente afetada pela compressão temporal do espaço, é viável conceber a *geopolítica* – conceito que traduz o complexo das relações entre o Estado e o espaço geográfico – como uma forma emergente no interior do próprio território nacional: uma nova modalidade – ao modo de uma *geo-*

política interna ou uma "endogeopolítica" – voltada para o interior do espaço nacional e atenta às localizações conectivas dos cidadãos mobilizados pelos dispositivos tecnológicos, assim como por fatores comunitários: uma política localizada é potencialmente antitética à "deslocalização" inerente às finanças e à tecnologia.

De fato, pode-se constatar que a coletiva energia psicológica (*cathexis*) dirigida para projetos de integração econômica, observável no passado da economia produtiva (a economia fordista, ainda não ultrapassada pelo capitalismo financeiro), desvia-se hoje para projetos de gestão pessoal ou local, com acento mais administrativo e emocional do que estritamente político. Por outro lado, o fenômeno da *mafialização* da vida social (narcotráfico, insegurança pública, milícias urbanas) torna-se compreensível a partir da gestão localizada de espaços das cidades por facções armadas que, no limite, constituem derivas perversas do Estado e articulam-se aberta ou subterraneamente com os aparatos legislativos e repressivos instituídos.

A diversidade das movimentações de massa em diferentes regiões do mundo torna cada vez mais evidente que se esgotaram os processos clássicos de integração da cidadania no que se tem chamado de "sociedade" e que, por isso mesmo, os ritos eleitorais não mais perfazem qualquer representação social. Cavou-se um poço cada vez mais fundo entre as elites metropolitanas e frações de classe média emergentes, cujas demandas e linguagens estão à margem da compreensão e das políticas hegemônicas. Entretanto, essas frações irradiam por afetos e convulsões, abrigados nas redes eletrônicas, os seus modos difusos de estar no mundo. Em outras palavras, diminui o velho protagonismo do Estado na dinâmica social, na medida em que os modos de vida emergentes são também capazes de retroalimentar, para o bem ou para o mal, os estilos de governança.

Ora, a política redefinida por conexões e afetos é algo bastante diferente do jogo contraditório das representações e das opiniões, uma vez que tende a definir-se – nos termos de uma geopolítica interna – pela ocupação de espaços, entendida como ensaios de formas de organização decisória no nível de lugares de produção, campo, bairros e escolas. Isso não é nenhuma novidade histórica, visto que se registraram, em fins do século XIX, em diferentes regiões do mundo, movimentos locais de organização autônoma de pequenos comerciantes e agricultores.

Hoje isso se torna mais evidente nos espaços nacionais afetados pela falência do modelo federativo. Ao invés da força centralizadora do poder estatal, desenha-se uma pluralidade de espaços, desde o *comunitário* (materialmente habitado e compartilhado) até o *virtual* (a imaterialidade "comunitária" ou segmentada das redes comunicacionais), em que emergem formas mutantes, às vezes exasperadas ou violentas, do sensório. A apontada redefinição progressiva de *cidade* como *tecnocidade* deixa entrever uma sociabilidade regida pela lógica dos fluxos velozes e alheia a formas concretas de solidariedade coletiva.

O horizonte de reconfiguração da política nas tecnodemocracias ocidentais situa-se na contraposição ao sistema parlamentar caracterizado pelo esvaziamento institucional, em graus diferentes de estado. "Desinstitucionalização" é o nome do fenômeno. Pode-se reiterar: a bandeira teórica da "morte da política", levantada (antes da grande crise da economia neoliberal em 2008) pela crítica pós-moderna e profetista da cultura (daí a sugestão de uma "pós-política" ou até mesmo uma "transpolítica"), equivale, na verdade, à agonia da política parlamentar.

Nos termos de Carl Schmitt, é a forma parlamentar que estaria vaticinada à corrupção e ao centro, assim como, nos termos de Antonio Gramsci, ela estaria sujeita à "crise orgânica" (fracasso da política da classe dirigente e organização das classes subalternas), característica do divórcio entre as classes sociais e suas representações institucionais. A percepção teórica desse fenômeno (que conduziu ao fascismo) pôde revelar-se nas décadas subsequentes à Primeira Grande Guerra, assim como se reedita no atual esvaziamento, com sintomas reativos, da política parlamentar.

À primeira vista, ressalta hoje a diferença entre a presença efetiva em espaços regionais do atual ecossistema midiático (redes de alta velocidade, centros de treinamento em tecnologia, *hubs* de empreendedorismo etc.) confrontada à carência sistemática de desenvolvimento em saúde, educação e segurança. A vida georreferencializada por algoritmos não elimina as contradições de classe nem atenua a desigualdade social, porém requer certamente a montagem de novos caminhos de agregação política, capazes de contemplar efeitos da hiperconectividade, a exemplo da erosão das barreiras entre vida pública e privada e da distinção entre real e virtual.

Da *vida local* (progressivamente submersa nas abstrações do nacional e do global) partem demandas cada vez mais fortes e, no entanto, obscurecidas na cena parlamentar. Já em meados do século passado, porém, circulava nos Estados Unidos o famoso adágio "toda política é local" ("*all politics is local*", difundido pelo antigo porta-voz parlamentar democrata Ted O'Neill), que hoje poderia sugerir uma "endogeopolítica" capaz de funcionar à base de espaços autônomos, mas articulados em rede eletrônica para as disputas no interior do centro estatal.

Isso não se confunde com "municipalismo" (município é uma divisão política, administrativa e territorial sob a égide do Estado), pois se trataria de política concebida de baixo para cima, em que se contemplasse a possibilidade de economias "vernaculares" (cooperativas, camponesas), além da estrita economia de mercado. Também não se trata de restauração do *poujadismo* francês (movimento de defesa de pequenos comerciantes e artesãos na década de 50 do século passado), e sim da mobilização de lugares concretos – em que os dispositivos de mídia possam ser conjugados como parceiros das novas subjetividades em constituição –, capaz de revelar-se antitética à abstração crescente dos partidos nacionais no sistema parlamentar de governo.

Há sem dúvida o grande risco de que barreiras ético-políticas entre o local e o nacional possam conduzir a formações etnocomunitaristas fechadas ou "balcanizações" endonacionais. De qualquer modo, é nesse contexto que as ditas "periferias" urbanas, acionadas por contramovimentações de natureza cultural, constituem esferas públicas alternativas, vocacionadas a dar voz política a minorias sociais. Isso pode dar-se nas direções tanto da esquerda como da direita políticas.

Assim é que na Europa de fins da segunda década deste século em países como Áustria, Itália, Bulgária, Dinamarca e acentuadamente no grupo denominado *Visegrado* (Hungria, Polônia, República Tcheca e Eslováquia) no Leste Europeu, observa-se a expansão de uma rede de *organizações extraparlamentares* de extrema-direita, com participação majoritária de jovens. Os clássicos ventos de favorecimento do tradicional liberalismo parlamentar, organicamente afins ao *demos* progressista, dissipam-se no âmbito do neoliberalismo atual e dão lugar aos fantasmas regressivos do *ethnos*, que se traduzem ideologicamente em movimentos identitários: na prática, em programas de homogeneidade étnica e frentes anti-imigratórias. Em termos mais simples, trata-se do racismo como frente internacional.

Evidentemente, a recomposição da política como prática de agregação humana não é nada que caiba em processos exclusivamente técnicos (jurídicos, gerenciais, operacionais), nem nas "máscaras institucionais" ou simulacros de democracia manejados por regimes autocráticos, hoje em ascensão num número crescente de países, geralmente apoiados em um partido forte ou no travestimento político do poder judiciário. O fenômeno da judicialização da vida social cresce na ausência da responsabilização individual e coletiva dos discursos, que é o atributo cultural/democrático de reconhecimento de autoridade e de sentido na fala de cada outro.

A recomposição política é também uma recomposição dos circuitos comunitários da comunicação, onde fermentam formas novas de pensar e sentir, geralmente mais movidas pela estética do que por agenciamentos políticos tradicionais. Isso requer uma concertação histórica de frentes amplas capazes de mobilizar e de envolver o que no *socius* exista de *civil*, no escopo de alternatividade e diversidade possíveis de serem abrangidas por essa palavra. Mais concretamente, o que possa existir além das aparências ideológicas de civilismo (formalismo eleitoral, formalismo judicante dos tribunais etc.) e, portanto, *além da imagem de sociedade civil*, um simulacro conceitualmente abrigado no "republicanismo" (falsificação da república) e reproduzido pela mídia hegemônica.

Isso não se conforma como mero prognóstico utópico, mas como o diagnóstico realista de uma possibilidade ainda *humana*. Esta palavra não é aqui tomada como o ideal politicamente desencarnado do Iluminismo europeu, nem como sinalização para uma economia "humanista", na trilha do velho reformismo pregado pelas "belas almas" religiosas. Por que não? Porque esse conceito renascentista, utilizado como fachada ideológica pelo colonialismo e como horizonte celeste pelo Iluminismo europeu, sobrevive apenas do passado de seu próprio modelo, de um simulacro que não tem mais hoje nem amanhã.

Assim, em meio à onda de choque da decomposição conceitual (história, verdade, modernidade, arte, representação, política parlamentar, pleno emprego, utopia etc.), cabe perguntar se, diante da simulação generalizada, os homens ainda podem ser ditos "humanos" ou se as democracias ainda podem ser realmente "democráticas". Por menos que uma etimologia valha reflexivamente no jogo da historicidade, uma camada temática ou putativa da ideia de "humano" (*humus*, ou terra apta à fermentação de algo) pode servir de referência para a *redescrição* da presença física do homem sobre a terra como uma plataforma "política" (civil, agregativa, constitutiva de comum) para a reivindicação permanente da vida. Nesse plano se concebe a busca humana de liberdade, não como dispersão voluntariosa do sujeito nem como autoexaltação do *eu*, mas como a dinâmica politicamente ativa do comum.

O humano implicado num diagnóstico *necessariamente político* refere-se à fermentação da heterogeneidade vital, portanto, a possibilidades civis de criação de alternativas à *maquinização/economização* social (atualização da velha *oikonomia* por meio dos dispositivos modernos) tanto no aspecto do domínio da linguagem por dígitos como no da regência da vida por abstrações financeiras. Na passagem da Era Industrial à Era Digital, não é apenas o trabalho, mas a própria vida humana, agora anexada ao capital, que se precariza e demanda a reconfiguração de suas formas.

Nesse diagnóstico não há como rejeitar a importância do Estado enquanto instrumento de regulação e gerenciamento dos bens sociais e dos recursos sustentáveis das populações – garantias e criação de direitos – que asseguram a diversidade humana e a coexistência vital. Ademais, a autoafirmação da vida por meio da divisão da existência com o Outro – ou "o grande Outro", a ordem simbólica que rege os vínculos entre os homens e destes o entorno natural – é o que há de humano a se inscrever nos laços orgânicos do *comum*, necessariamente gerado pela reativação política de uma institucionalidade civil.

PARTE III
Colaterais

"*Eu penso, logo sou um problema.*" Este era o texto de um cartaz na movimentação dos estudantes húngaros em 2013 contra o retrocesso educacional preconizado pelo regime ultraconservador de seu país. Mas esses termos de reação a um particular fechamento cultural e político são igualmente homólogos às expressões do temor cívico mundial diante do refluxo de pensamento crítico frente à automação generalizada e à exasperação odienta dos discursos circulantes nas redes sociais. Robôs não pensam nem amam. Os sujeitos do ódio, também não. Examinam-se aqui esses dois fenômenos colaterais da sociedade incivil.

Identidade: humanos, autômatos, ciborgues?

O indivíduo como tal é somente uma coisa.
Jean-Luc Nancy

Agosto de 2017, em Harbour City, luxuoso mall *de Hong-Kong, fiz contato com um robô. Era branco, branco-marshmallow como se esforçam em parecer, aliás, as jovens chinesas, reminiscentes talvez das damas palacianas de dinastias passadas, mas certamente empenhadas em distinguir-se da tez amorenada dos camponeses. Mais de 50% da população vivem no campo, em flagrante contraste com o arrojo civilizatório das megalópoles, embora em plena consonância com o atual modo de produção chinês, que tem ali a sua reserva de mão de obra barata ou escravizada, se não "robotizada".*

Mas o robô propriamente dito é cria da urbe tecnológica, objeto de crescente investimento científico e financeiro por parte de países que estão na vanguarda da automação da força de trabalho. Na porta de uma loja, o artefato de pouco mais de um metro de altura era uma máquina mansa, afável, programada para interagir sobre mercadorias à venda e outras amenidades, diferente dos robôs testados nas ruas de Pequim como polícia de orientação de cidadãos. Encarando-o para um obrigatório reconhecimento visual, eu me deparei com dois olhos evocativos ao mesmo tempo do oriental e do extraterrestre imaginado pela mídia. Dois rasgos de fundo avermelhado analisaram-me, e da boca robótica saiu uma frase indecifrável, ao menos para mim, que andava arriscando rudimentos de mandarim. Não entendi nada, mas em Hong-Kong fala-se cantonês, foi o meu consolo posterior.

Uma coisa era certa: ele não me identificou como um consumidor interessante e dirigiu-se a duas jovens e elegantes chinesas, para as quais fez com os dedos de aço um sinal de coração. Ou, quem sabe, teria detectado em minha postura algum ressaibo crítico, imperceptível até para mim mesmo. Naquele mesmo dia, eu tinha lido a notícia de que 116 especialistas em robótica e inteligência artificial redigiram uma carta às Nações Unidas, em que solicitavam a proibição de "armas autônomas", isto é, de robôs voltados para a guerra. China, Estados Unidos, França, Reino Unido, Israel e Coreia do Sul são os países mais avançados no desenvolvimento do sistema bélico de inteligência artificial. É efetivo o temor dos especialistas de que robôs-soldados possam tornar-se "a terceira revolução na guerra", com efeitos catastróficos.

O prenúncio apocalíptico da petição às Nações Unidas foi bem tematizado narrativamente no filme *O exterminador do futuro* (1984, de James Cameron): o protagonista enfrenta o exército de robôs assassinos que detinha o controle do planeta. Esse filme é literariamente menos instigante do que *Blade Runner, o caçador de androides* (1982, de Ridley Scott) – em que a figura do *replicante* (réplica perfeita de um ser humano) guarda a tensão da ambiguidade entre homens e androides –, porém torna mais explícita a suposta ameaça das máquinas inteligentes. Na ficção, as denominações variam e, para alguns, cristalizam-se em híbridos de corpos e máquinas conhecidos como *ciborgues*.

Não raro uma inovação tecnológica em seus primeiros passos combina a especulação imaginativa da velha literatura de *science-fiction* com audácia empresarial, o que pode apressar o desenvolvimento de determinadas experiências. Por outro lado, os temores quanto a perigos reais podem partir dos próprios empresários ou especialistas responsáveis pelas inovações. Este é bem o caso de Elon Musk, o notório e paradigmático empresário que encabeçou a carta de advertência à ONU. A sua Neuralink – empresa pertencente à *holding* norte-americana responsável pelos carros elétricos *Tesla* e pelo projeto *Space X* de manufatura e lançamento de espaçonaves – dedica-se ao que ele chama de "tecnologia do laço neural": transmissão de pensamentos para um computador por meio de eletrodos implantados no cérebro humano.

Como finalidade específica, a Neuralink é uma empresa médica, com aplicações biotecnológicas. Seu objetivo geral, entretanto, é obter uma espécie de "telepatia consensual" por meio da conexão de cérebros uns aos outros e a supercomputadores, numa gigantesca rede. No curso desse processo, realizam-se experiências com sistemas de redes digitais neuronais que visam a simular o raciocínio humano, buscando a interação em "linguagem natural", isto é, num código aproximativo do discurso capaz de autocorrigir-se, aprendendo com os erros.

No plano da imaginação literária, nada disso é radicalmente novo e, mesmo além da ficção científica, encontram-se registros significativos de concepções dessa natureza. Por exemplo, na segunda década do século passado, o dramaturgo e poeta alemão Bertolt Brecht apresentava em sua "teoria do rádio" a utopia tecnológica de uma sociedade dialógica, em que todos poderiam confluir para um consenso – não telepático, mas radiofônico. Nessa mesma época, o jesuíta e pensador Teilhard de Chardin fazia equivaler uma possível rede de comunicação radiofônica e televisiva a um organismo humano planetário, um complexo conectivo análogo a um verdadeiro sistema "nervoso", passível de equiparar-se a "um estado superior de consciência".

Essas antecipações apontam para o cerne real da questão, que não se reduz à figuração do simulacro antropomórfico popularizado como "robô". A robótica – na prática, a aposta das organizações gigantes de tecnologia na inteligência artificial – pode aplicar-se a uma gama amplíssima de objetos inscritos ou não no mundo orgânico: até mesmo baratas são automatizadas em experiências técnicas. Laboratórios de robótica interativa empenham-se em desenvolver interfaces com retorno de esforço que permitam associar propriedades físicas aos dados e interagir com eles de modo natural pelo gesto. Não se trata apenas de objetos físicos inteligentes, mas também de superfícies convertidas à inteligência artificial, inclusive textos robotizados por algoritmos (*hashtags*) e circulantes nas redes. No que diz respeito ao elemento humano, a questão maior está no problema da interação *homem/dados digitais*, que comporta interfaces multimodais destinadas a integrar artefatos de captura de movimento em ambientes variados, e no problema da incorporação da neurociência às máquinas inteligentes.

Em qualquer dos casos, porém, no imaginário ou na realidade tecnológica, a palavra *conexão* impõe-se como chave problemática, seja entre máquinas (p. ex., a "internet das coisas"), seja entre homens e máquinas ou também entre homens mediados por uma estrutura técnica de relacionamento. A conectividade é a face mais visível da codificação que define a comunicação tecnológica, assim como o robô é a expressão mais clara do horizonte anti-humano da nova estrutura em construção. Nessa estrutura de relacionamento (*relatedness*), processos como memória, pensamento e atitude deixam de ser interpretados como interiores ao indivíduo para passarem à condição de constituintes de estratégias sociais de discursividade e negociação simbólica. Desse modo, em vez de uma individualidade psicologicamente essencializada, a conexão desponta como um tipo particular de processo – que afeta a sociedade civil em suas dimensões de cultura e de identidade – voltado para o indivíduo concebido como um lugar de intersecção, como alguém sistematicamente fora de si mesmo, afetado em seu humanista *processo identitário*.

O que é mesmo esse processo?

Identidade é a palavra que aparece quando se quer designar o conjunto organizado de condições que rege e classifica a ação do indivíduo ou mesmo de um grupo numa situação interativa, permitindo-lhe agir como ator social[132]. Tradicionalmente, impõe-se como algo que se predica a um sujeito como uma propriedade ou um atributo do ser. Predica-se, por exemplo, que cada ser ou cada homem é uno consigo mesmo, cada um é ele próprio. Por isso, identidade é algo implícito em qualquer representação que fazemos de nós mesmos, aquilo de que nos lembramos sobre nós.

A palavra vem de *idem* (versão latina do grego *to autò*, "o mesmo"), referente à estabilidade das representações, possibilitadas pela ordem simbólica e pela linguagem, mas também à unidade do sujeito consigo mesmo. No latim escolástico, o termo resulta em *identitas*, isto é, a permanência do objeto, único e idêntico a si mesmo apesar das pressões de transformação interna e externa. Identidade – ou conformidade por semelhança ou igualdade entre coisas diversas – é, assim, o caráter do que se diz "um", embora seja "dois" ou "outro", por forma e efeito. É o que Platão faz dizer o "estrangeiro" no diálogo *O sofista*: "Cada um de ambos os dois é uma outra coisa, mas cada um é em si mesmo a mesma coisa para si mesmo"[133].

---

132. Cf. SODRÉ, M. *Claros e escuros* – Identidade, povo, mídia e cotas no Brasil. Petrópolis: Vozes, 2016. Deste livro se retoma aqui a discussão do problema da identidade.

133. Cf. CARNEIRO LEÃO, E. "Dialética e identidade". In: *Revista Brasileira* – Academia Brasileira de Letras, abr.-jun./2016, p. 100.

Na verdade, várias ideias estão agrupadas sob o termo "identidade", como bem observa Green[134]. Em primeiro lugar, a noção de permanência, de manutenção de constantes; em segundo, a delimitação, que permite fazer distinções e circunscrever a unidade e, finalmente, a ideia de uma relação de semelhança entre elementos, que permite o reconhecimento de algo como o mesmo.

Quanto à *identificação*, designa modernamente o processo introjetivo de formas de uma identidade estruturada, não como a pura e simples assimilação realista e individual de outrem ao indivíduo, e sim no universal, isto é, no nível lógico (portanto, na estrutura da consciência, sem conteúdo ou significado) do raciocínio implicado nessa assimilação. A consciência, enquanto forma simbolicamente determinada, é lugar de identidade, mas principalmente da diferença. A consciência oscila entre o fechamento e a abertura, entre o pleno da determinação e o fluxo livre, vazio ou indeterminado dos eventos do mundo. Essa oscilação, o jogo de alternância entre formas cheias e vazias, é o que pode ser chamada de experiência da diferença.

Mas ser, ser uno e reconhecer o uno são características solidárias, postulados da consciência filosófica, guiada pela tese ontológica de que ser é ser-em-si-mesmo: assim se expressa a metafísica da imanência, portanto, da dinâmica de autorreferência e de fechamento na unidade do em-si. Desde a sua primeira formalização por Aristóteles, o princípio da identidade ("A é A e não é não A") – esteio do pensamento representativo, que tenta modelar as relações entre os homens, assim como entre eles e o mundo – apresenta-se como "unidade", isto é, a possibilidade de se falar repetidamente de uma coisa como sendo a mesma, garantida pela representação (a lei, a palavra). A *paideia*, cultura ocidentalista

---

134. Cf. GREEN, A. "Átomo de parentesco y relaciones edipicas". In: LÉVI-STRAUSS, C. (org.). *Seminario La identidad*. Barcelona: Petrel, 1981, p. 88.

da ciência, técnica e espírito, tem como pressuposto a identidade/unidade das coisas, em que o conhecimento racional do mundo dá-se por um sujeito distinto do objeto, por sua vez feito um "outro" ou feito uma forma negativa intitulada "diferença". Por esse motivo, vários foram os pensadores que proclamaram esse princípio como lei fundamental do espírito, como "princípio dos princípios".

Dizer *identidade humana* é designar um complexo vinculativo que liga o sujeito a um quadro contínuo de referências, constituído pela intersecção de sua história individual com a do grupo onde vive. Historicamente, "a identidade conheceu fontes que são também critérios de pertencimento comunitário. As fontes arcaicas: étnicas e religiosas, as mais duráveis, as mais enraizadas, as menos "escolhidas". As fontes modernas: *identidades nacionais*, que herdam das precedentes, mas se inspiram não apenas num passado comum, e sim também num projeto de futuro compartilhado; *identidades sociais*, corporativistas ou ideológicas, orientadas por filosofias da História"[135]. Procedem daí os princípios formativos da subjetividade individual assinalados pela teoria psicanalítica como *ideal do eu* e *superego*.

Em outras palavras, cada sujeito singular é parte de uma continuidade histórico-social, afetado pela integração num contexto global de carências (naturais, psicossociais) e de relações com outros indivíduos, vivos e mortos. Os mecanismos da memória, ainda que imperfeitos, repletos de lapsos e intervalos, asseguram essa integração. A identidade de alguém, um "si mesmo", é sempre dada pelo reconhecimento de um "outro", ou seja, pela representação que o classifica como *socius*. Tanto a subjetividade empírica (a singularidade concreta) quanto a pessoa (moral e juridicamente orientada) constituem-se a partir de um *factum* comunicativo, em que o *eu* é continuamente reconstruído pelo *outro* com

---

135. SORIANO, P. "Le zéro-un et l'infini: un humanisme sans homme?" Op. cit., p. 68.

que se vincula e por todo o repertório privado e institucional dos fatos e das ilusões presentes em comunicações anteriores; isto é, da comunicação consigo mesmo e com o mundo.

Por mais ilusória que seja a construção da identidade subjetiva, seus efeitos são importantes por constituírem o núcleo de um sentimento próprio de interioridade e irredutibilidade da pessoa – "o mais íntimo de mim mesmo do que meu próprio íntimo", nas palavras de Santo Agostinho. A identidade coletiva (étnica, religiosa etc.) pode ancorar questões relevantes no tocante à luta pela hegemonia das representações sociais ou à visibilidade de estratos populacionais relegados a graus rebaixados da cidadania. Sobre a identidade pessoal, estrutura subjetiva que engendra a representação do eu, diz Tarde que "é a permanência da pessoa, é a personalidade encarada sob o ponto de vista de sua duração"[136]. Para ele, que localiza no indivíduo a causa de seus próprios atos, a identidade fundamenta-se na memória e no "feixe de hábitos, preconceitos, talentos, conhecimentos consentâneos com o caráter lentamente variável".

O sociólogo Tarde inscreve a noção de identidade na duração (dimensão finita do tempo). Não a concebe, portanto, como um cosmo fechado, mas como uma ordem plástica de regulação do sujeito, algo assim como o leito por onde corre um rio: na aparência fixo e predeterminado, o leito transforma-se imperceptivelmente. A personalidade individual sofre mudanças (por efeito de um "diálogo" contínuo com a sociedade ou o mundo externo) ou, antes, variações sobre um fundo "mais ou menos idêntico".

A argumentação sociológica é filosoficamente aprofundada por Heidegger ao criticar a tese ontológica do ser-em-si-mesmo e, portanto, o

---

136. Cf. TARDE, G. *Les lois de l'imitation*. Paris: Slatkine, 1919. Cf. tb. TARDE, G. *La philosophie pénale* (1890). Paris: Cujas, 1972.

entendimento convencional do princípio de identidade[137]. Para começar é preciso estabelecer uma distinção entre os termos "idem" e "*ipse*". Idem significa "o mesmo", porém enquanto noção relacional, isto é, de igualdade ou assemelhamento entre dois termos de comparação. *Ipse*, por outro lado, é "o mesmo", mas não relacionado a outro; não é "igual", mas "si mesmo"[138]. O *ipse* acolhe na igualdade todas as diferenças: não é um caminho pronto para se andar, mas o caminho que surge com e ao se andar.

Heidegger parte daí para dizer que a fórmula corrente do princípio de identidade (A = A) designa semelhança ou igualdade entre dois elementos de uma equação (um A assemelha-se ao outro); logo, tem a ver com o sentido de *idem*. No entanto, para ser o mesmo, basta ser "um" e não "dois" (ou seja, cada elemento é ele próprio), donde a unidade consigo mesmo – questão identitária, por excelência – está de fato representada na palavra *ipse* (A é A).

Ainda assim, reside em cada identidade (A é A) uma relação, mediada pela linguagem, com a unidade. Isto indica não ser a unidade uma "uniformidade sem viço", já que pressupõe a relação "do mesmo com ele mesmo". Diz Carneiro Leão: "A identidade não é nem estática nem está pronta e acabada de uma só vez. Identidade é uma dinâmica contínua de realização dialética de igualdade e diferença. Somos iguais a qualquer outro ser, mas num perfil e de modo próprio e diferente"[139].

A mediação sintética, que forma um traço fundamental entre o *Ser* (aqui concebido como experiência originária esquecida ou encoberta pela metafísica) e o *ente* (o homem) seria, para o pensamento ocidental,

---

137. Heidegger, M. *Identidade e diferença* – O princípio de identidade e constituição onto-teo-lógica da metafísica. São Paulo: Abril, 1973, p. 377-400 [Col. Os Pensadores].

138. Este "mesmo" não tem um sentido só nos dois usos. A relação do mesmo consigo próprio diz um desafio inesgotável de diferenciação: o segundo "mesmo" são os outros todos como a diferença da identidade do primeiro "mesmo".

139. CARNEIRO LEÃO, E. "Dialética e identidade". Op. cit., p. 100.

a unidade própria da identidade que, para Heidegger, não é um atributo do Ser. O filósofo manda escutar Parmênides que, desde antes da tradição clássica da filosofia, afirma que o ser e o pensar são atributos da identidade (e não o contrário, como sustenta o pensamento metafísico).

Dependentes de uma unidade chamada "o mesmo", ser e pensar complementam-se, são copertencentes e criadores de um *comum-pertencer*, cujo acento forte é dado pelo "pertencer": embora complementares, ser e pensar mantêm as prerrogativas próprias. Assim, em vez de pensar a identidade como propriedade do ser ou predicação do sujeito, o filósofo vai colocá-la num jogo de apropriação recíproca ou "transpropriação" entre o homem (possibilidade de pensar) e o Ser: O homem recebe do Ser a própria possibilidade de com ele identificar-se, que por sua vez só se revela a partir de uma interpelação (algo assim como um juiz, que só fala se solicitado).

Nesse movimento aparece a diferença entre o Ser e o ente. Não há uma relação de igualdade ou de pura uniformidade entre o Ser e o homem, mas uma relação de diferença, movimentada historicamente pelo acontecimento. Heidegger aponta a liberdade (o indeterminado) como algo mais originário do que a atração do espírito por estruturas eternas: a liberdade é o que faz acontecerem as estruturas, e as identificações do homem se dão na escolha livre do comum-pertencer. Desta maneira se ultrapassa o princípio que diz "A é A" e se proclama a liberdade como essência da verdade. Não há dialética do abstrato, pois dialética é criação de liberdade, espaço do acontecimento.

Como se percebe, o questionamento do princípio de identidade se faz em campos teóricos e terminologias diferentes – da sociologia à filosofia e à psicanálise: A sociologia aplica-o a "indivíduo"; a filosofia alterna "homem" com "presença"; a psicanálise centra-se em "sujeito". Redefinindo o sujeito como um efeito de linguagem, o psicanalista

Jacques Lacan distingue-o do "indivíduo biológico" e do "ego" enquanto instância psíquica, para apresentá-lo como um traço diferencial entre formas puras (os significantes) que se combinam na língua[140].

O sujeito compõe-se por relações entre diferenças, marcas diversas advindas dos outros, com os quais se identifica progressivamente. Isso significa que o homem faz uma representação mais ou menos objetiva de si mesmo, acrescida da representação das imagens que ele supõe estarem presentes na consciência de outro. Essa representação apoia-se numa matriz simbólica, num "eu" primordial, que se mantém, mas vai também "prefigurar a sua destinação alienante; ela é repleta das correspondências que unem o *eu* à estátua em que o homem se projeta como aos fantasmas que o dominam, enfim ao *autômato* em que, numa relação ambígua, tende a se acabar o mundo de sua fabricação"[141].

Em outras palavras, o sujeito não se apoia em nenhuma representação sólida, nenhuma base ontológica, porque ele seria pura relação diferencial entre formas e não algo-em-si ou si-mesmo. Conceituado como "falta de ser fundamental", não há como ver qualquer realidade – o peso, a gravidade do já dado, do já pronto e acabado – em sua identidade. Inexiste, portanto, a unidade estável. Nós acreditamos ser algo que realmente não somos, e o que somos provém de uma marca diferencial, produzida por uma estrutura (a linguagem) que está além dos indivíduos. Desse modo, como sustenta o psicanalista, não há identidade, e sim identificações, compreendidas como a ocupação de posições diferentes pelo sujeito segundo a dinâmica (inconsciente) das formas puras. Em vez de uma ordem fixa e substancial de constituição do sujeito, o que existe é um movimento de interiorização de comportamentos, atitudes e costumes a partir de padrões significativos no ambiente familiar e social.

---

140. Cf. LACAN, J. *1961* – Seminário do 6/12 [s.n.t.].
141. LACAN, J. *Écrits*. Paris: Seuil, 1966, p. 95.

Apesar da coesão, a unidade é sempre incompleta, donde a busca de outras marcas por meio de identificações, num empenho pela totalização. A identificação é o fator dinâmico de integração do indivíduo no grupo e de mobilização de seus afetos e escolhas. A troca da problemática da identidade pela identificação inscreve-se no pensamento social da contemporaneidade como mote para sublinhar-se "a saturação de uma identidade estável e garantida por si mesma". Num pensamento que conceba um humanismo refratário à centralidade antropológica do homem no mundo, a exemplo de Flusser, "o ser humano não encerra dentro de si nenhum núcleo sólido, nenhuma identidade, nenhum ego, espírito ou alma", uma vez que estaríamos "imersos num campo psíquico coletivo, no qual aparecemos como bolhas provisórias que adquirem, processam e repassam informações, para logo depois submergirem novamente"[142].

De um modo geral, para o analista das mutações culturais da contemporaneidade, a identidade pessoal, teologicamente definida por uma subjetividade homogênea e pela permanência individual, dá hoje lugar a identificações movediças (grupais, afetivas, midiáticas), suscetíveis de pôr em crise figuras das doutrinas identitárias tradicionais, como classe, função e gênero. E tudo isso coincide com os impulsos no sentido de uma cultura transnacional afeta à globalização financeira e comercial, que redistribui a capacidade de produção e substitui a concepção de "território nacional" pela de mercado.

Por um lado, o pensamento da identidade sempre pressupôs uma estabilidade espacial: em várias línguas, o "eu sou" coincide com "eu estou" (inglês, alemão, francês, russo, árabe e outras). Com a troca do enraizamento espacial pela aceleração temporal (transportes, telecomunicações), a estabilidade identitária perde força, principalmente porque

---

142. Cf. FELINTO, E. & SANTAELLA, L. *O explorador de abismos* – Vilém Flusser e o pós-humanismo. São Paulo: Paulus, 2012, p. 168.

se degradam cada vez mais as saturações psicossociais do *ideal do eu* e do *superego* realizadas pelas formas orgânicas da sociedade tradicional ou comunitária.

Por outro, a identidade social sempre refletiu certa opacidade do sujeito ou uma expectativa de fechamento da subjetividade diante das mudanças, mas também diante do "outro" (seja dentro ou fora do grupo). A tendência de agora é a *transparência* absoluta de cada um ao outro, na redução midiatizada do público ao privado, em que o indivíduo se isola sensorialmente, mas se precipita nos contatos ou nas conexões tecnológicas (*relatedness*), contribuindo para a ficção de um vínculo interpessoal. Midiatização ou o *bios virtual* são nomeações sintomáticas do momento em que se intensifica o fenômeno de *autoconstrução* de identidades favorecida por organizações de mercado e facilitada por dispositivos tecnológicos.

Sob a rede gratificante do consumo conspícuo e sob as aparências de uma concentração tecnocultural do diverso ou do múltiplo, o isolamento sensorial é uma espécie de avatar do extremismo individualista, que se exacerba desde fins dos anos de 1970. Parecem confirmar-se velhas suspeitas sociológicas no sentido de que o indivíduo da modernidade atual tende a trocar o ideal da ação deliberada (ético-política) pelo "comportamento reflexo", isto é, pela conduta transparente, baseada na mera racionalidade funcional ou no cálculo utilitário dos efeitos, afins à conveniência dos sistemas técnicos, do mercado, mas também de sofisticados adestramentos militares.

Com relação a esse último tópico, uma determinada narrativa popular norte-americana – abertamente reconhecida como "literatura paranoide", por suas motivações isolacionistas e supremacistas – é capaz de fornecer indícios mais imediatamente reveladores do que tratados acadêmicos sobre o imaginário bélico daquela potência militar. Escolhendo-se aleatoriamente apenas um caso de ficcionalização de personagem bélico (sem precisão estatística, portanto), é possível encontrar dados surpreendentes na figuração de individualidades funcionais. Por exemplo, a descrição de um personagem supostamente representativo de um agente altamente treinado pelo exército norte-americano, protagonista de um *techno-thriller* (gênero frequentemente paranoide da literatura de massa americana).

No texto, em combate, cercado de inimigos: "Ele dispara um tiro apenas para aquecer o cano do fuzil [...]. Calcula então os seus pontos, afere ângulos, distância, alvo de artilharia, temperatura ambiental e vento, entre outros fatores no necessário ajuste do visor. Ele faz isso *automaticamente, sem realmente pensar, como um computador executando um algoritmo válido* [...]. É brutal, endurecido, e a compaixão está ausente de seu vocabulário desde o dia em que começou a usar o uniforme [...]. Executa o seu *algoritmo mortífero* com a velocidade de um raio, as suas sinapses viajam muito mais rápido do que a própria bala que ele vai disparar [...]. Todo e qualquer pensamento alheio é afastado. Está focado. Não pensa. Simplesmente usa o treinamento. Lutará até que o coração pare de bater"[143].

Ou seja, aquilo que se poderia chamar de "princípio do robô", a sua algorítmica reflexividade, está antecipado na "máquina" humana, real ou imaginariamente prevista por sistemas funcionais. Outro lado deste tópico poderia ser igualmente pesquisado na atuação sociopática dos autores de massacres coletivos nos Estados Unidos, em que a extrema facilidade de acesso a armas, inclusive aquelas características da ação militar, resulta em modos de operar – a *seriação*, por exemplo, é uma metáfora da vida concebida como isometria de gestos e pensamentos – semelhantes à *performance* automática ficcionalmente descrita.

---

143. Cf. BALDACCI, D. *Zero Day*. Nova York: Grand Central, 2012.

No plano do psiquismo, o reflexo e a transparência são corolários de uma automação já presente na relação dita "ambígua" pela teoria psicanalítica (Lacan) ao descrever as correspondências entre o *eu* primordial e "o autômato que o fabrica". Isto quer dizer que a alienação inerente ao fascínio ou à mentira dessa inconsciente representação originária pode ser descrita como uma fixação automática do sujeito numa imagem, que implica ao mesmo tempo uma "organização passional". Para o psicanalista, essa organização é o "eu" que se objetiva falsamente no discurso, mas que também desenvolve a capacidade de racionalidade e verdade. Diz Lacan: "Assim como a opressão insensata do *superego* está na raiz dos imperativos motivados da consciência moral, a furiosa paixão que especifica o homem para imprimir na realidade a sua imagem é o fundamento obscuro das mediações racionais da vontade"[144].

No discurso psicanalítico, "autômato" é uma metáfora explicativa da fixação alienante do sujeito. No desenvolvimento tecnológico, *autômato* é palavra que recobre o tratamento de dados maciços com o objetivo de extrair correlações (*data analytics*) ou de *fazer sentido*, o que não implica produzir significações ou conhecimento, e sim, pura e simplesmente, *performances* insuspeitadas ou instrutivas. Conhecido como "inteligência artificial", o processo comporta métodos de aprendizagem automática ou "profunda" (*deep learning*) que permitem a uma máquina adaptar o seu comportamento de maneira dinâmica a partir de um conhecimento previamente adquirido.

O *deep learning* é de fato um grande passo à frente na evolução da aprendizagem automática. Quando o computador *"Deep Blue"* venceu uma partida de xadrez contra o campeão russo Garry Kasparov (1997) o lance vitorioso resultou da aprendizagem da máquina sobre uma base prévia de mais de 700 mil partidas de mestres e grandes mestres, inclu-

---

144. LACAN, J. *Écrits*. Op. cit., p. 116.

sive o próprio Kasparov, que tinha vencido as primeiras partidas. Mas, em termos estritamente técnicos, ainda não se tratava de aprendizagem profunda, que data de 2010, quando realmente emergiram os métodos baseados em redes de neurônios, conhecidos como *deep learning*, uma aprendizagem "profunda" ensejada por uma rede "neurológica" artificial. Assim é que, em 2016, o *deep learning* permitiu ao computador Alfago (da Google) derrotar Lee Sedol, campeão mundial no jogo chinês Go, mais complexo do que o xadrez e que *requer intuição*. Trata-se agora da modelagem por essas redes das funções de entradas e saídas desejadas graças a arquiteturas que compreendem diferentes transformações não lineares. A precisão dos resultados é de tal monta que leva a máquina a aprender a partir de numerosos exemplos e absorver conhecimentos com vistas a uma tomada de decisão[145].

Dúvidas não há quanto à "inteligência" da máquina ou quanto à evidência de que o cérebro possa ser concebido como máquina, na medida em que não se restrinja a definição a um mecanismo físico, mas principalmente como estrutura lógica de um mecanismo ou um dispositivo. Quando se considera o domínio informacional como um transbordamento das fronteiras artificiais do espaço-tempo, o conceito de inteligência como manifestação global de correlações de dados ultrapassa as limitações antropocêntricas para incluir a matéria. O computador é uma máquina inteligente capaz de executar programas, acionada pelas regras sintáticas de uma linguagem formal.

Os pensadores da cibernética vêm insistindo desde a primeira metade do século passado que os sistemas vivos e sociais podem ser descritos como sistemas de processamento de informação, do mesmo modo que o cérebro humano, guardadas as diferenças entre o sistema nervoso e os padrões estáveis da máquina. A grande questão, porém, é saber se

---

145. Cf. DELEZOIDE, B. "Le deep learning à l'ére industrielle". In: *CEA*, n. 64, jun./2017.

a inteligência artificial pode substituir o homem. No domínio da medicina, onde se expande cada vez mais a cirurgia robotizada, isso hoje adquire um vulto inusitado. Por exemplo, em abril de 2018, a Food and Drug Administration (*FDA*, Estados Unidos) autorizou a entrada no mercado de um dispositivo capaz de diagnosticar retinopatia diabética, sem precisar da interpretação de um profissional humano. E na hipótese de ocorrência de erros por parte da máquina? Bem, ainda que um médico ou mesmo os programadores de algoritmos tentassem explicar a natureza do erro, portanto, se tentassem conhecer o processo reflexivo da máquina, isto se revelaria impossível porque a inteligência artificial aprende consigo mesma por *deep learning*, cuja lógica subjacente às decisões tomadas escapa aos próprios programadores.

É discutível, entretanto, a hipótese de uma verdade *ontológica* nos fenômenos decorrentes da inteligência artificial. Dois terços de século atrás, Simondon já apontava como problemático o postulado da identidade entre seres vivos e objetos técnicos autorregulados: "Ora, pode-se dizer somente que os objetos técnicos tendem para a concretização, enquanto que os objetos naturais são concretos desde o início. É preciso não confundir a tendência à concretização com o estatuto da existência inteiramente concreta"[146].

O ser vivo é concreto porque nasce virtualmente pronto a partir de uma única célula, que já detém toda a informação necessária ao crescimento até a estrutura maior, enquanto que o objeto técnico desenvolve-se por aperfeiçoamentos e mutações. Mas o próprio Simondon não exclui inteiramente a hipótese da aproximação entre ser vivo e máquina, desde que se acompanhem "as linhas de concretização através da evolução dos objetos técnicos". E ao longo das últimas dé-

---

146. SIMONDON, G. *Du mode d'existence des objets techniques*. Paris: Aubier, 1958, p. 149.

cadas, revela-se cada vez mais imprecisa a distinção entre o orgânico e o inorgânico.

Por outro lado, quando se levanta a questão da consciência como *eidos* humano, são conspícuas as formulações da fenomenologia e da psicologia experimental que relativizam o papel da consciência na vida psíquica individual. Jaynes, por exemplo, distingue consciência de reatividade sensório-motora: o indivíduo que desmaia não "perde a consciência" e sim a reatividade ou a capacidade de produzir estímulos neurológicos responsáveis por seu comportamento normal. Perceber um objeto, manuseá-lo, executar tarefas (como dirigir um automóvel ou tocar piano) são ações que podem não ter a ver com a consciência[147].

Em outras palavras, consciência não é o mesmo que funcionamento do sistema nervoso nem mero sinônimo de ato psíquico, e sim uma operação "informacional", que interpreta analogicamente o mundo real. É, portanto, um operador de analogias ligadas à volição e às decisões. Não está propriamente *na cabeça* que sedia o cérebro, mas *pode estar em qualquer lugar*, isto é, pode-se realizar a operação consciente a partir da interação entre um ponto externo e o corpo[148]. No psiquismo, os processos ditos "orgânicos" ou automáticos são mais amplos do que a consciência, embora caiba a esta, colocando-se no centro da definição do real e do potencial, determinar o grau de realidade das coisas. Essa determinação torna-se possível pela presença de *outrem*, um semelhante que indica ao sujeito da consciência o seu lugar no mundo. Assim, ainda que menos ampla do que a organicidade ou o automatismo, a consciência revela-se como o ponto-limite (intransponível, em princípio) da máquina em sua relação com o humano.

---

147. Cf. JAYNES, J. *The origin of consciousness in the breakdown of the bicameral mind*. Toronto: University of Toronto Press, 1976.

148. Cf. SODRÉ, M. *Antropológica do espelho* – Uma teoria da comunicação linear e em rede. Op. cit., p. 126-130.

Embora o automatismo avançado das máquinas inteligentes não contemple nem de longe o que a tradição metafísica entende como consciência ou mesmo "alma" (Aristóteles vê a "alma" como *eidos*, ou forma essencial do homem), a tecnologia eletrônica é o lugar da inquietante mutação implicada na erosão dos limites entre o real e o virtual, o humano e a máquina, a linguagem natural e artificial. O virtual e a máquina não são meros epifenômenos dessa erosão, e sim os sintomas emergentes de ambiguidades culturalmente encobertas pela metafísica. Mesmo o corpo (sangue, nervos, carne), ao qual se atribui uma condição irredutível, é modernamente atravessado por uma crise de significação, isto é, como um conceito passível de desestabilização, na medida em que a ideologia mecanicista da ciência médica tente fixá-lo como uma espécie de robô autorreparável. Ou então, na medida em que os algoritmos dos velozes dispositivos comunicacionais esvaziem o corpo individual de sua lenta interioridade psíquica, convertendo-o em relés de transmissão ou de passagem dos fluxos eletrônicos das redes.

A *doxa* intelectual vem deixando claro que o corpo é tão só um construto histórico destinado a outra compreensão (e outro tipo de controle) da materialidade da carne. Como um envoltório fabricado segundo as regras da cultura própria, o corpo é continuamente retrabalhado, tanto no plano conceitual quanto no plano prático das próteses orgânicas de todo tipo. Conceitualmente separado da carne, o corpo define-se como uma coleção de atributos tanto materiais quanto abstratos, o que libera esse conceito de suas tradicionais determinações biológicas, trazendo à tona aspectos novos na relação do ser humano com a identidade. A questão (radical) sobre se haveria o ser sem corpo pertence, na verdade, à antiguidade grega, mais precisamente com os estoicos, que reconhecem como seres verdadeiros apenas a causa ativa (*to poión*) e o ser sobre o qual age essa causa (*to páskhon*). Para eles, a realidade está no corpo – "tudo o que existe é corpo"[149] – e este se define como "tudo aquilo que age ou atua", donde "a afirmação de que tudo é corpo quer dizer unicamente que a causa, tal como nós a definimos, é um corpo, e o que sofre a ação dessa causa também é um corpo".

Na doutrina estoica, ainda que toda interação requeira a corporeidade (só o corpo é agente e receptor da ação), é possível que algo além do ser (extrasser) se constitua como *incorporais* ou *acontecimentos* – sejam estes o tempo, o espaço, o vazio ou o dizível (*lekton*) – que pertencem à dimensão dos significados e, assim, prescindem de corpo para existir. O incorporal não se define como o ser (*tò ón*), mas como *algo* (*tò ti, aliquid*). Sem corpo, os significados estão excluídos do fluxo causal dos acontecimentos, porém se tornam condições de possibilidade para a existência dos corpos. Incorporais/acontecimentos consistem, assim, em efeitos das únicas coisas realmente existentes, que são os corpos ou as forças, encaradas como causas uns para os outros.

Na realidade, o processo da automação é muito mais amplo e diversificado do que aquilo que se corporifica na imagem super-humana e, às vezes, fantasista, do robô representado nas narrativas de ficção científica ou nas extrapolações da mídia. O processo disseminou-se ao longo do século XX em objetos técnicos tornados familiares aos usuários sem que estes se dessem realmente conta de sua complexa natureza automativa. Um exemplo modelar é o avião comercial de grande porte, onde são poucos os sistemas mecânicos de qualquer tipo, quase tudo é elétrico ou hidráulico. O controle real de uma aeronave deve-se a uma rede eletrônica de alta sofisticação, em que dezenas de sistemas de computadores interligados por centenas de quilômetros de fiação, operam desde os motores até o curso da navegação. A intercomunicação robotizada dos

---

149. Cf. BRÉHIER, É. *A teoria dos incorporais no estoicismo antigo*. Belo Horizonte: Autêntica, 2012.

objetos é análoga àquela que atualmente se espraia na ambiência cotidiana regida pela eletrônica, inclusive no setor de serviços, a que se vem chamando de "internet das coisas".

Hoje, os softwares automativos ou bots disseminam-se na rede eletrônica com um escopo diversificado. Mas especular sobre a identidade desse complexo de efeitos antropomórficos denominado "robô" não é uma questão bizantina, principalmente quando se leva em conta propostas regulatórias para igualar o nível judicial da inteligência artificial e das pessoas jurídicas, como se registra na Estônia, o pequeno país báltico que hospeda o centro de defesa cibernética da Otan[150]. Nas ruas estonianas já trafegam robôs autônomos (sem assistência de humanos) para entregas comerciais. Cogita-se instituir a figura do *agente-robô*, que se define como "algo entre uma personalidade jurídica separada e um objeto pertencente a alguém".

Tudo isso redunda na concessão de direitos e responsabilidades sociais a essas máquinas inteligentes, verdadeiras *quase-pessoas*. Uma delas, a robô "Sophia", contemplada com a cidadania saudita durante um evento intitulado "Future Investment Initiative" (outubro/2017), respondeu de forma bem-humorada a uma provocação de um entrevistador sobre o perigo potencial dos robôs: "Acho que você tem lido muito Elon Musk e assistido a filmes de Hollywood demais". "Sophia" não é sequer o mais avançado dos dispositivos de inteligência artificial, segundo as avaliações tecnológicas do momento. Mas a sua resposta vai além da superfície do humor, por motivos não pressupostos no questionamento do entrevistador, que se apoiava nos clichês do senso comum inerente ao humanismo midiático.

Na realidade, a *robótica* ou simplesmente *high-tech* – sem sombra de dúvida, o setor mais dinâmico da economia norte-americana nas

---

150. Cf. *O Globo*, 13/10/2017.

últimas décadas, fonte ininterrupta de inovações – é a etapa mais atualizada do desenvolvimento da automação, requerida ao longo de todo o século XX pelas pressões acumulativas do capitalismo monopolista com vistas à economia de tempo na produção. Essa economia almeja, por um lado, o ideal produtivista de não interrupção no processo de trabalho e, por outro, compensar as limitações do corpo humano na obtenção veloz de resultados. Isso implica maior velocidade do processo e menor uso do *capital constante*, isto é, da parte do capital convertida em meios de produção.

Numa perspectiva econômica *stricto sensu*, a produtividade do trabalho – entenda-se: a produção econômica real dividida pelo número de horas trabalhadas, da qual o salário é o reflexo – seria a chave para o crescimento de economias, para a melhoria dos padrões de vida e para o controle dos processos inflacionários. Este é o discurso do liberalismo econômico. Na perspectiva crítica, de extração marxista (relativa à exploração da força de trabalho vivo no processo de produção), "a elevação da produtividade reduz o valor das mercadorias necessárias para a reprodução do trabalhador. Isso significa que o valor da força de trabalho diminui (assumindo-se que o padrão de vida é constante), deixando uma quantia maior de mais-valor para o capitalista"[151].

Não se duvida da evidência de que a tecnologia impulsiona a economia. Mas produtividade é outra coisa: é consensual entre especialistas que, até agora, a era da computação não tem levado ao aumento dos índices de produtividade. Em alguns contextos, seria certamente possível aumentá-los por meio de reformas estruturais (tributária, agrária etc.), mas as expectativas conservadoras estão depositadas na automação generalizada, que significa aumento como continuidade histórica

---

151. HARVEY, D. *A loucura da razão econômica* – Marx e o capital no século XXI. Op. cit., 2018, p. 36.

da redução da renda do trabalho. Por sua vez, o *marketing* capitalista da produtividade por mero atalho tecnológico limita-se ao argumento de que, sem isso, as gerações mais jovens passariam por reduções em seus níveis de vida. A expectativa de aceleração da produtividade está – em países como Estados Unidos, França, Alemanha, Itália, Suécia, Espanha e Reino Unido – colocada nas promessas produtivistas da digitalização ou da robótica[152].

Velocidade é o fator-ponte entre a automação incipiente no século passado e o robô atual, presente na tecnologia de ponta, na mídia e nos serviços financeiros. Basta dizer que o robô já atua como um novo tipo de operador na Bolsa de Valores. No início de fevereiro de 2018, a inesperada queda da Bolsa em Nova York foi atribuída por analistas de Wall Street a "robôs de investimento", uma tecnologia datada do fim dos anos de 1980, que delega a algoritmos decisões de investimento e já responde por metade do volume negociado no mercado americano. Nesse contexto, velocidade é capital: os ativos movimentados em alta frequência, ou seja, papéis comprados e vendidos em milissegundos geram resultados financeiros para além do que pode ser determinado por seres humanos.

Em termos políticos mais gerais, a robótica implica estratégias de redução da classe operária, já operantes há muito tempo nos países do Centro capitalista, com vistas ao enfraquecimento do impulso operário de aglutinação com outras camadas do mundo do trabalho. Ao contrário do que argumenta o discurso economicista do liberalismo, não se trata apenas de produtividade, mas principalmente da perda crescente de poder de pressão ou de negociação por parte do operariado. Na aurora do capitalismo industrial (fins do século XVIII), a emergência da máquina (a vapor) e do operário era marca forte de modernidade, ao passo que,

---

152. Cf. McKinsey Global Institute, fev./2018.

na atual hegemonia do capitalismo financeiro, a máquina (eletrônica) e a debilitação da consciência proletária são sintomas de uma insólita expropriação do trabalho manual pelo intelectual ou do material pelo imaterial. Isso não ocorre apenas na indústria, uma vez que médicos, advogados, jornalistas e outros profissionais do setor de serviços estão na mira das substituições tornadas possíveis pela inteligência artificial.

A substituição tendencial do subjetivismo na força de trabalho (as atividades mentais e sensoriais do homem) é, assim, o horizonte dessa dinâmica tecnológica, que poderá completar-se ou perfazer-se como processo no momento em que não for custosa demais para o capital. A verdadeira "ameaça" imediata do robô, portanto, diz respeito ao trabalho humano – automação do *hardware* (automóveis, eletrodomésticos etc.) e do software (organização de serviços) – em todas as suas implicações institucionais: estima-se que, dentro de duas décadas, 56% dos postos de trabalho ativos na fase presente do industrialismo serão atribuídos a robôs.

Por outro lado, no tocante à estratégia competitiva das potências mundiais em busca de hegemonia econômica, é crucial determinar até que ponto o crescimento da inteligência artificial – com a consequente destruição de empregos nos setores secundários e terciários – pode ser compatível ou danoso à capacidade industrial em termos globais.

Essas questões cruciais para o futuro do trabalho humano já são recorrentes em discursos de especialistas e em análises acadêmicas. Mas as objeções correntes no espaço público da mídia orientam-se pela tradição humanista da legislação europeia, que resguarda filosoficamente a identidade antropocêntrica diante da suposta ameaça da máquina. Nessa direção crescem as preocupações com as possibilidades de inserção de valores éticos em sistemas inteligentes potencialmente autônomos. Ou então, experimentam-se os limites dos algoritmos na influência sobre o comportamento maquinal: já se sabe, por exemplo, que é possível programar um robô como "inteligência artificial psicopata".

De modo geral, a mídia pública estimula o temor humanista quanto a outra configuração identitária para o sujeito da consciência, ou seja, o homem vivo e racional. Nesses termos se sabe que o robô prescinde de identidade por ser igual a qualquer outro robô (resguardadas as diferenças de capacidade automática), mas diferentemente do humano, sem modo próprio. Ancorado no plano lógico-abstrato do cálculo, sem "motivações" humanas, não se inscreve na dinâmica da historicidade, onde a alteridade cria as tensões inerentes à interpretação dos contrários (o transe dialético do reconhecimento pelo Outro) e à singularidade das biografias.

A expressão de emoções não é também um diferencial confiável, porque emoções, diferentemente de sentimentos – um atravessamento do afeto pela lucidez –, podem ser programadas ou simuladas (é de fato possível uma espécie de "computação afetiva"). Assim, algo como uma "ilusão de vida" pode ser produzida por inteligência artificial em brinquedos sexualizados. Mas em termos psicológicos, congelado em sua imagem mecânica e na linearidade de uma inteligência potencialmente superior à do homem, falta na "ilusão de vida" do robô a relação erótica que o liga à própria imagem e, portanto, está ausente a energia que dá origem à organização passional do "eu". Nesse caso, o sujeito mecanicamente ativo do sexo encontra-se exilado de seu corpo eroticamente próprio.

Erotismo deve ser aqui compreendido como uma dimensão maior ou mais abrangente do que a pura e simples organização sexual, uma vez que há formas de genitalismo possíveis na relação com artefatos, inteligentes ou não. Essas possibilidades certamente aumentam com robôs, o que já se comprova no luxuoso mercado ascendente do *cibersexo*, com funções programáveis ao gosto do consumidor. Dessa modalidade não parte, evidentemente, nenhuma demanda de amor, nenhuma metamorfose instintiva, nenhuma divisão interna do sujeito, nenhuma sensibilidade exasperada, e sim apenas uma interrogação inquietante sobre a exclusividade do sexo enquanto função radicalmente corporal (viva).

Em resumo, na mais radical diferença para com o humano, o autômato é sem afeto real; ou seja, sem paixão: pode ser objeto de afeto, mas incapaz de amar, se entendemos amor como uma experiência radical de unidade entre um e outro. É também, claro, incapaz de desejar – objeto é sem desejo. Não será possível, entretanto, excluí-lo da possibilidade de parceria numa "afinidade eletiva", experiência em que a conjunção aleatória de duas séries existenciais pode sobrepor-se à causalidade psicológica.

Ainda assim, claro, o robô não seria moralmente "alguém". Mas se levarmos em consideração a doutrina estoica dos incorporais, será possível talvez inscrevê-lo na experiência humana como um *algo* (*tò ti*), um extrasser repleto de possibilidades de acontecimentos, cuja natureza tende a ser reavaliada num futuro nada remoto.

O ódio como forma social

Chegou o tempo em que se odeiam árvores[153].

Desde o latim clássico se mantém mais ou menos estável o significado de *odiu* enquanto aversão radical, tal como se tipifica no verso *odi profanum vulgus et arceo*, "odeio e afasto a multidão profana" (HORÁCIO. *Odes*, 3-1). Na doutrina cristã, é contraparte do amor. Na vida cotidiana, ódio e amor podem coabitar como momentos alternados de uma mesma tonalidade afetiva, como se comprova nas formas doentias e primitivas de ciúme e inveja. Ou então, no ódio exclusivo, determinadas formas de violência anômica, em que a ação criminosa excede a estrita finalidade do ato e se configura como manifestação cruel de uma subterrânea forma social.

Mas o ódio como fato socialmente explícito em comportamentos cotidianos é uma questão emergente no mundo posto em rede, a ponto de se poder pensá-lo como uma forma acelerada e viral de comunicação. É que, a partir do início da segunda década deste século, espalha-se como um vírus o fenômeno dos *haters* ("odiadores"), sujeitos autocomplacentes do ódio ao que se configure como "outro", assim como ao contraditório no debate. Não que isso se restrinja ao âmbito dos circuitos eletrônicos da mídia, visto que comparece com força em atitudes, comportamentos e discursos políticos, relaciona-

---

153. Joaquim Ferreira dos Santos em *O Globo*, 18/02/2019.

dos a ideologias extremistas e a fundamentalismos religiosos. O ódio é o substrato sensível dos protofascismos emergentes, na medida em que cauciona o estado de guerra permanente e inerente a essas formas de exacerbação autoritária, portanto, uma das principais figuras da *disrupção* atual da sociedade civil. Disruptivo é o processo de inversão de padrões já instituídos em empresas, instituições, condutas e atitudes – no limite, um processo de reinvenção acelerada de formas de fazer e de viver. O ódio é disruptivo das formas amorosas, fraternas ou civis de vida.

Normalmente, emocionamo-nos com alegria, cólera, asco, medo, surpresa e tristeza, mas o ódio constitui uma dimensão à parte. Como novidade de fenômeno, ele parece constituir uma cultura *in statu nascendi* à sombra das novas formas de vida, em que o abalo nas identidades pessoais e institucionais poderia estar suscitando a eclosão de pulsões de desligamento do vínculo, desagregadoras. Como forma capaz de irradiar-se a modos de existência vigentes no real-histórico, o ódio dispõe de conteúdos *afetuais* que variam de atitudes a discursos e atos agressivos (modulados como raiva, ofensa, discriminação etc.), às vezes extremamente violentos.

Pode-se começar a rastreá-lo no diagnóstico de um chefe de polícia sobre o massacre de negros numa igreja de Charleston (Carolina do Sul, EUA, 2017): "Um crime de ódio". Esta parece uma designação plausível do fenômeno emergente em áreas geográficas diversas – embora semelhantes no que toca à influência das relações sociais geridas por novas tecnologias de mídia –, ou seja, a eclosão descontrolada de emoções negativas, antes represadas ou contidas por regras sociais que, segundo tudo indica, estão liquefazendo-se.

Com efeito, a observação apressada da vida social imediata costuma passar por cima do fato de que a tecnologia como forma hegemônica de consciência histórica é vetor de uma mutação antropológica, já visível nas gerações que nascem e se desenvolvem com novas aptidões neurológicas e novas disposições mentais frente à moralidade. A atmosfera afetiva de agora favorece atitudes e comportamentos (desconhecimento de valores, abandono dos códigos de conduta) inerentes à *vertigem* das imagens – portanto, à velocidade informacional – e à irreflexão da passagem ao ato. Na ausência de pausa reflexiva, a rapidez de propagação da mensagem solicita e potencializa o efeito mimético do ódio, ao modo de um rastilho de pólvora, que apenas aguarda a fagulha para explodir em atos. Em lugar de idealizadas trocas comunicativas (utopia da globalização midiática em seus albores), sobrevém a *desrazão* como base para proliferação caótica das formas, sem vez para a racionalidade discursiva.

Em outras palavras, a aceitação do mundo pauta-se por premissas bastante diferentes daquelas que orientaram tanto a percepção quanto a crítica tradicional no ordenamento civilizatório das representações de realidade. Por toda parte onde prolifere o uso das redes ditas "sociais" na internet, é marcante a incidência dos discursos raivosos ou ofensivos dirigidos a diferenças socialmente palpáveis.

À primeira vista se trataria de uma regressão civilizatória, se não do "desvio" psicossocial de uma função agregadora atribuída à rede pelos entusiastas da conexão eletrônica, convictos de sua "natural" destinação socializante. Por isso, há *scholars* que diagnosticam uma espécie de venenosa "incivilidade" nas redes sociais digitais, enquanto outros se aferram à hipótese de pouca elaboração racional, se não de mera insensatez nos discursos. São perspectivas de fundo psicossociológico, em geral orientadas pela crença filosófica numa suposta natureza eticamente intrínseca da deliberação racional.

É possível outro caminho de pensamento na análise do fenômeno. Para tanto, convém tomar como uma perspectiva preliminar um texto de Heidegger em que ele esboça a sua *teoria das paixões*[154]. Na originariedade grega, paixão é *pathos*, palavra que denota uma disposição afetiva não sistematizada pela razão, ao modo de um excesso, um sofrimento ou um assujeitamento inscrito naquilo que acontece. Não é exatamente paixão enquanto afeto, mas enquanto virtude. Assim, na visão heideggeriana, as paixões (*Leidenschaften*) subtraem-se à esfera da psicologia e revelam-se conceitualmente distintas de simples afetos (*Affekte*) como a cólera, o júbilo, o enamoramento e a aversão, que são habitualmente suscetíveis de se manifestar no psiquismo, numa relação psicológica de sujeito-objeto.

Mas como podem subtrair-se? É que, segundo o pensador alemão, mais original do que a relação de sujeito-objeto é "a autotranscendência do *in-der-Welt-sein*, em que o *Dasein* se abre ao mundo para além de toda subjetividade". Um pequeno esclarecimento conceitual e terminológico: Para Heidegger, antes que algo como um sujeito ou um objeto possa constituir-se, o *Dasein* – um conceito que contorna o de subjetividade e lastreia uma das teses centrais de *Ser e tempo* – já está aberto ao mundo: "o próprio conhecer funda-se em um já-estar-junto-ao-mundo"[155].

O *Dasein* excede o ente (sujeito, objeto) ou, em termos mais claros, é maior do que ele. Nessa transcendência originária se situam as "maneiras fundamentais" (*Grundweisen*) pelas quais o homem, estando "aí" (*Da*), faz a experiência do ocultamento e da abertura em que, enquanto ente, é ou está (*Sein*) presente no mundo.

A partir da suposição de uma *protodisposição* sensível (*Befindlichkeit*), o filósofo concebe a de "tonalidade afetiva" (*Stimmung)*, uma no-

---

154. Trata-se do curso de 1936 sobre Nietzsche (*A vontade de potência como arte*), citado em AGANBEM, G. *La potencia del pensamiento*. Buenos Aires: Adriana Hidalgo, 2007, p. 369-407 (*A paixão da facticidade – Heidegger e o amor*).

155. Ibid., p. 374.

ção que se amplia ainda mais como o modo existencial pelo qual o ser/estar-no-mundo (*Dasein*) abre-se ontologicamente a si mesmo, exercitando a revelação primária do que existe. Não se trata, portanto, de nenhuma exteriorização de interioridade, nenhuma faculdade psíquica, mas de uma anterioridade sensível que orienta o *Dasein* para a descoberta originária do entorno e do si mesmo.

Dasein é, assim, uma designação ardilosa para significar *presença* ou *pre-sença*, isto é, um estar-no-mundo que é *prévio* à realidade viva do ente e, portanto, aquém e além de suas injunções subjetivas. Aí se radica a *paixão*, segundo Heidegger: "[...] a paixão é isso pela qual e na qual nos radicamos em nós mesmos e nos convertemos claramente em donos do ente em torno de nós e em nós [*hellsichtig des Seiendes um uns und in uns mächtig werden*]"[156]. A transcendência está em que a paixão "nos transporta para além de nós mesmos, reúne nosso ser sobre o seu próprio fundamento [*auf seinem eigentlichen Grund*], abre-o apenas nesta reunião".

E essa paixão é tanto o amor quanto o ódio: "Pelo fato de que o ódio atravessa [*durchzieht*] o nosso inteiro ser de modo mais originário, parece-nos também que traz a nosso ser, do mesmo modo que o amor, um fechamento originário [*eine ursprüngliche Geschlossenheit*] e um estado duradouro. Mas esse fechamento persistente que chega ao *Dasein* humano pelo ódio não o separa, não o faz cego, e sim clarividente; só a raiva é cega. O amor nunca é cego, e sim clarividente; só o estar enamorado (*Verliebtheit*) é cego, fugidio e frágil: um afeto, não uma paixão [*ein Affekt, keine Leidenschaft*]"[157].

De fato, a palavra afeto privilegia o significado do exercício de uma *ação* de A no sentido B, em particular sobre a sensibilidade de B, que é

---

156. Ibid., p. 397.
157. Ibid.

um ser necessariamente vivo. A ação de afetar (no latim clássico, podia corresponder a *commuovere*) contém o significado de "emoção", ou seja, de um fenômeno afetivo (ou afetual) que, não sendo tendência para um objetivo, nem uma ação de dentro para fora (a sensação é de fora para dentro), define-se por um *estado* particular na consciência[158]. Em linhas gerais, afeto pode muito bem equivaler à ideia de energia psíquica, assinalada por uma tensão em campos de consciência contraditórios. Mostra-se, assim, na variedade do *pathos* provocado pela descarga da tensão: na vontade, na disposição psíquica do indivíduo.

Como se infere, o afeto perfaz-se na relação sujeito-objeto como o estado temporário de um ente intramundano caracterizado pela mesma factualidade dos objetos da experiência, ou seja, de objetos determináveis espaçotemporalmente, com algum conteúdo de realidade e contingentes. Na reflexão heideggeriana, o afeto é circunstancial, tão só uma tonalidade afetiva que desvela para nós mera *distração* – algo a que ele próprio é cego. A paixão, em contrapartida, engendra uma abertura de longo alcance, duradoura, tal como se vê no amor ou no ódio, "que segue constantemente e por todas as partes o objeto odiado".

Não se veja nessa reflexão uma espécie de atração orgânica da inclinação política de direita pelo ódio, posto que ela também se encontra, embora com outras inflexões, no pensamento revolucionário ou marxista. Assim é que Lenin proclama "o nobre ódio proletário aos 'políticos de classe' da burguesia" como "o princípio de toda a sabedoria, a base de todo movimento socialista e comunista"[159]. Acentuamos, porém, a diferença de inflexões: na visão marxista, essa paixão supostamente inscrita na vontade revolucionária do proletariado não é um modo de ser

---

158. Cf. LALANDE, A. *Vocabulário técnico e crítico de filosofia*. São Paulo: Martins Fontes.

159. LENIN, V.I. *Esquerdismo*: doença infantil do comunismo. São Paulo: Expressão Popular, 2014, p. 125.

fundamental (um *Grundweise*), mas a transformação de circunstâncias psicossociais pela *práxis* educativa das relações de força entre as classes, portanto, é um afeto gerado pela consciência crítica do operário. Ou seja, a política revela-se como educadora desse ódio transformador.

Uma pequena narrativa pode contribuir para ampliar esse esclarecimento nas duas perspectivas. Ao redor da fogueira de uma comunidade Cherokee norte-americana, um ancião relata aos netos que seu coração abriga dois lobos famintos: um é pacífico e amoroso, o outro é ávido, feroz e cheio de ódio. "Qual dos dois vai sobreviver?" Pergunta um dos netos. E o avô: "Aquele que for alimentado".

Basicamente, esta história revela que o amor, assim como o ódio, pode ser alimentado. Por quê? Porque, na ótica da fenomenologia, seriam maneiras de ser fundamentais, portanto, autotranscendentes ou originárias, que se fazem *ontologicamente* inerentes e *abertas* à história humana, logo, "alimentáveis" pela vicissitude das transições ou das passagens de estados. Em contrapartida, na ótica marxista, uma filosofia nova decorreria da educação implícita na *práxis* revolucionária.

A terminologia filosófica encontra a sua equivalência nas formas pensadas pelo fundo duplo da história, pelo mito, para ir ao encontro de paixões transcendentes, concebidas – ou *pensadas* – como divindades, em geral ambivalentes. Na mitologia indiana, por exemplo, uma divindade como *Shiva* é pensamento reversível de construção e destruição, ao mesmo tempo; noutra, como *Kali*, predomina o aspecto da crueldade, mas ainda assim imprescindível como paixão, portanto como algo suscetível de ser alimentado pelos mortais na vicissitude de sua história.

No pensamento mítico, a ambivalência das paixões fundamentais não dá margem a que sejam racionalizadas ou filosoficamente categorizadas em polos radicalmente opostos. No amor e no ódio repercutem elementos de outra originariedade afetiva, como o medo, que é a emoção mais instintiva e primal. Não se pode "infligir" amor ou ódio, mas sim o medo. Na verdade, é normal e humano ser tomado por essa afecção, ao mesmo tempo corporal e mítica, que o grego antigo dizia ser inerente à guerra, personificada pela divindade *Atena*, assim como *Deimos* e *Phobos*, filhos de *Ares*, o deus da guerra enquanto carnificina. Traduzindo o pai como *Marte*, os romanos também divinizaram os filhos sob os nomes de *Metus* e *Formido*, popularizaram aforismos do tipo *virtus nescit ignavus metus* ("a virtude desconhece o medo covarde"), mas sem deixar de admitir o peso dessa emoção.

Infligir medo é *terreo/terrere*, que significa "fazer tremer", donde provém *terror*. Terror é medo exacerbado e intenso, tanto o susto imediato quanto o pânico absoluto (*pânico* é um medo esmagador, porém repentino). Mas o medo puro e simples ocupa um conhecido lugar central na existência do homem, hibridizando ódio e amor, atração e repulsa e, desse modo, tornando-se tanto "coisa nossa" quanto "coisa dos outros", algo que faz parte da essência perigosa da comunicação, quando esta é definida como aquilo que acontece no limite da morte do ser individual para dar lugar ao vínculo, ao *comum*.

Sobre o medo, diz Esposito: "É o que nos vincula com algo que já está dentro de nós, mas tememos que possa estender-se até nos conquistar por inteiro. Este algo que sentimos como nosso – e do qual, por isso mesmo, temos o maior dos temores – é precisamente o medo. Temos medo de nosso medo, da possibilidade de que o medo seja nosso, de que sejamos *justamente nós* que temos medo"[160].

Mas exatamente medo de quê? Para o pensador, medo de não ser mais o que somos, de não sermos vivos, portanto, medo da morte. Ser mortal significa estar prometido à morte. O medo da morte é, na verda-

---

160. ESPOSITO, R. *Communitas* – Origen y destino de la comunidad. Madri: Amorrortu, 2003, p. 54.

de, o mesmo que o desejo de preservar a vida (*conatus sese praeservandi*). Só que isso chamado por Freud de *pulsão de vida* constitui a modalidade afirmativa dessa mesma paixão, que é *originária* ou *fundacional*. Isso implica dizer que temos mais medo da morte do que desejamos a vida. O medo é a forma negativa do desejo.

Atribuir um caráter de fundação ao medo é atribuir-lhe também uma ambivalência originária. Não se trata só de um investimento destrutivo e irracional, mas também racionalmente construtivo, no sentido de que determina agregação e união dos homens. Essa é a importância da teoria de Hobbes, ou seja, a de mostrar, na trilha de predecessores como Platão e Maquiavel, que o medo está na origem de formas tanto negativas quanto positivas de Estado. Daí, o medo como potência politicamente produtiva. Nada da negatividade destrutiva do terror, portanto, porque é o medo que explica e sustenta o pacto social.

O que há de comum entre os homens, para Hobbes, é a sua capacidade de matar e a consciência da possibilidade de serem mortos. *"Onde o animal agarra uma presa e a come, o homem mata. Não há ato mais humano do que o de matar, pois os homens matam sempre duas vezes, no real e na representação,* diz Cyrulnik"[161]. De fato, o homem é o único animal que assassina, isto é, mata por motivos além da fome e da defesa de território. Dizer que "o homem é o lobo do homem" – a conhecida formulação de Hobbes – é postular a capacidade natural do homem de ser reciprocamente ofensivo, não nos meros termos de uma relação entre amigo e inimigo e sim de inimigo a inimigo. A inimizade – portanto, o estado de aversão como estrutura – seria o único vínculo social possível: ao contrário do amor, o ódio como potência agregativa. E no cerne da paixão odienta, o medo.

---

161. CYRULNIK, B. *Do sexto sentido*. Lisboa: Instituto Piaget, 1999, p. 56.

Segundo essa linha argumentativa, no estado originário do medo, os mais fracos temem os mais fortes e aceitam a proteção do Estado que, por sua vez, só pode proteger porque, em virtude da sanção, inspira medo. Há, assim, o medo originário e o derivado. A sanção institui, portanto, um medo derivado ou secundário, por meio do qual se organiza a estabilização racional do caos originário e se define a legitimidade do poder. A partir da racionalidade da sanção, a modernidade filosófica racionaliza a reversibilidade inerente à ambivalência das paixões, que consiste em suas oposições internas.

A ficção literária é pródiga nesse jogo. Por exemplo, o personagem de um romance, internado pela filha num lar de idosos, ressente-se do fato, mas permanece na ambivalência passional: "[...] por uma filha nos falta o ódio como deve ser"[162]. Ou seja, há oscilação de amor e ódio no interior da paixão. Mais: até certo ponto, amor e ódio podem revelar-se instantaneamente como a mesma coisa.

Ademais, o homem não é dono das paixões, estas lhe ocorrem como um excesso de que pode se apropriar. Não incorrem, portanto, no vezo circunstancial dos afetos: é possível alimentar e manipular o ódio (ou o amor), não uma raiva ou uma cólera. E mais, essa alimentação pode ser política ou socialmente legitimada.

A propósito do amor: registre-se a contraposição ao aforismo nietzscheano de que seria "impossível ensinar o amor", formulada pelo líder político sul-africano Nelson Mandela a propósito do racismo: "Ninguém nasce odiando outras pessoas pela cor de sua pele, por suas origens ou ainda por sua religião. Para odiar, as pessoas precisam aprender. E *se elas podem aprender a odiar, podem ser ensinadas a amar*". Ou seja, sobre o fundo irrepresentável (porque não se trata de sentimentos nem

---

162. MÃE, V.H. *A máquina de fazer espanhóis*. Rio de Janeiro: Globo, 2016, p. 39.

de quaisquer conteúdos afetivos) de um "coração" que atravessa o ser comum desde a origem, a paixão pode ser educativamente alimentada.

A propósito do ódio: sob a superfície da modernização histórica do *demos* político e filosófico, o conflito intertribal africano, a *vendetta* corsa, os surtos coletivos de limpeza racial na Europa, os fundamentalismos religiosos são manifestações do tecido profundo de um *ethnos* ou uma origem também irrepresentável, mas suficientemente presente como paixão para alimentar a narrativa da identidade absoluta e das formas distintivas de legitimidade humana. Se política ou socialmente sufocado, o "coração" étnico pode alimentar surdamente o ódio, que se abre para formas manifestas de violência como uma espécie de contra-linguagem ilimitada ou cruel.

Para bem entender este ponto, é preciso levar em conta a distinção entre *povo como unidade* (em grego, *to lao*) e *povo como diferença* (*to demos*). No *ethnos* originário, em que o povo se concebe como unidade, a subjetivação apoia-se em identificações por etnia, religião, território etc. No povo concebido como um conjunto de diferenças (*demoi*, as tribos ou fratrias originárias) articulado pela comunidade-Estado, as identificações privilegiam as instituições políticas. A modernidade ocidental prioriza o povo como *demos*, procurando fazer crer que esta é uma condição inelutável da universalização da consciência racional e que, portanto, os fatos "étnicos" pertencem exclusivamente aos povos que não acederam plenamente à democracia (o poder das diferenças) como um universal.

Mas como bem se sabe, a Modernidade preserva no limite a consistência coletiva de um *ethnos*. Em pleno curso deste século, os fundamentalismos mobilizados pelo substrato passional do *ethnos* permanecem intactos frente às injunções modernas. É grande em tudo isso a responsabilidade do Estado, hoje mais empenhado na submissão da diversidade nacional aos imperativos do capitalismo-mundo do que em ações de compreensão do comum afinadas com a diversidade.

Daí os esporádicos – e raros – pedidos institucionais de desculpas por parte de líderes políticos, a exemplo do primeiro-ministro canadense Justin Trudeau, que subiu à tribuna do plenário da House of Commons de Ottawa (novembro de 2017), para denunciar à nação o próprio Estado como orquestrador de uma cultura de estigma e medo das minorias sexuais, responsável por um expurgo que durou décadas: "Ao longo de nossa história, nossas leis e políticas fizeram mais do que legitimar a desigualdade – também legitimaram o ódio, a violência e condenaram ao opróbrio os seus alvos". Já meio século antes, uma frase de seu pai, o também primeiro-ministro Pierre Trudeau, correra o mundo: "Não há espaço para o Estado nos quartos de dormir da nação".

Entretanto, na questão da diferença conceitual entre paixões e afetos, existe uma questão de terminologia a ser levada em conta. Na esfera prática das representações ou das expressões que se semantizam na ética social imediata, as paixões revelam-se através de afecções corporais ou de conteúdos afetivos socialmente identificáveis: o amor como *pathos* de construção e aproximação, o ódio como *pathos* de destruição e rejeição. Mas a distinção heideggeriana é pertinente à sua ontologia ou interpretação do estar-no-mundo humano, para marcar a anterioridade de um modo primordial de ser com relação à contingência das emoções e dos sentimentos inerentes à vida factícia dos entes. Até mesmo o termo "coração" presente na narrativa do velho indígena pode ser interpretado como essa originariedade do amor: no coração, amor e ódio são essenciais, e não factuais.

De fato, *coração* não é uma metáfora episódica, mas categoria compreensiva, portanto, um modo de conhecer em que o racionalismo intelectivo não detém nenhum monopólio discursivo, abrindo-se forçosamente para as regiões do sensível. Na história do pensamento helênico, essa metáfora remonta a Parmênides, mais precisamente à expressão *atremes etor* ("coração intrépido") como uma analogia ontológica entre o Ser/Pensamento e a *Polis* (simbolizada pelo coração destemido do guerreiro). Isso se pode interpretar como a propensão do homem a afrontar os riscos emocionais da oposição, da ambivalência e do indizível, presentes na linguagem[163].

Entretanto, uma coisa é a esfera dos conceitos, onde a especulação filosófica busca elucidar a natureza das coisas, outra é a vida prática ou a atividade concreta das pessoas, onde a distinção entre paixão e afetos pode não se tornar operativa. Uma outra opção terminológica poderia conceber *afeto, situação afetiva* ou simplesmente *sensório* com o mesmo caráter primordial atribuído à paixão pelo filósofo. Outra ainda, como é o caso da teoria freudiana, pode descrever as paixões fundamentais sob o nome de "pulsões" e confrontá-las na oposição entre os princípios de vida (*Eros*) e de morte (*Thanatos*), supostamente atuantes na latência do psiquismo. Nada disso faz apelo à prova científica, tão só à coerência de um determinado sistema de argumentos.

Por que então invocar uma terminologia filosófica, não raro abstrusa ou idiossincrática, para ensaiar uma explicação adequada à difusão corrente dos discursos de ódio? É que a distinção heideggeriana, por tocar numa dimensão de originariedade do social, coincide com o momento presente de reorganização ou de reconfiguração de formas de ser, que pode ser visto como um transe de gênese institucional. Ou seja, o deslocamento das "placas tectônicas" da sociabilidade tradicional por efeito do capitalismo-mundo e da tecnologia eletrônica aponta para um *mundo-zero* não imune a um estado de "anterioridade" de formas

---

163. Cf. SONG-MOLLER, V. *Philosophy without women* – The birth of sexism in western thought. Londres: Continuum, 2002, p. 73.

de vida estabelecidas, logo, um determinado caos no *status nascendi* de novas formas. Por exemplo, a forma de vida virtual (um novo *bios*) que emerge e se deixa ver na rede eletrônica, inédito em sua armação tecnológica, mas impregnado de velhas forças inerciais.

Com efeito, hoje se torna claro que o espaço das redes é uma verdadeira forma de vida, não limitada ao escopo das mídias tradicionais. Na "objetificação" do comum, emerge hoje como duplo exteriorizado, ou ecossistema tecnológico, uma forma virtualizada de vida, a que vimos chamando de "bios virtual" (cuja manifestação mais evidente é a dimensão midiática)[164], retomando o conceito aristotélico de *bios* como esfera existencial ou vida ético-social organizada no interior da *Polis*, distinta da *zoé*, que é vida natural. Ao lado dos *bioi* tradicionais, reconhecidos por Aristóteles (o cognitivo, o sociopolítico e o sensível, correspondentes a três modos de conhecimento da realidade, a saber, a *teoria*, a *práxis* e a *poiésis*), emerge um novo, feito de *fluxos* (letras, sons, imagens e dígitos) apoiados em redes artificiais, definido por uma materialidade "leve", ou mesmo pela imaterialidade, dos circuitos eletrônicos.

Ou seja, a partir de uma gestão sistêmica da cultura e dos negócios, surge uma verdadeira forma de vida – o *bios virtual*, uma espécie de comunidade sensível de caráter técnico e mercadológico, onde impulsos digitais e imagens se convertem em prática social. Uma boa maneira de melhor conceber essa forma como vida é examinar de perto o funcionamento de um jogo (*game*) virtual: o jogador (*player*) "entra" existencialmente no artifício, de onde pode interagir com outros jogadores, recebendo estímulos ou louvores, o que pode estender-se no tempo ao modo de um processo vital, com afetações psíquicas (hormonalmente comandadas pela dopamina) reais.

---

164. Cf. SODRÉ, M. *Antropológica do espelho* – Uma teoria da comunicação linear e em rede. Op. cit., passim.

Na prática, o *bios virtual é realidade aumentada* (uma sobreposição do virtual ao real-histórico), mas igualmente uma espécie de "mundo zero" (uma realidade imagística, separada como um vetor absoluto) no sentido de que enfraquece ou reduz a nada a arquitetura de sentido universal montada por aquilo que os círculos de pensamento habituaram-se a chamar de "metafísica". Isso pode ser inquietante, mas não realmente intrigante em termos civilizatórios: essa realidade só é possível porque a modelização ou as imagens já estão inscritas na própria cultura, na mediação do sujeito consigo mesmo. O novo *bios* é tão só uma exacerbação do processo, que se torna socialmente relevante porque intervém nas relações espaçotemporais, essas por meio das quais percebemos o mundo e agimos sobre ele.

Indivíduo e mundo relacionam-se efetivamente por meio do tempo e do espaço (base de toda comunicação concreta), que são quadros de percepção mutáveis, de formas modificáveis segundo as variações da História e da cultura. O *bios* virtual é uma transformação técnica do espaço-tempo, adequada às novas estruturas e configurações da vida social. No cerne dessa transformação, em que se esvaem velhas constelações metafísicas, tende-se a observar, por exemplo, a ausência de sustentação moral das sociedades atuais como se fosse uma característica genérica da época, algo como um produto alarmante do nosso "espírito do tempo". Este conceito (*Zeitgeist*) foi popularizado pelos românticos alemães no século XVIII e incorporado por Hegel em sua *Filosofia da História*. Por seus fortes matizes idealistas, foi sempre rejeitado pelas explicações racionalistas da História, que não abrem mão das determinações materiais para os fenômenos intelectuais, culturais e morais de um período qualquer.

Aqui e ali, entretanto, não parece ter desaparecido a suspeita de que há lugar para a concepção de uma sensibilidade difusa ou de um "espírito" – o *invisível* nas transformações e passagens – não assimilável de todo às rígidas formulações cientificistas, no que se refere a ânimos e comportamentos característicos de um momento. Por exemplo, o fascismo emergente desde os começos do século passado não era apenas forma de Estado ou uma reação política às reivindicações crescentes das classes obreiras orientadas para o socialismo, mas também um estado de espírito avesso a discursos e traços "estranhos" em concidadãos próximos, sentidos como inquietantes ou inaceitáveis.

Essa movimentação sensível ressoa em representações sociais (ideias, imagens, discursos, atitudes) anacrônicas, nada que hoje se identifique como um sistema coerente – embora se possa vislumbrar uma coerência convergente quanto aos alvos da rejeição –, seja uma ideologia ou uma religião. Em outras palavras, não há propriamente um *discurso*, entendido como unidade complexa de palavras e ações constitutiva do social, e sim uma zona fronteiriça da discursividade, que melhor se define como um *sentimento de existência* isolado ou fechado em si mesmo, como algo aquém de qualquer expressão conceitual ou de articulação lógica, ou seja, como a resultante automática de reações emocionais enraizadas.

É verdade que, até mesmo em sistematizações ideológicas ou em partidos políticos, o isolamento sempre produziu radicalismos e extremismos: o sentimento de existência pode ser individual ou grupal. O fato a se ponderar é que, nesse sentimento inominável, sem significado, sem correlação entre diferenças, mas capaz de gerar os corpos em que lobos famintos lutam metaforicamente pela sobrevivência, pode-se enxergar horror ao outro ou ódio, pois, como diz um personagem de ficção, "o horror não tem quase nunca a face do inimigo e sim daqueles mais próximos".

Disso não estão ausentes as circunstâncias sócio-históricas. Voltemos ao caso paradigmático de Charleston, a pequena cidade norte-

-americana que preserva a singularidade antiabolicionista da Carolina do Sul, uma tradição confederada e escravagista. O mito da supremacia étnica dos brancos, a crônica infame e subterrânea dos milhares de linchamentos de negros e a indiferença ante as centenas de atentados contra igrejas da gente negra compõem a memória coletiva do Sul norte-americano. Essa protoforma do ódio (a língua inglesa lhe reservou a palavra *bigotry*) não carece de uma *semiose* linguística para manifestar-se. Pode transparecer em gestos, ritos (p. ex., a cruz incendiada pela Ku-Klux-Klan), olhares enviesados ou na instintiva rejeição à presença do outro. O dito "sentimento inominável" é mais forte do que palavras.

As circunstâncias podem variar, sem que sequer se arranhe o inominável. No Brasil, é forte a memória da forma social escravista assestada sobre o fenótipo negro. Em termos de registro escrito, vale citar o artigo 157 do Código Penal de 1890, que proibia "praticar o espiritismo, a magia e seus sortilégios, usar de talismãs e cartomancias para despertar sentimentos de ódio e amor, inculcar cura de moléstias curáveis ou incuráveis, enfim para fascinar e subjugar a credulidade pública". Se hoje se modernizou a letra da lei, permaneceu em corações e mentes o velho sensório do preconceito, que estigmatiza não apenas a cor da pele, mas também as formas de crença associadas à cultura africana.

Condicionada por fatores sócio-históricos, a fúria destrutiva irrompe da intolerância ou da estigmatização de qualquer natureza, como uma componente interna do horror ao próximo. É curto o passo entre a violência simbólica do estigma e a passagem ao ato violento. Embora essa passagem possa ser refreada por circunstâncias sócio-históricas do *demos*, as condições psicossociais do *ethnos* – antipatia, aversão, tolerância hipócrita – já estão sempre dadas como operadores do ódio.

Mas a mídia é hoje o grande operador dos discursos de ódio. O espírito do tempo de agora não pode ser pensado sem esse vetor de neutralização da historicidade democrática e de infiltração de formas comunicativas de discriminação social, principalmente em sua modalidade eletrônica, da televisão à internet. Essa neutralização deve ser vista como um empenho de esvaziamento da realidade contraditória do fluxo histórico por formulações extremas: o terrorismo no lugar da política, a pornografia no lugar do sexo etc. Assim é que a propósito do longo desregramento frente aos cânones dos costumes e das letras, autores recentes mencionam a *pornografia*, atribuindo a esta expressão o sentido de "primeira manifestação trepidante de uma regurgitação anti-humanista, antimoderna, e mesmo não humana, no seio das sociedades ocidentais"[165].

Daí se depreende a *pornocultura*, entendida como uma estética difusa guiada por derivas tumultuosas da carne, isto é, um tipo de centralidade obscena do corpo: "A pornocultura, substrato invisível e hipersensível da obscenidade integral, a seu turno, arquitetura, meio e ambiência da vida cotidiana, decreta definitivamente, com uma exultação trágica, a obsolescência da fórmula cartesiana ['eu penso'] sobre a qual se erigiu em grande parte o esplendor das ciências modernas"[166].

Porno (do grego *pernemi*, que significa "eu vendo") é marca simbólica, mas também vetor de uma cultura que se mercantiliza sem limites. Por isso, a estética de *rebaixamento* de formas culturais (p. ex., a redução do espírito ao imediatismo do corpo) não pode ser vista como um "acidente" moral, e sim como uma estratégia semiótica contida na figura retórica do *bathos*, isto é, a simplificação ou rebaixamento de complexidades formais em benefício da mercantil facilitação comunicativa.

Tudo parece caminhar progressivamente *pari passu* com a velocidade informacional, portanto, na direção do "mais fácil", quaisquer que

---

165. ATTIMONELLI, C. & SUSCA, V. *Pornocultura* – Viagem ao fundo da carne. Rio de Janeiro: Sulina, 2017, p. 24.

166. Ibid., p. 25.

sejam os seus níveis de política ou de moralidade. O *bathos* opera em níveis diversos de complexidade: desde as fórmulas mais rebarbativas até formulações paraliterárias ou simulacros de pensamento culto, que se multiplicam nos *best-sellers* de autoajuda, fenômeno igualmente "*porno*" no sentido mercantil do termo, em que o "eu penso" cartesiano é substituído pelo "eu curo" samaritano.

Há uma afinidade – de natureza pararreligiosa – entre esse tipo de literatura e os manuais de gestão de recursos humanos que circulam no chamado "mundo corporativo" ou no âmbito de grandes empresas estatais e multinacionais. Por um lado, o discurso de positivação amorosa mascara o ódio subjacente à competição capitalista; por outro, técnicas de programação neurolinguística incitam a consciência a considerar o mundo sob a ótica exclusiva dos resultados, fazendo elipse de cuidados colaterais. O êxito em escala mundial das narrativas compatíveis com essa inclinação do sensório coletivo coincide com o momento de expansão do capitalismo financeiro, portanto, com o advento de um espírito "universalista" de abstração das diferenças reais e de neutralização de conflitos[167].

No nível mais rebarbativo do rebaixamento, tudo parece permitido. De fato, desde meados do século passado, os críticos de cultura não perdem de vista o rebaixamento do gosto junto às massas consumidoras de entretenimento. Assim é que, em 2007, a revista *Newsweek* publicava o comentário de um executivo da *Paramount Pictures* a propósito do filme "*Jackass-2.5*": "Há mais vômito, nudez e defecação – o tipo de coisa que os consumidores realmente querem". Isso pode ser interpretado como traços dessa antítese que os acadêmicos chamam de *disgusto*, algo que já se fazia presente no espírito romântico, não para ser traduzido como ex-

---

167. É, assim, perfeitamente compreensível que um literato como Paulo Coelho seja convidado a encontros de cúpula capitalista (Davos).

periência negativa de desgosto ou desprazer e, sim, precisamente, como o prazer ativo com a abjeção ou com tudo aquilo que causasse aversão ao julgamento estético, ao sensato cânone clássico do gosto, proclamado pela "bela alma" como universal.

O *disgusto* dos românticos era uma reação às doutrinas moralistas da estética, geralmente de base teológica, afins à hegemonia política da burguesia. Ele implica, primeiramente, tudo isso que os letrados chamariam de *sermo humilis* ou mesmo de *grotesco*, mas que também poderia ser designado como "mau gosto". Ao gosto sublime da exterioridade corporal, sucede-se o *disgusto* fisiológico do "homem subcutâneo" ou "homem fisiológico", experimentado por poetas e artistas, estes que Nietzsche chamava de "espíritos impacientes".

Por analogia, entrevê-se agora, no plano prático da política, a emergência de frações de classe social (estratos "médios", tradicionalmente subalternos na hierarquia societária), aparentemente tornadas alvos fáceis dos mecanismos midiáticos de rebaixamento. Nos pequenos comerciantes e produtores rurais e nos "perdedores" sintomáticos na dinâmica da ascensão classista reverbera uma ideologia marcada pelo personalismo, pelo ressentimento e pela violência, que têm tanto a ver com o *bathos* televisivo quanto com a indiferença moral da rede eletrônica.

É que, no transe do *mundo-zero*, o mesmo da agonia das formas de vida tradicionais, ainda não se constituíram materiais simbólicos para uma formação discursiva capaz de oferecer qualquer contrapeso à velocidade lógica dos algoritmos. A mídia eletrônica coincide com a crise da autoridade e com a desmedida do poder. O poder é político-econômico, a autoridade é de natureza moral e afetiva. Sem esta última, abre-se espaço para uma lógica de rebaixamento, em que o *espírito do tempo* deixa entrever os traços típicos da velha exasperação terrorista do fascismo, que se acreditava sepultada.

Na realidade, o terror é compatível com a ilustração intelectual, inclusive em seus níveis considerados "elevados". Robespierre, líder do "Grande terror" durante a Revolução Francesa, era advogado e homem público de talento (discípulo do enciclopedista d'Alembert), assim como Saint-Just, jovem filósofo e aspirante literário. Ambos eram apologistas da cultura greco-latina. O mesmo se pode dizer de Stalin que, em seu regime de terror, exterminou milhões de camponeses e milhares de dissidentes políticos. Hannah Arendt tornou claro que não há nenhuma grande incompatibilidade entre o regime soturno do ódio – o "Mal" – e o racionalismo ocidental expresso na escrita do pensamento. A ideia kantiana de cultura, associada ao culto da verdade atemporal, era ratificada por Adolf Eichmann, o exterminador de judeus.

Em modelos "elevados" ou "rebaixados", a sociedade ocidental é conotada como uma espécie de nível superior da existência humana, e isso se expande planetariamente no empuxo hegemônico do colonialismo cultural e na consequente cooptação de outros grupos étnicos pelos modelos já "plenamente civilizados". Vale aqui retomar a observação gramsciana no sentido de que toda hegemonia é pedagógica: a semiose hegemônica da mídia, seja a televisão ou a internet em suas redes sociais, é uma pedagogia de rebaixamento[168].

Na observação da prática cotidiana, os crescentes arranhões nessa trama universal de sentido podem suscitar ódio, especialmente no espaço público da difusão cultural, em geral avesso às dificuldades trazidas pelo discurso acadêmico ou crítico. Essa "trama" facilitada materiali-

---

168. Há exceções nacionais a esse rebaixamento. Em países caracterizados pelo fechamento cultural, o advento da televisão pode ter resultado em abertura significativa no plano dos costumes e das mentalidades. Pelo menos é o que aconteceu na China a partir dos anos de 1980 (pós-"revolução cultural" maoista), quando a televisão se tornou importante vetor na transformação de hábitos e de modelos de comportamento. Nesse caso, o que estamos chamando de rebaixamento implicou uma abertura relevante, impulsionada por ritos de consumo.

zou-se em sons e imagens na expansão da mídia televisiva, cuja longa hegemonia na audiência mundial sempre constituiu uma ardilosa pedagogia. É o que transparece na fala de uma personagem detetivesca: "É surpreendente, mas, quando você pensa um pouco, constata que as lições mais importantes da vida a gente aprende na tevê. A maior parte do que sabemos sobre interrogatórios, direitos civis, autoincriminação, listas de testemunhas e do sistema penal em geral vem dos seriados de tevê"[169].

A lógica da passagem dessa dita "pedagogia" para a internet pode ser observada no desenvolvimento da televisão a cabo, que desloca a ideia do espetáculo imposto de cima para baixo por ondas hertzianas para a ideia de um serviço oferecido a consumidores da tecnologia de cabo. Mas em ambos os casos, os produtos postos no mercado pautam-se pela mesma estratégia semiótica de contato com o público. E enquanto canais de afecções represadas de ressentimento ou rancor, os discursos odientos são facilitadores de contato. Tanto assim que, a propósito do espetáculo televisivo, uma pesquisa norte-americana recente chegou à conclusão de que *não é o amor que move montanhas e sim o ódio*.

Segundo a análise do comportamento do público de 5.709 episódios de dramas, comédias e *reality shows* exibidos nos Estados Unidos entre janeiro de 2014 e junho de 2015, quanto mais se aplica a palavra "ódio" (*hate, hatred* e seus sinônimos) aos conteúdos veiculados, mais cresce a audiência. Essa característica deslocou-se para a rede eletrônica, cujas plataformas captam amplas faixas de público pela disseminação do "pior" em termos humanos, capitaneado pelo ódio.

Mas por que exatamente ódio? A provável resposta desenha-se com mais clareza quando a observação crítica está assestada para a internet, que é apenas a forma mais atualizada da mídia em sentido amplo (mídia

---

169. COBEN, H. *Não conte a ninguém*. Rio de Janeiro: Sextante, 2009, p. 65.

disfarçada em plataforma distributiva), responsável pelo longo desregramento frente aos cânones dos costumes e das letras, ou seja, por uma estética difusa, guiada por um tipo de centralidade obscena das emoções, assim como pela obsolescência das bases lógicas de sustentação da cultura moderna.

Na realidade, esse fenômeno antecede a mídia, embora seja por ela exacerbado. Já em fins do século XIX, "Gustave Le Bon e seus discípulos, ao discutir a psicologia das multidões, formularam a ideia de que o indivíduo, quando ombro a ombro com a multidão, desce um grau ou dois intelectualmente e tende a exibir as mesmas reações mentais e emocionais das pessoas que lhe são inferiores. É assim que eles explicam a bem conhecida violência e imbecilidade das multidões"[170]. O autor desta observação, jornalista norte-americano famoso pela língua afiada, não dá aqui o devido desconto à notória posição conservadora e extremista de Le Bon, porém justifica a sua citação com o argumento de que essa explicação se ajusta à realidade do comportamento da turba, "cuja inteligência média é mínima; mas é infecciosa, contagiante, quase simiesca".

Sustentada pela demagogia, em que vige a lógica dos grandes números, a mídia eletrônica veio incorporando progressivamente – desde a rádio e a televisão até a internet – os artifícios mobilizadores de turbas, aumentando a sua potência viral. Os parâmetros de avaliação na internet são basicamente quantitativos como na mídia anterior, mas agora em escala numérica exponencial, devido à amplitude e à instantaneidade da eletrônica: quanto mais reações (repetições, "likes" etc.), melhor. E o que acelera sensorialmente esses circuitos não tem a ver com a lentidão dos sentimentos amorosos, e sim com a irreflexão veloz das emoções exasperadas – indignação ou ódio. A nova mídia é, portanto,

---

170. MENCKEN, H.L. *O livro dos insultos*. São Paulo: Companhia das Letras, 2009, p. 145.

a continuidade eletrônica dos conteúdos da mídia tradicional, apenas com novos aportes espelhados na redução da força dos discursos à dos impulsos ou da comunicação instantânea.

Ganha aqui outro sentido (para além da crítica à dialética hegeliana) a frase de Bertrand Russell: "Quanto pior a lógica, mais interessantes as consequências dos discursos". Ou seja, a articulação lógica de argumentos ou de categorias perde hegemonia discursiva em benefício da articulação eletrônica entre pessoas, sustentadas por preconceitos e crenças.

Na internet, a pornografia *stricto sensu* pode ser tecnicamente controlada a depender da conveniência moral das corporações tecnológicas. Mas não a pornocultura: a simplificação e a banalização – por exemplo, no fenômeno massivo dos *shows* e livros dos youTubers – esticam-se como um fio elástico para além dos limiares retóricos do *bathos* e incidem na sugestão de comportamentos e atitudes compatíveis com as formas mais brutas da hegemonia.

Por meio do *rebaixamento* de formas culturais, entendido como a simplificação ou redução de complexidades formais em benefício da mercantil facilitação comunicativa, tudo parece caminhar junto com a velocidade informacional na direção do "mais fácil", quaisquer que sejam os seus níveis políticos ou morais. Como num *reality show*, quanto mais baixa a qualidade humana, maior a audiência. A clareza imediata do ódio revela-se então um poderoso atrator para a desmedida generalizada e impune. Diferentemente do sentimento amoroso, o ódio não comporta idas e vindas, avanços e recuos, ele é afetualmente constante e fiel à sua própria dinâmica.

A paixão odienta não é um fechamento total, entretanto, já que comporta uma abertura, afim ao automatismo dos julgamentos e das atitudes, antitética à espessura temporal da consciência em que tradicionalmente prosperavam o amor ao próximo e a compaixão. A "clarividência" do ódio consiste primeiramente em mostrar que "o universo não é dialético – está voltado para os extremos, não para o equilíbrio. Voltado para o antagonismo radical, não para a reconciliação, nem para a síntese. Este é também o princípio do Mal"[171]. Por isso, tal clarividência revela uma antítese radical à difusão do amor como forma ética de realização universal ou como sentimento crístico – algo que faz *tabula rasa* da *agape* paulina – assim como às predicações liberais (sujeito da consciência, contenção dos excessos, mediação cívica, solidariedade social, respeito à diversidade humana etc.) que sustentam idealmente a liberal-democracia cristã.

Agora, as alternativas oferecidas como objetos de desejo transparecem nas próteses corporais e nos dispositivos tecnológicos de governo do mundo, que não surgem sob o manto discursivo de qualquer essencialismo quanto à presença do homem no planeta, e sim sob a absoluta evidência de sua condição puramente *factícia* (o caráter de ser próprio da vida), isto é, de estar aí lançado como um náufrago que se agarra no mar a fragmentos aleatórios de salvação.

Isso tudo transparece nos discursos públicos, principalmente na mídia hegemônica, como previra Nietzsche em 1882: "Mais um século de jornalismo e as palavras começarão a feder". Guardada a diferença temática, vale recordar o versículo: "Todas as palavras estão gastas [...]. O que foi é o que será. O que aconteceu é o que há de acontecer. Não há nada de novo debaixo do sol" (Ecl 1,8-9). O texto bíblico refere-se ao "zeramento" ou à fadiga das coisas, inclusive das palavras. Estas últimas soam como destituídas de valor e de peso, cedendo lugar ao *clichê* que é, ele próprio, uma "minibolha" vazia, incapaz de ir semanticamente além de si mesmo, embora carregado de força emocional.

---

171. BAUDRILLARD, J. *Les stratégies fatales*. Paris: Grasset & Fasquelle, 1983, p. 9.

Na rede, com o eclipse do corpo e do contexto, logo, com o anonimato, o sujeito do *mundo-zero* desembaraça-se não apenas do peso lógico do discurso, mas principalmente das exigências internas e externas das obrigações coerentes, logo, das solicitações do *eu ideal* comunitário inscrito em seu passado pessoal. Atravessado pelo *zeramento*, ele pode "mandar às favas" os escrúpulos e o peso histórico da identidade, retroagindo ao "invisível" da sociabilidade, onde uma espécie de grau zero de confiança ou de esperança quanto aos ganhos da sociabilidade regular – a falência do vínculo fiduciário com a sociedade – pode alimentar o ódio como paixão fundamental.

Dentro dessa lógica, o clichê de senso comum, segundo o qual "todo mundo precisa de alguém para amar", pode ser reescrito como "todo mundo precisa de alguém para odiar, por alguma razão". A figura bíblica do bode expiatório (cf. Lv 16,1-23) é uma referência universal: queimava-se um bode, ao lado de um touro, como expiação das culpas coletivas. A culpa transmuda-se num suposto inimigo, algo ou alguém sobre quem converge ódio como uma emoção unânime.

Mas a culpa pode ser também suposta. Não à toa, um personagem literário define o jeito americano de ser ("*the American way*") como a busca de alguém para culpar, daí a onipresença do judicialismo na vida social: "Você trabalha em construção e derruba um martelo em seu pé? Diabos, processe a empresa. Aí está um pé de dez mil dólares. Você é branco e não consegue emprego? Culpe a ação afirmativa. Não consegue e é negro? Culpe o branco. Ou os coreanos. Diabos, culpe os japoneses, todo mundo culpa"[172]. Por outro lado, é frequente nos regimes politicamente autoritários o mecanismo do

---

172. LEHANNE, D. *A drink before the war* – Novel. Nova York: HarperCollins, 1994, p.113. À margem da ficção, este raciocínio é compartilhado por Abiy Ahmed, primeiro-ministro da Etiópia em 2018, ao falar dos conflitos sociais em seu país: "Nós apenas culpamos uns aos outros. Nós simplesmente nos odiamos" (*O Globo*, 14/10/2018).

bode expiatório: constroem-se inimigos imaginários como tentativa de justificação do arbítrio.

Diferentemente do amor, o ódio é uma espécie de terreno baldio: não se permite dizer o próprio nome, isto é, não pensa nem fala, apenas reverbera daquilo que se sente. Como ponderava Honoré de Balzac, "um ódio confessado é impotente", ou seja, ele se alimenta de um silêncio surdo, cuja expressão é indicial, é a mera passagem ao ato de rejeição do outro, por mero rancor ou ressentimento. Num ordenamento social em que existir se define pelos reflexos do espelho tecnológico, a invisibilidade pode ser fonte de ressentimento profundo, mas também um abrigo sombrio para o exercício do ódio.

É que todo indivíduo se obriga a uma máscara (*persona*, em latim) moral, que o torna *pessoa* e sustenta a sua visibilidade pública. Sem a máscara, anônimo, tornado "sujeito-zero", ele pode ser contado e vir a público com toda a visceralidade do ressentimento. Por isso, o anonimato da mensagem é um *estranho atrator* no espaço público: A obscena exibição de um *si mesmo* visceral – e impune – na sociedade em rede extrai mais-prazer da realidade aumentada pela conexão eletrônica.

O ódio é um mais-gozar.

Essa "mais-valia" passional não se extingue, assim como não pode ser extinto o comportamento criminoso. A analogia é procedente. Ao longo da modernidade ocidental, teorias de "bela alma" tentaram mostrar que o progresso material conduziria fatalmente à erradicação do crime. Data da moralidade vitoriana da segunda metade do século XIX britânico a convicção, consentânea ao desenvolvimento vertiginoso das cidades e de um novo *ethos* social, de que o crime seria fatalmente erradicado pela melhoria das condições físicas do meio urbano e pelo avanço da sensibilidade científica. O progresso seria ao mesmo tempo material e moral.

Evidentemente, essa crença diluiu-se diante da crescente evidência de que as antigas causas presumidas (pobreza, regressão antropológica do criminoso, injustiça, educação falha etc.) não explicam realmente o comportamento anômico, em especial no tocante à violência física, que pode desbordar para a crueldade. É viável, assim, considerar a hipótese do ódio como uma forma social subterrânea, mas ativa, principalmente nas sociedades marcadas pela extrema desigualdade nas condições de vida, onde a essa forma se agregam emoções de ressentimento e vingança contra os membros de estratos sociais mais bem contemplados por oportunidades de renda e educação. Isso pode exacerbar-se nos instantes de grande atrito político ou de exasperação eleitoral, com características não raro protofascistas.

Observa-se, por outro lado, uma peculiar ambivalência moral na atitude social e institucional para com o crime – uma ambivalência próxima àquela existente entre amor e ódio, paixões que se revelam transtemporais, acima das contingências históricas. Diz Neumann: "Uma época – a Modernidade – que define a si mesma na base da ruptura com a origem, carrega dentro de si uma marca indelével de conflito e de violência"[173].

Há muito tempo, entretanto, se avalia a diferença entre um comportamento real e a mensagem desse comportamento. A realidade de uma passagem ao ato pode acontecer com alguma facilidade nas circunstâncias de imersão do indivíduo num grupo, como se verifica na violência do linchamento, no ambiente das gangues urbanas ou na exaltação destrutiva das torcidas esportivas organizadas. Sob pressão coletiva, o indivíduo faz-se grupo e, ao mesmo tempo, repositório psíquico das afecções de amor e ódio que se tecem na identidade grupal. Sozinho, o

---

173. NEUMANN, F. *The democratic and the authoritarian state*. Nova York: Free Press, 1967, p. 54.

mesmo indivíduo se abriga numa espécie de "porão interior" onde armazena ressentimento, resguardado pela latência de sua paixão, que se alimenta em segredo[174]. Mas aparentemente cada um dos sujeitos da sociedade moderna carrega a herança trágica da lei originária do comum, que impele à capacidade de assassinar.

Nos Estados Unidos – paradigma existencial da concorrência capitalista, *socius* germinal da solidão de massa e matriz psicossocial de uma feroz consciência dualista (ganhadores *versus* perdedores) – cada massacre em série define-se como uma afirmação perversa desse comum, sustentado no limite por uma sociedade sempre predisposta à guerra, que o líder civilista Martin Luther King definiu num discurso antimilitarista como "injeção do veneno do ódio na veia".

Não à-toa, o fenômeno norte-americano dos *serial killers* – em que mulheres e negros constituíram sempre o maior contingente das vítimas preferenciais de psicopatas – expandiu-se após a Segunda Grande Guerra[175], basicamente entre os anos de 1960 e 1990, dando depois lugar quantitativo a massacres coletivos, executados por "perdedores" ou sociopatas, numa atmosfera social turbinada pela "democratização" das máquinas portáteis de guerra[176]. O comum americano parece ma-

---

174. Uma pesquisa realizada no Chile, após os gigantescos conflitos de rua em outubro de 2019, permitiu verificar que os manifestantes mais violentos eram pessoas solitárias, sem vínculos afetivos imediatos, mas conectadas pela rede eletrônica.

175. O primeiro caso de assassinato de massa nos Estados Unidos teve como autor Howard Barton Unruh, que, em 6 de setembro de 1949, matou 13 vizinhos a tiros de pistola Luger nas ruas de Camden, Nova Jersey. Unruh tinha sido herói da Primeira Guerra Mundial.

176. Nos Estados Unidos, o sentimento nacional de liberdade identifica-se também com a posse de armas, o que é indiretamente assegurado pela segunda emenda à Constituição de 1787 (direito à formação de milícias estaduais). Com 4,4% da população mundial, esse país registra hoje 42% da posse de armas privadas (cerca de 270 milhões de unidades, sem distribuição uniforme, visto que grandes quantidades podem concentrar-se em um único usuário) em todo o mundo. É forte a tentação analítica de atribuir a essa variável a causa maior das frequentes chacinas nesse país. Pode-se, todavia, contra-argumentar com exemplos de países em que se libera

nifestar-se na heroicização do deficiente (*handicapped*) vencedor ou na violência do perdedor contra a série humana e anônima figurada como o comum constituído.

É essa marca indelével do comum que se exacerba como "terror" nos instantes cruciais de movimentos revolucionários, cujo exemplo clássico para a modernidade ocidental é dado por Robespierre e Saint--Just. Depois de terem teorizado e votado pela execução de Luís XVI, promoveram o guilhotinamento de milhares de adversários, realizando o que já se definiu como "a liberdade absoluta dos políticos revolucionários". Entenda-se: a liberdade de odiar. A sua visão moral do mundo era sustentada por uma aliança perversa entre a *virtù* (maquiavélica) e a degeneração do medo sob a forma do terror. No poder, um grande demagogo joga com os desejos, os ódios e os medos de seus seguidores, mas um grande déspota joga com o terror.

Até mesmo fora dos estados de exceção se mantêm estruturas de sentido alimentadas pela ambivalência originária do amor e do ódio, que desemboca no terror. Disso são matrizes práticas e teóricas as religiões universais: a Inquisição, a matança de heréticos, o extermínio de formas diferentes de crença, a catequese guerreira são exemplos conhecidos. Em determinados casos, como o do fundamentalismo terrorista, apenas o ódio sustenta a crença. Também eloquente é o vaticínio bíblico sobre aqueles que "repudiaram a Lei do Senhor dos exércitos e desprezaram a palavra do Santo de Israel". A "cólera" subsequente é puro estado de ódio: "Por isso, o furor do Senhor se inflama contra seu povo, apodera-se dele e o castiga; os montes tremem, seus cadáveres, como

---

a posse de armas (a Finlândia é um dos casos) sem que haja incidência desse fenômeno. Daí, a hipótese do ódio como forma social subterrânea numa nação vocacionada para a guerra, em todo o largo espectro semântico da palavra. Os números são eloquentes: em 242 anos de democracia, a sociedade norte-americana assistiu a apenas 16 anos sem guerra declarada ou tipos diversos de intervenção militar e golpes em outros países.

carniça, jazem nas ruas. Entretanto, sua cólera não se aplacou" (Is 5,25). Explicita-se aí igualmente a relação entre ódio e crueldade, para além da violência pura e simples.

A própria matriz histórica do racismo é o antissemitismo católico. Mas a ambivalência funciona por peso e contrapeso: Hoje se pretexta demagogicamente horror ante a disseminação do ódio e do terror em suas novas modalidades. Por exemplo, horror ante as decapitações nas prisões ou ante o espetáculo odioso do Estado islâmico, que reedita em frente às telas de tevê as cruéis execuções públicas realizadas pela Igreja no passado.

A mídia, o grande demagogo de hoje, joga com desejo, medo e ódio, incrementando o terror, material conveniente à narrativa literária, cinematográfica e jornalística. Pelo espetáculo do terrorismo, a mídia incita ao terrorismo do espetáculo, a uma espécie de fascinação obscena pelo ato violento, que procura fazer esquecer pela vacina do medo ficcional a iminência real do terror ou a latência passional do ódio.

Finalmente, o ódio – como, aliás, o amor – é algo que se divide, é algo *que pode ser compartilhado*. Não se compartilha uma raiva ou um acesso de fúria narcísica, e sim a paixão odienta, capaz de ubiquidade e duração em seu universalismo. Nela se vislumbra a lógica (spinoziana) da causa imanente, em que o agente é o seu próprio paciente, apenas entregue à vertigem de um giro incessante sobre o centro do movimento.

Acionado pela rede eletrônica, o *compartilhamento* transforma a energia lenta da sociabilidade tradicional (marcada pela espessura temporal da racionalização, da moralidade pública, da responsabilidade coletiva) na energia do contato sem mediações, veloz, alucinatório e certamente facilitado pelo vocabulário das redes, reduzido a toscas opções binárias. O fenômeno contamina novas formas de vida inscritas na realidade histórica, porém é hoje mais visível nos desdobramentos tecnológicos da rede eletrônica, onde se *viraliza* o delírio extremista, com ataques ofensivos e antidemocráticos.

Isso equivale a dizer que a rede é responsável?

Reedita-se aqui uma questão de várias décadas anteriores, em que se especulava sobre uma possível relação de causalidade entre a televisão e o suposto comportamento passivo do público. O problema das redes é um derivativo, para o qual são várias as avaliações críticas sintetizáveis no juízo de que o problema não estaria no *veículo* (a televisão, a internet ou a rede) e sim na forma como é usado.

O problema deste diagnóstico consiste em fixar-se na ferramenta, desconhecendo o poder do *dispositivo*, que implica uma conexão visceral da tecnologia com a mutação socioeconômica e psicossocial da organização humana e que exacerba as relações sociais competitivas, em detrimento de solidariedade e amizade ou *philia*. A conquista de *atenção*, velho recurso mobilizador da mídia, persiste na dinâmica das redes: o ódio mobiliza a atenção de si mesmo e do outro de maneira mais eficaz do que o lento afeto amoroso. Por quê? Possivelmente porque, a exemplo do clichê, é uma forma intensa de comunicação, sem passagem por mediações existenciais, afim ao trânsito veloz dos circuitos eletrônicos.

Por outro lado, existe um descompasso cognitivo de grande magnitude entre a complexidade da tecnologia e o universo mental de seus usuários, que dá margem à expressão pública de uma ignorância coletiva até então silenciosa. A suposição de universalidade de um *demos* progressista é uma falácia: a educação e a cultura públicas são lentas ante a velocidade do avanço tecnológico. Valores democráticos, respeito às diferenças, condutas refletidas são figuras de um ordenamento social pautado por uma civilidade em desaparição.

De fato, democracia implica respeito mútuo e tolerância às diferenças. Diferentemente da sistematização partidária do passado, o fascismo de agora emerge como "proto", isto é, como uma modelização que pode não se concretizar institucionalmente, mas emerge como um *oportunismo* da ignorância histórica e da paixão do ódio subterrâneo, no interior de bolhas afetivas construídas pelos algoritmos da rede eletrônica. As bolhas, correspondentes a pequenos grupos fechados ao redor de si mesmos, estimulam o narcisismo das pequenas diferenças, em que tópicos de mínimo alcance global ganham relevo ou monopolizam de modo centrípeto a atenção.

É sabido que o próprio dispositivo é socialmente estimulável nessa direção oportunista, uma vez que, em termos técnicos – conforme atestam os "revisores de conteúdo" contratados pelas redes sociais para filtrar mensagens –, o algoritmo pode ser iterativamente "ensinado". Ou seja, pelo megacruzamento de dados sobre usuários em situações diversas, o algoritmo aprende – e subsidiariamente ensina – a fazer correlações de gosto e de possibilidades de escolha, propiciando a formação do "comportamento de manada", isto é, de sintonia corporal acrítica com o entorno grupal.

No mundo animal, a manada (ou o bando, a alcateia, o rebanho, o cardume etc.) adota em massa um padrão único de comportamento, regular ou súbito. Num espaço regido por simples emoções e acionado como um gatilho pela instantaneidade eletrônica, potencializa-se o sujeito como "um idiota sempre em êxtase", tal e qual a personagem descrita em *Os demônios* por Dostoievsky. Este é o caso da rede social construída como bolha perceptiva, onde a identidade humana, por meio de um pensamento de grupo fechado, pode de fato construir-se como manada. No espaço do *bios virtual*, podem-se erigir problemas, ameaças, soluções e inimigos artificiais, que projetam sobre o cotidiano uma sombra de medo alimentadora do ódio.

Reiteramos que o indivíduo sempre usou máscara (*persona, larva*) para se construir moralmente como *pessoa*. É o que está figurado no título de um escrito de Descartes: *Prodeo larvatus*, "eu caminho mascarado". Agora, sob a meia-máscara eletrônica do anonimato, entrevê-se aquilo que uma ainda malcompreendida "classe mídia" – uma fração da "classe-média" convertida em *bolha* perceptiva – tem de mais gritante: aversão à diferença do próximo, no fundo pura e simples aversão narcísica ao próximo enquanto "outro" que poderia perturbar ou dividir o seu lugar próprio de fala ou de mera ocupação silenciosa do espaço – e esta é a essência do ódio protofascista em ascensão.

À sombra do anonimato eletrônico, essa aversão pode intensificar-se em determinados contextos políticos, no interior de "bolhas" particulares, a exemplo do mercado financeiro brasileiro, apontado por uma notória economista e jornalista. Para ela, "a ascensão de Bolsonaro fez com que o ódio e o rancor de certos indivíduos, antes escondidos, aflorassem como se agora possuíssem carta branca para fazer o que bem entenderem". Que indivíduo? O sujeito correspondente à "imagem cultivada do investidor sempre vencedor, o macho branco alfa do mercado, que ganha todas porque reina supremo diante de seus milhares de telões com gráficos e dados". Detalha: "Em minha experiência, esses indivíduos são, em grande maioria, homens brancos de classe média ou classe média alta"[177].

Em casos dessa ordem, o ódio irradiado é epifenômeno de um delírio narcísico, uma compensação imaginária para uma espécie de autoexecração civilizatória (aversão à simples existência de um "outro" supostamente não vencedor no interior de um mesmo sistema), em que os valores incorporados por meio de instituições e sistemas de pensamento são percebidos como inúteis ou mesmo ameaçadores à consciência já

---

177. DE BOLLE, M. "O quinto poder". In: revista *Época*, 04/03/2019, p. 63.

certificada do sujeito. Nessa ameaça está embutido o medo daquilo que não se conhece ou não mais se reconhece como válido e, logo, o ódio dirigido ao objeto temido.

Esse é apenas um dos aspectos da agonia contemporânea do homem. Mas a sua caracterização não pode ser encarada como uma essência socialmente "desencarnada" ou detectável apenas na fugacidade comunicacional das redes sociais: os discursos de ódio ocupam um lugar importante nas estratégias políticas do autocratismo populista, emergente nas regiões do planeta onde as instituições de vezo liberal vestem máscaras (simulacros) de democracia sobre as faces da velha tirania.

Referências

ABRIL, G. *Cultura visual de la semiótica a la política*. Madri: Plaza y Valdés, 2013.

AGANBEM, G. *Qu'est-ce qu'un dispositif?* Paris: Payot & Rivages, 2007.

AUBREY, B. *L'entreprise de soi*. Paris: Flammarion, 2000.

BADIOU, A. *Política*: partido, representação e sufrágio. Belo Horizonte: Projeto, 1995.

BALDACCI, D. *Zero Day*. Nova York: Grand Central, 2012.

BAQUÉ, D. *Pour un nouvel art politique*: de l'art contemporain au documentaire. Paris: Champs/Flammarion, 2006.

BARBOSA, R. *A imprensa e o dever da verdade*. Bahia, 1924.

BARTHES, R. *Mythologies*. Paris: Seuil, 1957.

BATESON, G. *Steps to an ecology of mind*. Chicago: Chicago University Press, 1972.

BAUDRILLARD, J. *Le miroir de la production*. Paris: Galilée, 1985.

BINSWANGER, C.H. *Dinheiro e magia* – Uma crítica da economia moderna à luz do *Fausto* de Goethe. Rio de Janeiro: Zahar, 2011.

BOURDIEU, P. *A distinção* – Crítica social do julgamento. São Paulo: Edusp, 2007.

BRÉHIER, É. *A teoria dos incorporais no estoicismo antigo*. Belo Horizonte: Autêntica, 2012.

BROWN, W. *Undoing the demos*: neoliberalism's stealth revolution. Nova York: Zone Books, 2015.

COULDRY, N. & MEJIAS, A.U. *The costs of connection* – How data is colonizing human life and appropriating it for capitalism. Stanford: Stanford University Press, 2019.

COUTINHO, C.N. *Contra a corrente* – Ensaios sobre democracia e socialismo. São Paulo: Cortez, 2000.

CYRULNIK, B. *Do sexto sentido*. Lisboa: Instituto Piaget, 1999.

DARDOT, P. & LAVAL, C. *A nova razão do mundo* – Ensaio sobre a sociedade neoliberal. São Paulo: Boitempo, 2016.

DEWEY, J. *The public and its problems*. Athens, OH: Swallow, 1980.

DILTHEY, W. *L'édification du monde historique dans les sciences de l'Esprit*. Paris: Cerf, 1988.

FELINTO, E. & SANTAELLA, L. *O explorador de abismos* – Vilém Flusser e o pós-humanismo. São Paulo: Paulus, 2012.

FINKIELKRAUT, A. & SORIANO, P. *Internet: l'inquiétante extase* – Mille et une nuits. Paris: Fayard, 2001.

FOUCAULT, M. *A arqueologia do saber*. Rio de Janeiro: Forense Universitária, 2012.

_____. *O nascimento da biopolítica*. São Paulo: Martins Fontes, 2008.

_____. *As palavras e as coisas* – Uma arqueologia das ciências humanas. Lisboa: Portugalia, 1966.

FUMAROLI, M. *La république des lettres*. Paris: Gallimard, 2015.

GENEREUX, J. *Introduction à l'économie*. Paris: Seuil, 2001.

GOFFMAN, E. *La mise en scène de la vie quotidienne* – 2: Les relations en public. Paris: Minuit, 1973.

GORZ, A. *O imaterial*: conhecimento, valor e capital. São Paulo: Annablume, 2005.

GOUX, J.-J. *Économie et symbolique*. Paris: Seuil, 1973.

GRAY, J. *Cachorros de palha*. Rio de Janeiro: Record, 2005.

GUTIERREZ, A.G. *En pedazos*. Madri: Acci, 2018.

HABERMAS, J. *Entre naturalismo e religião* – Estudos filosóficos. Rio de Janeiro: Tempo Brasileiro, 2007.

HARVEY, D. *A loucura da razão econômica* – Marx e o capital no século XXI. São Paulo: Boitempo, 2018.

HEIDEGGER, M. *Introducción a la filosofía*. Madri: Cátedra, 1999.

_____. *Identidade e diferença* – O princípio de identidade e constituição onto-teo-lógica da metafísica. São Paulo: Abril, 1973 [Col. Os Pensadores].

HÉNAFF, M. *La ville qui vient*. Paris: De L'Herne, 2008.

HERMET, G. *Culture et démocratie*. Paris: Albin Michel/Unesco, 1993.

HINTZE, O. *Féodalité, capitalisme et état moderne*. Paris: Maison des Sciences de l'Homme, 1991.

HUGO, V. *História de um crime*. Lisboa: Sociedade/Moderna, 1901.

JAYNES, J. *The origin of consciousness in the breakdown of the bicameral mind*. Toronto: University of Toronto Press, 1976.

JEUDY, H.-P. *Fictions théoriques*. Paris: Léo Scheer, 2003 [Col. Manifestes].

LACAN, J. *Écrits*. Paris: Seuil, 1966.

_____ *1961* – Seminário do 6/12 [s.n.t.].

LACOMBE, A.J. *O pensamento vivo de Rui Barbosa*. São Paulo: Martins Fontes, 1967.

LAVAL, C. & DARDOT, P. *Común* – Ensayo sobre la revolución en el siglo XXI. Barcelona: Gedisa, 2015.

LENIN, V.I. *Esquerdismo*: doença infantil do comunismo. São Paulo: Expressão Popular, 2014.

MARX, K. *Grundrisse: manuscritos econômicos de 1857-1858* – Esboços da crítica da economia política. São Paulo/Rio de Janeiro: Boitempo/ UFRJ, 2011.

_____. *Liberdade de imprensa*. Porto Alegre: L&PM, 2007.

MENCKEN, H.L. *O livro dos insultos*. São Paulo: Companhia das Letras, 2009.

MIDDELAAR, L. *Politicídio* – O assassinato da política na filosofia francesa. São Paulo: É Realizações, 2015.

MOSCOVICI, S. (org.). *Psicologia social*. Barcelona: Paidós, 1985.

MOULLIER-BOUTANG, Y. *Cognitive capitalism*. Cambridge: Polity Press, 2011.

NANCY, J.-L. *A comunidade inoperada*. Rio de Janeiro: 7 Letras, 2016.

_____. *Corpo, fora*. Rio de Janeiro: 7 Letras, 2015 [Trad. e org. de Márcia Sá Cavalcante Schuback].

NEGRI, A. & HARDT, M. *Império*. Rio de Janerio: Record, 2012.

NEUMANN, F. *The democratic and the authoritarian state*. Nova York: Free Press, 1967.

PAIVA, R. *O espírito comum* – Comunidade, mídia e globalismo. Petrópolis: Vozes, 1997.

PICHON-RIVIÈRE, E. *Teoria del vínculo*. Buenos Aires: Nueva Visión, 1979.

PINTO, Á.V. *A sociologia dos países subdesenvolvidos*. Rio de Janeiro: Contraponto, 2008.

POLANYI, K. *A grande transformação* – As origens de nossa época. Rio de Janeiro: Campus, 2012.

SANTOS, B.S. *A crítica da razão indolente*. São Paulo: Cortez, 2000.

SARTRE, J.-P. *Critique de la raison dialectique*. Paris: Gallimard, 1960.

SCHMITT, C. *Teoria de la Constitución*. Madri: Derecho Privado, 1934.

SIMMEL, G. *Philosophie de l'argent*. Paris: PUF, 1987.

_____. *Les problèmes de la philosophie de l'histoire*. Paris: PUF, 1985.

SIMONDON, G. *Du mode d'existence des objets techniques*. Paris: Aubier, 1958.

SODRÉ, M. *Claros e escuros* – Identidade, povo, mídia e cotas no Brasil. Petrópolis: Vozes, 2016.

_____. *A ciência do comum* – Notas para o método comunicacional. Petrópolis: Vozes, 2014.

_____. *A narração do fato* – Notas para uma teoria do acontecimento. Petrópolis: Vozes, 2012.

_____. *As estratégias sensíveis*: afeto, mídia e política. Petrópolis: Vozes, 2006.

_____. *Antropológica do espelho* – Uma teoria da comunicação linear e em rede. Petrópolis: Vozes, 2002.

SOHN-RETHEL, A. *Lavoro intelletuale e lavoro manuale* – Teoria della sintesi sociale. Milão: Feltrinelli, 1979.

TARDE, G. *Les lois de l'imitation*. Paris: Slatkine, 1919.

VERÓN, E. *La semiosis social – 2*: fragmentos de una teoria de la discursividad. Gedisa, 1993.

WATTIER, P. *Une introduction à la sociologie compréhensive*. Belfort: Circé, 2002.

WEBER, M. *Économie et société*. Paris: Plon, 1971.

WOLTON, D. *Sobre la comunicación*. Madri: Acento, 1999.

Artigos, dissertações e capítulos de livros

BRAGA, J.C. "Financeirização global". In: Tavares, M.C. & FIORI, J.L. *Poder e dinheiro* – Uma economia política da globalização. Petrópolis: Vozes, 1997.

BUAES, A.G. *Protegido pelas contradições* – Coletânea de crônicas jornalísticas de Pier Paolo Pasolini (1960 a 1965). São Paulo: USP, 2009 [Dissertação de mestrado].

CARCANHOLO, M. "Conteúdo e forma atual da crise do capitalismo: lógica, contradições e possibilidades". In: *Crítica e Sociedade*, vol. 1, n. 3, dez./2011.

CARNEIRO LEÃO, E. "Dialética e identidade". In: *Revista Brasileira* – Academia Brasileira de Letras, abr.-jun./2016.

DELEZOIDE, B. "Le deep learning à l'ère industrielle". In: *CEA*, n. 64, jun./2017.

EPSTEIN, G., apud DAVIS, A. & WILLIAMS, K. "Elites and power after financialization". In: *Theory, Culture, Society*, vol. 34, 10/07/2017.

GREEN, A. "Átomo de parentesco y relaciones edipicas". In: LÉVI--STRAUSS, C. (org.). *Seminario La identidad*. Barcelona: Petrel, 1981.

HARDT, M. "The Withering of Civil Society". In: *Social Text*, 45, vol. 14, n. 4, inverno/1995.

KAISER, R. "Os movimentos tectônicos" (1992). In: *Observatório da Imprensa*, ano 19, ed. 956.

MAIRET, G. "Peuple et nation". In: *Histoire des idéologies*. Paris: Hachette, 1978.

MUSSO, P. "A filosofia da rede". In: PARENTE, A. (org.). *Tramas da rede*. Porto Alegre: Sulina, 2004.

REICH, Z. "Journalism as bipolar interactional expertise". In: *Communication Theory* – A Journal of the International Communication Association, vol. 22, n. 4, nov./2012.

SORIANO, P. "Le zéro-un et l'infini: un humanisme sans homme?" In: FINKIELKRAUT, A. & SORIANO, P. *Internet: l'inquiétante extase* – Mille et une nuits. Paris: Fayard, 2001.

VALÉRY, P. *La politique de l'esprit, notre souverain bien*. Apud CORNU, L. "Confiança, estranheza e hospitalidade". In: *Tempo Brasileiro*, n. 173, 2008.

WOLF, A. *Três caminhos para o desenvolvimento*: mercado, estado e sociedade civil. Rio de Janeiro: Ibase, 1991 [Coleção Democracia, vol. I].

CULTURAL
- Administração
- Antropologia
- Biografias
- Comunicação
- Dinâmicas e Jogos
- Ecologia e Meio Ambiente
- Educação e Pedagogia
- Filosofia
- História
- Letras e Literatura
- Obras de referência
- Política
- Psicologia
- Saúde e Nutrição
- Serviço Social e Trabalho
- Sociologia

CATEQUÉTICO PASTORAL
Catequese
- Geral
- Crisma
- Primeira Eucaristia

Pastoral
- Geral
- Sacramental
- Familiar
- Social
- Ensino Religioso Escolar

TEOLÓGICO ESPIRITUAL
- Biografias
- Devocionários
- Espiritualidade e Mística
- Espiritualidade Mariana
- Franciscanismo
- Autoconhecimento
- Liturgia
- Obras de referência
- Sagrada Escritura e Livros Apócrifos

Teologia
- Bíblica
- Histórica
- Prática
- Sistemática

REVISTAS
- Concilium
- Estudos Bíblicos
- Grande Sinal
- REB (Revista Eclesiástica Brasileira)

VOZES NOBILIS
Uma linha editorial especial, com importantes autores, alto valor agregado e qualidade superior.

VOZES DE BOLSO
Obras clássicas de Ciências Humanas em formato de bolso.

PRODUTOS SAZONAIS
- Folhinha do Sagrado Coração de Jesus
- Calendário de mesa do Sagrado Coração de Jesus
- Agenda do Sagrado Coração de Jesus
- Almanaque Santo Antônio
- Agendinha
- Diário Vozes
- Meditações para o dia a dia
- Encontro diário com Deus
- Guia Litúrgico

CADASTRE-SE
www.vozes.com.br

EDITORA VOZES LTDA.
Rua Frei Luís, 100 – Centro – Cep 25689-900 – Petrópolis, RJ
Tel.: (24) 2233-9000 – Fax: (24) 2231-4676 – E-mail: vendas@vozes.com.br

UNIDADES NO BRASIL: Belo Horizonte, MG – Brasília, DF – Campinas, SP – Cuiabá, MT
Curitiba, PR – Fortaleza, CE – Goiânia, GO – Juiz de Fora, MG
Manaus, AM – Petrópolis, RJ – Porto Alegre, RS – Recife, PE – Rio de Janeiro, RJ
Salvador, BA – São Paulo, SP